D1935028

Erika Wisselinck
Anna im Goldenen Tor

Alle Legenden haben, so heißt es, einen historischen Kern. Diese Erzählung hält sich, soweit ich es vertreten konnte, an die Legende. Im übrigen bin ich nach dem Motto verfahren: Es hätte wirklich so gewesen sein können.

Erika Wisselinck

ERIKA WISSELINCK

ANNA IM GOLDENEN TOR

Gegenlegende
über die
Mutter der Maria

Kreuz Verlag

CIP-Titelaufnahme der Deutschen Bibliothek

Wisselinck, Erika:
Anna im Goldenen Tor: Gegenlegende über die Mutter der Maria / Erika Wisselinck. – 1. Aufl. – Stuttgart: Kreuz-Verl., 1990
ISBN 3-7831-1051-3

© by Dieter Breitsohl AG
Literarische Agentur Zürich 1990
Alle deutschsprachigen Rechte
beim Kreuz Verlag Stuttgart
1. Auflage
Kreuz Verlag Stuttgart 1990
Umschlaggestaltung: Jürgen Reichert, Kornwestheim
Umschlagfoto: Erwin Fieger
Gesamtherstellung: Ebner Ulm
ISBN 3 7831 1051 3

Inhalt

Für meine Mutter Eva, meine Großmutter Marie
und Nelle Morton, meine Sophia

Erinnerungen ans Goldene Tor

Im Monat Tischri des Jahres 3789 hebräischer Zeitrechnung.
(Für die Römer im 15. Regierungsjahr des Kaisers Tiberius.
Für die Griechen im 4. Jahr der 201. Olympiade.)
Nach unserer heutigen Zeitrechnung im Jahre 29 im Monat September.

Es war Nachmittag. Eine alte Frau saß hinter ihrem Haus in der Sonne. Ihr Name war Anna. Breitbeinig saß sie auf einem niedrigen Holzhocker, den Rücken an die Hauswand gelehnt; die Sonne hatte ihre Schärfe verloren, doch in den Steinen war die Mittagsglut gespeichert, und Anna spürte durch den dicken Stoff ihres dunklen Kleides hindurch die wohlige Wärme auf ihrem Rücken. Auch in der mürben halbhohen Mauer, die den kleinen rechteckigen Hofplatz umgab, glühte die Tageshitze nach; sie war dicht vollgestellt mit Tongefäßen, großen und kleinen, bauchigen und hohen zylindrischen und vielen flachen Schalen, bepflanzt mit violetten Strohblumen, kugeligen Kakteen, ein paar Myrrhenbäumchen und vielen Sorten von Kräutern. Auf einer der Steinplatten, die in den falben Sand des Höfchens eingelassen waren, lag eine rot-weiße Katze, drei Junge kugelten um ihre Zitzen, zwei pechschwarze, ein grau-weiß geflecktes. Tauben gurrten, in einer Ecke scharrten Hühner. Anna hielt die Hände überm Bauch gefaltet, weit auseinander hatte sie die Füße auf den Boden gestemmt, in dikken Falten hing ihr der weite Rock zwischen den Knien herab. Den Kopf stützte sie, hintübergeneigt, an die Hauswand, die Augen hielt sie geschlossen.

Das Haus glich eher eine Hütte, war jedoch fest gemauert, fensterlos bis auf einige waagerechte Luftschlitze dicht unter dem flachen Dach. In der engen hohen Türöffnung zum Hof hingen lange schmale Lederriemen mit eingeknoteten grobgeschnitzten Holzperlen, die bei jedem Luftzug klickend aneinanderschlugen. Nur ab und an drangen von der Gasse, die auf der anderen Seite am Haus vorbei zum Schafsteich führte, Stimmen zu Anna herüber, Hunde bellten, einmal meinte sie ein Klopfen zu hören. Die Türöffnung zur Gasse hin war mit einer dickbohligen Holztür verschlossen – ein Luxus für eine so ärmliche Behausung –, und Anna hatte sie heute fest verriegelt. Sie erhob sich nicht, blieb reglos sitzen; die Leute sollten glauben, sie sei fortgegangen.

In der engbesiedelten Innenstadt Jerusalems, wo sich Haustor an Haustor und Flachdach an Flachdach neben- und übereinander drängten, hätte sie nicht so ungestört in der Sonne sitzen können; jede Nachbarin wußte immer, was die andere gerade tat. Doch hier, im äußeren Bezirk, war es etwas geräumiger; Annas kleiner Hinterhof schob sich in ein größeres Grundstück hinein, das weitläufig mit einer hohen Mauer umgeben war. Dichtes Hibiskusgebüsch gab ihr an beiden Seiten Schutz, gleich als sie hier eingezogen war, hatte sie das gepflanzt, und hinter Hütte und Höfchen stieg der Grund leicht an, sie konnte in einiger Entfernung, hinter Olivenbäumen, das große Gebäude liegen sehen, den Schafshof, zu dem ihr kleines Haus einst als Wächterhaus gehört hatte.

Einmal im Jahr schloß sich Anna so ein, öffnete nicht, wollte niemanden sehen. Nur mit sich selbst feierte sie den Geburtstag ihrer Tochter, ihres einzigen Kindes. Ein stilles, einsames Gedenken, denn seit vielen Jahren hatte sie nichts mehr von ihr gehört. Anna hatte jetzt die Augen einen Schlitz weit geöffnet, nachdenklich betrachtete sie – den Kopf immer noch hintübergeneigt, den Körper unbeweglich – den riesigen Hibiskus mit seinen leuchtend orangefarbenen Blüten: Wie lange lebte sie nun schon hier? Zwanzig Jahre, dreiundzwanzig Jahre? Die Zeit verschwamm ihr an diesem Tag der Erinnerung. Anna blinzelte zum Schafshof hinüber, sie konnte nicht genau sehen, was dort vor sich ging, die Bäume verstellten ihr die Sicht. Ab und an der Schatten einer Gestalt, Stimmen, Rufe, hin und wieder hörte sie aus den Ställen, die dort oben rundum in die Mauer eingelassen waren, ein Schaf blöken, manchmal das herzzerreißende Jammerwiehern eines Esels. Das war alles – wie immer unverändert seit damals, als sie als junge Frau den Weg dort hinaufgegangen war zu jenem Haus, das ihr neues Zuhause werden sollte.

Die Besitzer des Schafshofs waren damals reiche Leute gewesen, sie hielten große Herden in und außerhalb der Stadt und standen überall in hohem Ansehen. Annas Eltern waren nicht so reich, aber doch recht wohlhabend, ihr Vater handelte mit Häuten, Fellen und Gewürzen. Als der Schafshofbesitzer bei seinem langjährigen Geschäftsfreund um Anna als Braut für seinen ältesten Sohn Joachim anhielt, waren ihre Eltern zwar erfreut über die gute Partie, doch nicht von überwältigender Sympathie zu der neuen Verwandtschaft erfüllt. Und Anna hatte ein bißchen Angst vor ihrer neuen Familie, denn die war als besonders fromm und gesetzesstreng bekannt, und Joachim, der Älteste, machte da keine Ausnahme. Natürlich war auch Anna im Glauben der jüdischen Väter erzogen worden, aber in ihrem Elternhaus spielte das religiöse Leben keine so zentrale Rolle. Man tat, was nötig war, hielt Feste und Fasten ein, gab ausreichend Opfer, doch mehr auch nicht. Anna hatte ihre Eltern öfter über die besonders frommen Familien spotten gehört ...

Und als Kind hatte sie einmal ihre Mutter in einem – wegen Baufälligkeit sonst ungenutzten – niedrigen, fensterlosen Anbau ihres Hauses überrascht. Das kleine Mädchen hatte neugierig die klapprige Holztür einen Spalt weit aufgeschoben – da stand ihre Mutter vor einer flachen, einer Steinbank aufgemauerten Feuerstelle, über schwach zuckenden Flammen hing ein Kessel, aus dem dichte Dampfschwaden aufstiegen. Ein durchdringender bittersüßer Geruch erfüllte den Raum, und die Mutter murmelte in einer Art monotonem Singsang Merkwürdiges vor sich hin, Worte, die Anna noch nie zuvor gehört hatte. Als sie das Kind schließlich entdeckte, fuhr sie es heftig an und jagte es aus dem Raum. So hatte Anna ihre sonst immer sanfte und liebevolle Mutter noch nie erlebt. Merkwürdiges schnappte die kleine Anna auch bei den Mägden in der Küche auf: Die Großmutter ihrer Mutter, Annas Urgroßmutter, sollte – heimlich natürlich – eine Priesterin der schon lange verbotenen und von den meisten Menschen vergessenen Ascherat-Religion gewesen sein; doch darüber sprachen sie nur flüsternd, kamen darauf, wenn von unheilbaren Krankheiten und anderen Schicksalsschlägen die Rede war. Auch wußten nur Frauen davon. Bis in die frommen Kreise von Annas späteren Schwiegereltern waren solche Gerüchte nie gedrungen ... Und es waren auch nur Frauen, die die von Annas Mutter so geheimnisvoll hergestellten Tinkturen abholten; sie kamen immer erst nach Einbruch der Dunkelheit, hielten sich draußen bei einem Seiteneingang an die Mauer gedrückt, ihre Gesichter völlig vom Umschlagtuch verhüllt. Nachdem es von der Mutter so barsch angefahren worden war, beobachtete das Kind Anna dies alles nur noch heimlich aus der Ferne, mit einem kribbelnden Gefühl von Angst, Neugier und geheimnisvollem Gruseln.

Mit ihren Freundinnen tuschelte sie später allerdings viel über solche und andere »Zaubereien«, wie sie es nannten. Erst hatten sie versucht, Erwachsene danach zu fragen, doch die wichen aus, die Mädchen wurden ausgelacht, gescholten. Also brauten sie sich ihre eigenen Phantasien zusammen. Einmal, sie hatten sich, verbotenerweise natürlich, im Gewölbe eines Trödlers in der Innenstadt herumgedrückt, hatten sie, versteckt hinter Gerümpel, eine kleine Tonfigur entdeckt: eine nackte

Frau, deren Gesicht zerkratzt war, die Nase abgebrochen, die Arme nur noch Stümpfe, die Brüste angeschlagen. Gut erhalten war der untere Teil der Figur: die festen, kräftigen Beine, die sie auf den Rücken eines kauernden Löwen gestemmt hatte, und auf dem Kopf die Krone, die aussah wie die Mauern von Jerusalem in klein. »Das ist die Göttin«, hatte eine ihrer Freundinnen geflüstert. Anna hatte sich nicht getraut, lange und genau hinzuschauen, die Lehre ihres Glaubens, man dürfe von der Gottheit kein Bild haben, saß fest in ihrem Kopf, war ihr in Fleisch und Blut übergegangen. Statt hinzuschauen hatte sie ohne ersichtlichen Grund hemmungslos zu kichern begonnen, hatte sich lange nicht beruhigen können.

Mädchengeheimnisse, vorbei. Anna war eine erwachsene junge Frau geworden, sie würde Joachim heiraten und damit von nun an zu einer strenggläubigen Familie gehören. Und so war sie eines Tages den Weg dort drüben hinaufgeschritten, dort hinter den Bäumen, die der alten Anna jetzt die Sicht verstellten. An jenem Morgen, ehe man ihr das prächtige reichbestickte Brautkleid anzog, war sie noch einmal ins Freie gelaufen, hatte tief die kühle Morgenluft eingeatmet, hatte, ganz mit sich allein, von ihrem bisherigen Leben Abschied genommen, noch einmal in den Brunnen bei ihrem Elternhaus geschaut, der ihr – die Sonne stand gerade hoch genug – ihr Gesicht heraufspiegelte: Gemessen an dem, was die Leute schön fanden, hatte sie ein zu breites und zu kräftiges Kinn, einen zu breiten Mund, eine zu kräftige Nase mit zu breiten Nasenflügeln, ihre Augen standen zu weit auseinander, zu dicht waren die Augenbrauen. Alles ein bißchen mehr als erlaubt, dachte Anna, aber sie gefiel sich sehr an diesem Morgen. Um ihren Kopf stand, noch unfrisiert, das Haar in dichten, kräftigen Büscheln, und das konnte gar nicht zuviel sein, denn Haarfülle galt als eines der wichtigsten Schönheitsmerkmale. Nicht tiefschwarz, sondern braunschwarz war es, »fast wie vom Pferd«, pflegte Annas Mutter zu sagen, und ihre Haut hatte eine sanfte gelb-weiße Tönung und war, wie Joachim ihr später zärtlich zuflüsterte, »seidig wie eine Cachanuß«.

Mit Joachim hatte sie überhaupt Glück gehabt. Er trank nicht, er schlug sie nicht, er ging nicht zu anderen Frauen. »Weshalb finden wir es eigentlich immer schon ganz großartig, wenn Männer irgend etwas Schlimmes *nicht* tun?« Dieser Gedanke fuhr störend zwischen den Fluß der Bilder der Vergangenheit, heftig schlug die alte Frau mit der Hand durch die Luft, als wolle sie eine lästige Wespe verscheuchen, und erschreckte damit einen ins Gurren und Stolzieren vertieften Täuberich, der flügelklatschend in die Höhe taumelte. Sie wollte ungestört bei ihren Erinnerungen bleiben.

Joachim war von Natur aus ein sanfter Mensch, er war immer freundlich zu ihr, hatte es ihr nachgesehen, wenn sie in dem großen Haushalt nicht so streng regierte, wie seine Mutter es getan hatte. Als sie zum ersten Mal das Haus dort oben betreten hatte, war sie überwältigt gewesen: die vielen Mägde und Knechte, die vielen Räume im Haus und rundum an der Mauer, sie konnte sich nicht vorstellen, wie so ein großes Hauswesen funktionierte. Allerdings war kein Raum so warm und wohnlich wie der große, mit bunten Teppichen und weichen Pelzen ausgelegte Wohnraum in ihrem Elternhaus, doch das würde sie ändern, das nahm sie sich vor, als sie kaum den Fuß ins Haus gesetzt hatte.

Und das hatte sie auch getan, sanft beharrlich – zunächst in dem Raum, den sie und Joachim hauptsächlich bewohnten, dann, mit den Jahren, im ganzen Haus. Als sie merkte, daß man von ihr erwartete, sie solle den Mägden gegenüber eine strenge Herrin sein, hatte sie sich geweigert: Das könne sie nicht, und in ihrem Elternhaus sei man mit jedem Menschen gleich freundlich umgegangen, und das sei auch ihrer Meinung nach der beste Weg. Sie konnte sich viel leisten in der ersten Zeit ihrer Ehe, sie spürte, wie Joachim ihren Körper begehrte. Ihr Körper war wie ihr Gesicht: die Hüften breit und auch die Oberschenkel und die Brüste, aber nichts plump oder dick, denn sie war ziemlich groß und hielt sich sehr aufrecht. Wenn sie ihr Haar in Flechten hoch auf dem Kopf getürmt trug, meinte Joachim, sie sähe aus wie eine Königin. Und die Leute, die sie so als junge Frau erlebten, waren sicher, sie würde mindestens ein Dutzend Kinder bekommen.

Doch gerade das trat wider Erwarten nicht ein. Die ersten zwei Ehejahre vergingen, es tat sich nichts. Immer häufiger fragten Joachims Eltern ihren Sohn, wenn sie mit ihm allein waren, wann es denn nun wohl »so weit« sei, denn sie hofften auf einen Erben; die Verwandtschaft machte spitze Bemerkungen hinter vorgehaltener Hand; Joachim selbst ließ sich nichts anmerken. Die einzige, die gelassen und völlig unbefangen blieb, war Anna. Wieder vergingen zwei Jahre. Die Bemerkungen der Verwandtschaft – auf Festen und Familienfeiern – wurden deutlicher, selbst Anna konnte sie nicht mehr überhören. Auch die Kälte ihrer Schwiegereltern konnte sie nun deuten. Nur Joachims Zuwendung änderte sich nicht. Daran merkte sie, daß er sie wirklich liebte. Gern hätte Anna ihre Mutter nach deren Tinkturen gefragt, doch sie traute sich nicht. Sie mußte jetzt oft an die Frauen denken, die in der Dunkelheit bei ihrem Elternhaus gewartet hatten, aber zugleich erinnerte sie sich an die geheimnisvollen Sprüche, die ihre Mutter beim Tränkebrauen gemurmelt hatte, und wenn sie auch kaum jemals so strenggläubig sein könnte wie Joachim und seine Familie, so stand sie nun doch stark unter deren Einfluß. Und Zauberei, so lautete das Gesetz Mose, sollte mit dem Tode bestraft werden. Das nahm zwar niemand mehr wörtlich, die Zeiten, da Saul die Wahrsager und Zeichendeuter vertrieben hatte, waren vorbei; dennoch ging man Frauen, die geheimes Wissen anwendeten, besser aus dem Wege. Wer konnte entscheiden, wieweit das noch Heilkunst war und wo die Zauberei anfing? Immerhin hatte Anna zweimal, heimlich und halbherzig, mit alten heilkundigen Frauen gesprochen – bei hastigen Treffen im Schutz der Dunkelheit beim Schafshoftor, eingefädelt von Annas persönlicher Magd, die sie aus ihrem Elternhaus mitgebracht hatte. Doch was sie da hörte, hielt sie für Hokuspokus; Bäder und Tees und auf den Vollmond achten ...

Dann, in ihrem fünften Ehejahr, am Pessachfest, geschah es: Joachim – inzwischen Oberhaupt der Familie, sein Vater hatte sich von den Geschäften zurückgezogen – war morgens in den Tempel gegangen, um seine Opfergaben darzubringen. Wie immer hatte er schöne, kräftige Böcklein aus seiner Herde aussuchen und auf den Tempelberg bringen lassen. Er opferte immer reichlich: »Was ich zu viel darbringe, soll für das Volk sein«, pflegte er zu sagen. Doch diesmal war er schon nach kurzer Zeit wieder zurück. Anna sah ihn – unerwartet früh – langsam, mit schleppenden Schritten den Weg heraufkommen; sie lief ihm entgegen, er zerrte sie eilends mit sich ins Haus, sie kannte ihren Mann kaum wieder. Gesammelt und voll innerer Freude, wie immer an religiösen Festtagen, hatte er sie morgens verlassen, jetzt war er totenbleich, hatte einen gehetzten Blick, konnte sie nicht anschauen, konnte nicht sprechen vor Erregung. Erst glaubte Anna, er sei aus irgendeinem Grund vor Wut außer sich, doch bald wurde ihr klar, daß er voller Verzweiflung sein müsse. Sie standen sich in der großen Halle des Hauses gegenüber, Joachim mit gesenktem Kopf, schwer atmend, die zu Fäusten verkrampften Hände hingen wie Fremdkörper aus den weiten Ärmeln seines schwarzen Festgewandes. Es dauerte eine Weile, ehe er überhaupt ein paar Worte hervorstoßen konnte, unzusammenhängend zuerst, dann etwas verständlicher, so daß Anna sich schließlich annähernd vorstellen konnte, was geschehen war. Offenbar hatte Ruben, ein ebenfalls reichlich Opfer spendender Kaufmann, öffentlich und lautstark dagegen protestiert, daß der reiche Joachim wieder als erster seine Opfer darbringen dürfe, obwohl er doch bisher keine Nachkommen für Israel gezeugt habe. Offenbar hatten die Priester nicht sofort eingegriffen. Hatten sie, überbelastet angesichts des großen Ansturms von Gläubigen, gehofft, die Männer würden das rasch unter sich regeln? Hatten sie vielleicht gar nicht eingreifen wollen, weil sie insgeheim auf Rubens Seite waren? Und Joachim, versenkt in seine festliche Andacht, war so bestürzt gewesen über diesen unerwarteten Angriff, daß er sich nicht zu wehren gewußt hatte. Dies war nun, nach all den mehr oder weniger verdeckten Vorwürfen, die er aus seiner Familie hatte erdulden müssen, der entscheidende Schlag – schlimm, weil er öffentlich erfolgte, doppelt schlimm an diesem heiligen Ort. Einen Moment hatte er stumm, wie vom Blitz getroffen, dagestanden, dann hatte er sich abgewandt, hatte seinen Platz an den Opfertischen, hatte wortlos die heilige Feier verlassen, war mitten in der Zeremonie aus dem Tempel gelaufen.

Anna konnte das alles überhaupt nicht begreifen. Schließlich war sie es ja, die keine Kinder bekam. Manche Männer jagten ihre Frauen fort, wenn sie unfruchtbar waren, gaben ihnen den Scheidungsbrief. Warum wurde Joachim gestraft? Natürlich kannte Anna die allgemeine Ansicht über Kinderlosigkeit: ein Fluch Jahwes müsse auf ihnen lasten oder zumindest stünden sie nicht unter seinem Segen, aber wie konnte man das von einem so frommen Mann wie Joachim behaupten? Anna war empört. Sie schimpfte auf die Priester: Wie sie es nur wagen könnten, solche Auslegungen zuzulassen ... doch Joachim hörte ihr gar nicht zu. Wieder einmal merkte sie, wie verschieden sie in ihrem Glauben waren. Er empfand das, was heute geschehen war, tatsächlich als Strafe Gottes. Und wenn sich, nach Annas Meinung, die Priester falsch verhalten hatten, weil sie nicht eingriffen, würde er das doch nie »falsch« nennen, für ihn waren sie die höchste Autorität. Sie und die Geschichte seines Volkes: »Sie haben ja recht«, sagte er, »nimm das Zwölf-Stämme-Register Israels, keiner ist kinderlos geblieben, selbst dem Abraham hat Gott in hohem Alter noch ein Kind geschenkt ...« Daß er noch lange nicht so alt war wie Abraham, bedachte er nicht in seinem Gram.

Anna sah überhaupt keinen Grund zur Verzweiflung. Dann eben in diesem Jahr kein Opfer! – so hätte sie mit den Priestern gesprochen, und im nächsten Jahr hätten die dann bestimmt alles darangesetzt, den reichen Herdenbesitzer wieder dabeizuhaben. Kinderlosigkeit hin oder her – die waren doch schon mit ganz anderen Konflikten fertig geworden. Anna betrachtete die Dinge des Lebens realistisch und die frommen Sachen mit wenig Respekt, so wie sie es aus ihrem Elternhaus gewohnt war.

Aber mit solchen Gedanken durfte sie Joachim überhaupt nicht kommen, das wußte sie genau. Sie suchte noch nach tröstenden Worten, als er sich auf einmal von ihr abwandte und, ohne nach rechts und links zu blicken oder sich noch einmal umzusehen, wie ein Schlafwandler das Haus verließ. Anna kam das alles wie ein böser Traum vor. Sie konnte nur versuchen, ihn wortlos zu trösten, ihn die Wärme ihres Körpers spüren zu lassen, den Geruch ihrer Haut ... Sie rief nach den Mägden, ließ sich den Badezuber mit heißem Wasser bringen, schüttete heute besonders verschwenderisch Sandelöl und Myrrhe-Essenzen hinein und ließ stark gewürzten Wein bereitstellen. Doch als sie dann duftend, angetan mit ihrem schönsten Gewand – roter Byssus mit Goldstickerei –, die Haare hoch auf dem Kopf getürmt, aus dem Schlafgemach kam und Joachim suchte, fand sie ihn nirgends. Schließlich ging sie um das Haus herum zum Hof vor den Stallungen, und da, sie traute ihren Augen nicht, stand er in seinen ältesten, halbzerlumpten Hirtenkleidern, um die Hüfte den breiten Lederriemen, an dem Wasserflasche, Messer, Feuerstein und Trinkbecher hingen, die Füße und Waden in Lederlappen eingeschnürt. Ein Knecht führte ihm sein Pferd zu, und aus den Schafspferchen hörte sie laute Rufe der Hirten und unablässiges Geblöke.

Joachim sah sie und kam ein paar Schritte auf sie zu: »Ich gehe fort, Anna, ich nehme einen Teil der Herde mit; Aginon hätte sie sowieso in nächster Zeit auf die Weiden treiben sollen, so können wir auch gleich jetzt aufbrechen. Ich muß fort, Anna, ich halte die Schande nicht aus, mitten beim Opfern bin ich aus dem Tempel davongelaufen, wie kann ich mich jetzt noch in der Stadt sehen lassen?«

Anna hatte das Gefühl, ihr würde der Boden unter den Füßen weggezogen. Nicht, daß es ihr etwas ausmachte, eine Zeitlang allein, ohne ihren Mann zu sein. Sie war gern allein, war von klein auf, als einziges Kind (ein um vieles älterer Bruder war schon aus dem Haus gewesen, als sie begonnen hatte, die Welt bewußt wahrzunehmen) viel allein gewesen. Sie hatte sich noch nie mit sich selbst gelangweilt. Außerdem hatte sie täglich genug zu tun, das ganze Hauswesen mit den vielen Knechten und Mägden unterstand ja jetzt ihr. Joachim hatte schon manchmal geschäftlich reisen müssen, nie war ihr die Zeit lang geworden – aber immer hatte sie sich auf seine Rückkehr gefreut. Diesmal war alles anders. Diesmal wurde Joachim durch ein schreckliches, demütigendes Erlebnis fortgetrieben. Eine Demütigung, ein Eingriff in ihrer beider Leben, ein Angriff auf die Sicherheit ihres alltäglichen, glücklichen, selbstverständlichen Zusammenseins, unverschuldet über sie gekommen wie Seuche oder Krieg.

Und wann würde er zurückkommen? Würde er überhaupt wiederkommen? Anna spürte kalte Wut in sich aufsteigen. Bisher hatte sie alles, was ihr an der intensiven Zuwendung ihrer Schwiegerfamilie zu Religion und Tempel übertrieben erschienen war, insgeheim belächelt. Sie hatte das mit Nachsicht betrachtet: Religion war wichtig, Überschwenglichkeiten waren eher komisch, aber nicht weiter gefährlich – so hatte sie das bisher in unbeirrbarer Gelassenheit eingeordnet. Und noch vor wenigen Augenblicken hatte sie fest geglaubt, Joachims Ärger und Schmerz besänftigen zu können. Nun stand sie da. Sie wollte etwas sagen, doch ihr Hals war wie zugeschnürt, die plötzliche Wut hatte ihr die Sprache verschlagen. Mit einem Mal spürte sie handgreiflich einen Gegner, eine fremde, feindliche Macht: der Tempel mit seinen Priestern und der Männergruppe der Gläubigen – sie hatten die Gemütsruhe ihres sanften, liebevollen Mannes, der niemandem etwas zuleide getan hatte, zerstört und trieben ihn nun aus dem Haus, aus ihrem Haus und von ihr fort ... Ihr Zorn war um so größer, als sie die Vorgänge im Tempel nicht genau nachvollziehen konnte, ihr waren diese Zeremonien verschlossen, sie hatte ja nur bis in den

Vorhof der Frauen Zutritt. Ob Joachim vielleicht überstürzt, überempfindlich reagiert hatte, ob er sich hätte anders verhalten können, was wußte denn sie – sie spürte nur, wie tief unglücklich er war.

»Wie schön du bist, Anna«, sagte Joachim. Das Bild seiner Frau, wie sie dort stand in ihrem festlichen Gewand, das Gesicht bleich vor Zorn, die dichten Augenbrauen zusammengezogen, eine tiefe Falte über der Nasenwurzel, hatte ihn durch all seinen Kummer, seine Verwirrung hindurch erreicht. »Daß ich gehen muß ...« Noch mehr als alles andere traf nun die Trauer in seiner Stimme Annas Herz. Sie ging auf ihn zu und nahm ihn in die Arme, drückte ihn in seiner abgetragenen, verschmutzten Schäferkleidung an ihr kostbares rot-goldenes Gewand. Sie sagte nicht: »Wie schrecklich – geh nicht – bleib doch hier!«, sie fragte nicht: »Bleibst du lange? Wann kommst du zurück?« Sie sagte nur – ihre Stimme heiser vor unterdrückter Wut, vor Schmerz und Mitleid –: »Lebe wohl – bleib gesund – ich werde in Gedanken bei dir sein.«

Dann drehte sie sich um und ging wieder langsam um das Haus herum, Joachim folgte ihr, sah sie die Stufen hinaufsteigen und im großen Torgang verschwinden, ohne sich noch einmal umzuwenden. Und Joachim stand da, mit hängenden Schultern, sah ihr nach und dachte: Wie gut wäre es jetzt, mit ihr im Haus zu sein – ist es nicht vielleicht die größte Dummheit, fortzugehen? Ehe diese Frage für ihn wirklich Gestalt gewinnen konnte, wandte er sich rasch ab und ging zu seinem Pferd zurück, sprang hinauf, schrie seine Knechte an, wo der Proviant bleibe und warum die Schafe noch nicht zusammengetrieben seien. Und dann kamen die Schafe, eine Schar nach der anderen, wie sie aus ihren Pferchen gelassen wurden, und ein Knecht trieb die mit Proviant hochbepackten Esel herbei. Männergeschrei, Schafgeblöke, Hufgetrappel erfüllten die Luft, Chaos, Staubwolken – und dann war alles vorüber. Die Herde hatte sich zum Hoftor hinausbewegt, aufs Stadttor zu, der Staub ließ sich auf dem Hofweg und den ihn umsäumenden Büschen nieder, die Knechte, die nicht mitgeritten waren, stiegen leise miteinander redend die Anhöhe hinan, verschwanden in ihren Hütten, der Abend senkte sich.

Anna war keinen Augenblick stehengeblieben, sie war langsam durch die Räume des großen Hauses geschritten, gedankenverloren, und war schließlich am hinteren Ende angelangt, wo die große, rußgeschwärzte Küche mit den Vorratskammern lag. Als sie die Küche betrat, sah sie gerade noch, wie zwei Mägde, einen Weinkrug zwischen sich schleppend, einem mit Proviantsäcken bepackten Knecht folgten und wie Mariamne, die Haushälterin, hinter ihnen den schweren Vorhang aus schwachgegerbter Ziegenhaut vor den Hinterausgang zerrte. Dann wandte sich Mariamne (die schon bei Joachims Eltern gedient hatte) um und sah Anna an, ohne Erstaunen, als habe sie sie erwartet. »Der Herr geht fort, Mariamne«, sagte Anna. Mariamne nickte. Da sie nicht fragte, warum – was sie sonst, so wie die junge Frau und sie zueinander standen, bestimmt getan hätte –, war Anna klar: Sie weiß schon alles, alle wissen es schon, natürlich, bei dem Aufbruch, der das ganze Hauswesen durcheinanderbringt ... Was Mariamne nur darüber denkt?

Mariamne sah sie weiter unverwandt an, mit unglaublich hellen Augen, lichtgrau, fast weiß, in einem dunklen, runzelgegerbten Gesicht. »Du wirst für die nächste Zeit so kochen wie auch sonst, wenn der Herr auf Reisen war«, sagte Anna und dachte gleichzeitig, wie unnötig es doch war, der alten Frau so etwas Selbstverständliches zu sagen. Jetzt, unter dem aufmerksam forschenden Blick der Alten, fühlte Anna sich hilflos, ohnmächtig, allein. Die plötzliche eiskalt-heiße Wut war zu einem dumpfen Schmerz geworden, der ihr wie ein Stein auf der Brust lag ...

Die alte Anna in ihrem Garten erlebte die Szene noch einmal, als sei es gestern gewesen: wie sie da auf dem kühlen Steinboden in der Küche gestanden hatte, wie ihr plötzlich der gewürzte Wein eingefallen war, den sie für Joachim hatte bereitstellen lassen, wie sie sich zum ersten Mal davor gefürchtet hatte, allein zu sein, wie sie die alte Mariamne gebeten hatte, bei ihr zu bleiben, mit ihr den Wein zu trinken und ihr Gesellschaft zu leisten ...

Anna reckte ihren Kopf, um zu sehen, ob aus der alten, großen Küche in dem alten, großen Haus dort oben auch heute der Rauch aufstiege, doch es war schon zu dunkel. Sie hatte gar nicht gemerkt, daß sich die Dämmerung übers Land gesenkt hatte. Von der Gasse her kamen kaum noch Geräusche zu ihr herüber, doch aus den Hinterhöfen, beiderseits der großen Umfassungsmauern, stieg der übliche Abendlärm auf: Hunde bellten, Frauenstimmen riefen Kindernamen, Kinderstimmen juchzten, kreischten, Wasser klatschte auf gestampften Lehm, der Geruch frisch entzündeter Holzfeuer stieg Anna in die Nase. Auch ihre beiden Hunde kamen heim, kamen über die niedrige Mauer gesprungen, bauten sich mit hochgereckten Schnauzen vor ihr auf, wedelten sie an. Die Katze hatte sich erhoben, schritt mit steil aufgerichtetem Schwanz, Anna scheinbar nicht beachtend, auf die Türöffnung zu, die Jungen knäuelten und kugelten hinter ihr. »Ja, ja, ihr bekommt ja alle was«, sagte Anna, stand mühsam auf, reckte sich, eine Hand ins Kreuz gestützt. Die Steine waren jetzt abgekühlt, und sie mußte schnell vor dem tückischen Augenblick, wenn der kurzlebige Tau für einen Moment Feuchtigkeit und Kühle brachte, im Haus sein.

Drinnen blies sie durch ein langes Bambusrohr in die Restglut auf der niedrigen Herdstelle, legte ein paar trockene Zweige nach, zündete mit einem Span die Öllampe an, goß mit Wasser vermischte Ziegenmilch in eine braune Tonschale für die Katze, warf den Hunden Brocken von Gerstenfladen hinaus und rührte für sich selbst einen Brei aus gedünsteter gemahlener Gerste, aus Kräutern und Milch zusammen. Annas Haus hatte nur einen Raum, sie besaß heute nur mehr das Nötigste: Liegestatt und Tisch und Stuhl. Aber mit den Jahren war ein reichhaltiger Vorrat an Heilmitteln dazugekommen. Anna setzte sich an den Tisch, sie hatte einen Krug mit gewürztem Wein (wie sie ihn damals mit Mariamne getrunken hatte) und einen Becher aus kostbarem rubinrotem Glas mit aufgesetzten weißen Rosetten, Geschenk eines Römers, dem sie eine langwierige Kriegswunde geheilt hatte, bereitgestellt. Sie goß das Glas voll bis an den Rand: Sie wollte ganz mit sich allein auf das Wohl ihrer Tochter trinken – und sie wußte noch nicht einmal, wo sie sie in Gedanken suchen sollte ...

Da klopfte es an die Tür. Leise erst, dann energischer, schließlich schien jemand mit den Fäusten dagegenzuhämmern. Es kommt wohl doch Licht durch, das muß abgedichtet werden, dachte Anna seufzend, sie wissen, daß ich da bin ... »Ich komme«, rief sie.

Draußen stand Damian, ein Diener des Tempels. »Du, Damian«, fragte Anna, »ist etwas mit deiner Familie?«

»Nein, allen geht es gut, danke, Anna«, antwortete der kleine untersetzte Mann, der gehetzt und erschöpft wirkte. »Ich komme wegen meines Herrn, Anna, ich war heute nachmittag schon mal da. Er hat so starke Schmerzen, keine seiner Arzneien wirkt mehr, er hält es kaum noch aus. Er läßt dich fragen, ob du ihm helfen könntest ...«

»Da muß es ihm ja schon sehr schlecht gehen, wenn er ausgerechnet nach mir schickt«, sagte Anna. »Und wenn ich nicht komme?« – »Du mußt kommen, Anna, du hast Thimna, meinem Weib, und Asnath, meiner Mutter, deiner Base, geholfen. Ich kann's nicht mehr ertragen mit dem Herrn! Keine Minute habe ich Ruhe, komme nicht mehr zum Schlafen, nicht mehr nach Hause, den Tempelarzt will er nicht sehen, der Scharlatan, sagt er, also hab' ich ihm eingeredet, daß er mich zu dir schicken soll. Tu's mir zuliebe, Anna, meiner Familie zuliebe ...«

»Ist ja gut, Damian, ich komme«, sagte Anna. Ihr kam die Unterbrechung jetzt gar nicht so ungelegen. Melchisek, jetzt Segan, Vorgesetzter aller Priester, nach dem Hohenpriester der zweitwichtigste Mann im Tempel, – vielleicht war gerade dieser Tag eine gute Gelegenheit, mit ihm zu reden? Seit ihrer

Rückkehr nach Jerusalem war sie nicht ein einziges Mal zum Tempel gegangen. Und wenn auch ihr Herz voll von Anklagen war, die sie den Priestern gern entgegengeschleudert hätte – sie war viel zu stolz, von sich aus die Gelegenheit zu suchen. Und zu klug: Wer von denen würde sich überhaupt von ihr zur Rede stellen lassen? Sie war heute ja nur eine arme Witwe. Aber wenn ein Mensch, von Schmerzen gepeinigt, sich nicht rühren kann, dann muß er wenigstens zuhören, dachte sie jetzt und gluckste ein wenig vor sich hin. Und gerade Melchisek ... So lange das alles auch zurücklag, für Anna war nichts vergessen und kaum etwas gemildert.

»Er wird wohl wieder einen Gichtanfall haben«, sagte sie zu Damian und ging hinüber zu dem schweren Vorhang, der die eine Querwand ihres Hüttenraumes verdeckte – ein altes und kostbares Gewebe, silberfädige Zedern in dunkelgrünen Grund gewirkt, eines der wenigen Stücke, die sie aus dem großen Haus mitgenommen hatte. Er gab, genau wie der schöne römische Glasbecher, ihrer Hütte einen Hauch von Eleganz und Wohlstand. Sie schlug den Vorhang zurück: Holzbord über Holzbord bis an die Decke, unten Körbe, einer neben dem anderen, dicht gedrängt, weiter oben Tonkrüge, Tonflaschen, mit fest verschnürten Leinenfetzen verschlossen, in einer Ecke ein paar Glasflaschen, größere und kleinere. Anna ergriff einen mit Wachs versiegelten Tonkrug, ließ den Vorhang wieder zufallen, legte sich ein Umschlagtuch aus ungebleichter zottiger Ziegenwolle um Kopf und Schultern und folgte Damian in die dunkle Gasse.

Als sie das große, düstere Haus des Oberpriesters betraten, schauerte Anna zusammen. Damian führte sie in einen hohen, nur spärlich erleuchteten Raum; von den Marmorfliesen stieg Kälte auf. Wie aufgebahrt lag der Priester auf einem hohen Lager, auf vielen kreuz und quer übereinandergeschichteten dikken Teppichen.

»Anna«, sagte er mit schwacher Stimme, ausdruckslos, nicht erstaunt, nicht abweisend, nicht bittend.

»Sprich jetzt nicht, ich gebe dir erst mal etwas gegen die Schmerzen«, sagte Anna, löste das Wachssiegel vom Tonkrug, ließ sich von Damian einen Trinkbecher mit etwas Wasser bringen und schüttete ein wenig grünbraune Flüssigkeit hinein. Der Priester richtete sich mühsam auf, trank, lehnte sich schweratmend zurück, schloß die Augen. Anna hatte sich auf einer gepolsterten Bank neben dem Bett niedergesetzt und die Hände in den Schoß gelegt. Aufmerksam sah sie den Kranken an: das bleiche Gesicht, die Schweißtropfen auf der hohen Stirn, den vollen schwarzen, von grauen Fäden durchzogenen Brustbart, jetzt zerstrubbelt und verfilzt, normalerweise majestätisch und Ehrfurcht einflößend. Die Augäpfel lagen tief in den Höhlen, dünn und pergamentfarben waren die geschlossenen Lider, doch Anna hatte nicht vergessen, wie fanatisch die Augen dieses Priesters blitzen konnten. Und die scharf wie eine Messerschneide hervorspringende Nase wirkte auch in diesem Zustand von Krankheit und Schmerz unverändert kühn und herrisch.

Anna seufzte. Immer wieder derselbe Gedanke: Warum blieben die Ereignisse so lebendig, auch wenn nun schon fast dreißig Jahre darüber hingegangen waren? Warum verblaßten sie nicht, warum waren sie, nach so langer Zeit, nicht endlich in ihrem Gedächtnis ausgelöscht? Hier der Priester, der sich an alles, was gewesen war, noch ebensogut erinnerte wie sie und der sie bis zu ihrem Lebensende immer wieder an alles erinnern würde. Er war jünger als sie, doch vielleicht würde er vor ihr sterben. Aber das würde gar nichts ändern. »Ändern können sich nur die Menschen«, sagte Anna halblaut vor sich hin.

Melchisek schlug die Augen auf. »Ja, Anna«, sagte er, »hast du etwas gesagt?«

»Hör nicht auf mich, Melchisek, ich hab' mir angewöhnt, mit mir selbst zu sprechen, das kommt so, wenn man alt ist ...«

»Das tue ich auch, Anna, oft spreche ich mit mir, oft lebe ich in vergangenen Zeiten ...«

Melchisek sah sie jetzt mit klaren Augen an, sein Gesicht war nicht mehr ganz so wachsbleich, der Schweiß auf der Stirn trocknete, vorsichtig versuchte er, seine Glieder zu strecken.

»Ich danke dir, Anna«, sagte er, »deine Mittel helfen immer, so sagt man.«

»Dies ist ein besonders starker Trank, Melchisek«, sagte Anna. »Aber er dämpft nur den Schmerz, gegen die Ursachen mußt du mehr tun.« – »Kannst du mir nicht auch etwas dafür geben, Anna?« fragte der Priester.

Anna lachte bitter auf. »Damit ihr nachher sagen könnt, ich hätte dich vergiftet? Nein, Melchisek, laß du dich nur vom Tempelarzt heilen. Du weißt, ich helfe allen Menschen, wenn ich kann, und ich komme, wenn man mich ruft, deshalb kam ich jetzt auch zu dir. Doch im Tempel ist viel Böses über mich und meine Arbeit geredet worden; du mußt doch nicht glauben, daß ich das nicht erfahre ...«

»Aber Anna, ich würde nie mehr zulassen, daß jemand schlecht von dir spricht, wenn du mir nur jetzt helfen könntest ...«

»Das sagst du so, du bist alt und weise – das war der Oberpriester damals, als die Sache mit Joachim war, auch. Aber was ist mit den anderen Priestern? Gab es damals nicht einen jungen übereifrigen Priester, der mehr auf der Seite des selbstherrlichen Ruben war als auf der Seite der Gerechtigkeit? Warum ist denn damals nicht einer von euch dem Joachim nachgegangen? Nur ein Priester hätte ihn beruhigen können, und wie leicht wäre seine Ehre wiederherzustellen gewesen. Aber nein, niemand vom Tempel hielt ihn zurück, als es ihn aus der Stadt trieb!«

»Ach, Anna, warum kannst du das nicht alles vergessen! Es hat sich doch alles zum Guten gewendet. Ihr seid nicht kinderlos geblieben, Joachim kehrte zurück, und sein Opfer wurde wieder in Ehren angenommen ...« Auf Melchiseks Wangen hatten sich rote Flecken gebildet. Seine Augen blitzten sie an, doch Anna wußte, das war jetzt die Wirkung ihres Mittels, daher kam auch seine Redseligkeit, normalerweise würde er wohl nie über diese Dinge sprechen, weder zu ihr noch zu sonst irgend jemandem.

»Und, Anna, eure Tochter Mirjam wurde doch sogar eine schriftgelehrte Frau ...«

»Hör auf, Melchisek, schweig ...«, unterbrach Anna ihn scharf. »Wüßte ich nicht, daß du im Moment keine Macht über deine Worte hast ... Aber ich will nun auch etwas sagen, und jetzt mußt du mir zuhören, ob du willst oder nicht: Woher wolltet ihr denn wissen, woher nahmt ihr die Gewißheit, daß Joachim und ich nicht kinderlos bleiben sollten? Wo steht denn das geschrieben? Ja, ja, ich weiß, daß nach dem Zwölf-Stämme-Register alle Väter unseres Volkes Nachkommen hatten, ich kenne eure Auslegungen, aber sind sie nicht starr und unmenschlich? Vielleicht war ich dazu ausersehen, keine Kinder zu haben. Wäre es nicht besser gewesen, meine Tochter wäre nie geboren worden? Was wäre uns alles erspart geblieben: mir und Joachim und auch euch ... Heute ist übrigens ihr Geburtstag«, setzte sie noch leise hinzu.

Melchisek schwieg eine Weile. »Oh, Anna«, sagte er dann, »ach, Anna, es tut mir leid. Du darfst nicht sagen: ›Wäre sie nie geboren worden.‹ Wir würden das nie sagen, auch wenn ... Du weißt ja, wie wir über deinen Enkelsohn denken. Aber ER hat einen langen Atem, und die Zeiten werden alle Verirrungen auslöschen, und es wird ...«

»Nein«, unterbrach Anna ihn, »nein. Jetzt redest du schon wieder wie im Tempel. ›Die Zeiten werden ...‹ – was soll mir das nützen? Die Zeiten werden gar nichts! Joachim, mein lieber Mann, ist viel zu früh gestorben an gebrochenem Herzen. Meine Tochter habe ich verloren, erst wurde sie mir fremd, dann mußte sie davonziehen, davonziehen mit einem fremden Mann. Dir muß ich das alles nicht erzählen. Wir beide, du und ich, sind noch die einzigen hier, die wissen, wieviel du damit zu tun hast. Wir wollen beide darüber schweigen. Aber wem soll es eigentlich nützen, wenn du sagst, es hätte schon alles seinen Sinn, auch wenn er uns verborgen bliebe? Ihr Priester solltet

Menschen helfen, die Hilfe brauchen, aber wenn Menschen glücklich und in Frieden miteinander leben, solltet ihr ihnen ihren Frieden lassen. Ihr seid schuld, daß eine Familie zerstört wurde, eine Sippe, ein Besitz!«

»Anna«, sagte Melchisek leise, er lag jetzt mit halbgeschlossenen Augen da. Anna wußte, ihr Mittel putschte erst auf und brachte dann Schlaf; ihr Gespräch war nun wohl schon zu Ende. Doch pflichtbewußt mußte er noch etwas anbringen. »Anna, komm wieder zum Tempel, bitte«, sagte er mit schwerer Zunge. »Du bist jetzt alt. Du solltest dich aussöhnen, wenn schon nicht mit uns, nicht mit mir, so doch mit dem Glauben deiner Väter. Du bist alt, Anna, du kannst bald sterben. Niemand wird bei dir sein. Willst du ohne Tröstungen dahingehen?«

»Viele werden bei mir sein, Melchisek«, sagte Anna ruhig, »nur du und deine Priester nicht. Und ihr werdet mir nicht fehlen. Ich weiß, daß ich vielen Menschen habe helfen können. Sie sind bei mir, sie vergessen mich nicht. Ich weiß auch, daß euch an mir gar nicht so viel liegt, ihr wollt nur, daß endlich das Gerede unter den Alten aufhört, weil ich nie zum Tempel gehe: die Geschichten vom frommen Joachim, der vor Kummer über seine Tochter frühzeitig ins Grab mußte, und welche Rolle ihr dabei gespielt habt. Aber da könnt ihr doch ganz ruhig sein: Die Alten sterben weg, und die Jungen wissen's schon nicht mehr ... Ich aber kann bis zu meinem Lebensende nicht vergessen, Melchisek, und ich werde eurem Tempel für immer fernbleiben ...«

Melchisek hatte die Augen jetzt geschlossen. Er versuchte noch etwas zu sagen, bewegte die Lippen, aber der Schlaf hatte ihn schon erfaßt. Er hob noch mühsam die zittrige Hand vom Bett-Teppich auf, eine schwache Geste, halb Bedauern, halb Abschiedsgruß, die Hand fiel zurück, der Priester schlief.

Anna stand auf. Damian, der vor der Tür gewartet hatte, ging mit ihr. »Gib deinem Herrn nur Schleimsuppe zu essen und viele Früchte«, sagte Anna. »Er soll kein Fleisch essen und wenig Salz, auch möglichst wenig Wein trinken ... Aber sobald es ihm etwas besser geht, wird er sowieso wieder zulangen ... Und hol so bald wie möglich den Tempelarzt ...«

»Anna, ich danke dir«, sagte Damian, »jetzt werd' auch ich endlich mal wieder ein paar Stunden schlafen können. Aber erst bringe ich dich nach Hause.«

Sie gingen durch die stillen Gassen. Es war Dreiviertel-Mond; weiße Mauern glänzten in seinem Licht, und gelber Sandstein schimmerte geheimnisvoll. Ab und an schwarze Schatten vermummter Menschen, klappernde Sandalen, hier eine Katze, da streunende Hunde, ein bewaffneter Wächter, Fledermäuse, die um die Häuser schossen – alles seltsam unwirklich.

Anna stöhnte, als sie sich in ihrer Hütte aus dem Umschlagtuch wickelte, im Rücken stach es, ein Knie war geschwollen. Scheußlich, diese kalten, feuchten Marmorräume, dachte sie. Dennoch fühlte sie sich zugleich unbeschwert wie lange nicht mehr. Sie griff nach dem Glas Wein, das sie vor ihrem Weggehen eingegossen hatte, und trank es noch im Stehen in großen Schlucken leer. Wärme breitete sich in ihr aus. Das Feuer auf dem Herd gloste leise, davor auf dem Lehmboden lagen die schlafenden Hunde und atmeten schwer. Die Katze war, als Anna beim Heimkommen die Haustür öffnete, um ihre Beine herum ins Freie gewischt, nun, wo Anna da war, konnte sie auf Mäusejagd gehen. Ihre Jungen lagen als unentwirrbares Knäuel im Korb. Das Öllämpchen auf dem Tisch flackerte leicht, im Holzverschlag draußen gluckste ein Huhn im Traum. Frieden, dachte Anna, atmete tief ein und aus, ging zum Arzneiregal hinter dem Vorhang, holte mit sicherem Griff ein Glasfläschchen vom obersten Bord, zählte sich daraus fünf Tropfen in die Hautfalte zwischen Daumen und Zeigefinger, leckte sie auf, stellte die Flasche zurück, atmete nochmals tief durch und ließ sich mit schmerzenden Gliedern langsam auf ihrem Lager nieder.

Selten nahm sie diese Tropfen, sie milderten die Schmerzen und erfreuten die Seele, sie machten aber (anders als das Mittel, das Anna dem Priester gegeben hatte) nicht müde, regten im Gegenteil zum Denken an, alle Phantasiebilder wurden farbiger, doch Anna wußte: Man konnte sich daran gewöhnen. Aber heute war ein besonderer Tag. Nicht nur der Geburtstag ihrer Tochter, nein, endlich hatte sie einem vom Tempel sagen können, was ihr so lange auf dem Herzen gelegen hatte. Damals hatte sie sich in ihrem großen Zorn geschworen, nie wieder mit irgendeinem Priester zu reden, doch mit den Jahren kamen ihr immer stärkere Bedenken, ob denn denen überhaupt klar war, was sie angerichtet hatten. Einmal ihnen alles entgegenschreien ... Und nun war es, ganz unerwartet, heute passiert. Natürlich hatte sie Melchisek eigentlich noch viel mehr sagen wollen, gern hätte sie ihn an verschiedene Ereignisse erinnert, ihm klargemacht, wie starr und erbärmlich er sich verhalten habe, als ihre Tochter fortgehen mußte, und geschrien hatte sie auch nicht, aber in dieser Situation hatte sie wohl getan, was möglich war. »Bescheiden werd' ich«, sagte Anna leise. Wo war der unbändige Zorn geblieben, der sie als junge Frau erfüllt hatte? Und wieder war sie – zurückgelehnt auf ihrem Lager, Schulter und Kopf auf übereinandergeschichtete Polster gebettet, die offenen Augen blicklos ins Leere gerichtet – mittendrin in der Vergangenheit.

Mariamne und sie hatten an jenem lang zurückliegenden Abend noch viele Becher Wein miteinander getrunken. Anna konnte sich nicht erinnern, sich je zuvor so verlassen, so gekränkt und so mitteilungsbedürftig gefühlt zu haben. Schließlich hatten die beiden Frauen über Annas Kinderlosigkeit gesprochen, Mariamne hatte angefangen. »Es ist seltsam«, hatte die alte Frau gesagt, »da gibt es welche, die sind klein und dürr, kein Blut in den Wangen, keine Kraft in den Gelenken. Aber Jahr für Jahr bläht sich ihr Leib, bald können sie die Kinder nicht mehr zählen, die sie auf die Welt gebracht haben. Einige sterben, einige haben Gebrechen, einige wachsen heran – die Frauen nehmen es, wie es kommt. Und dann bist da du, groß und stark, ein Kind würdest du austragen wie eine Rose im Haar, keinen Tag müßtest du die Arbeit unterbrechen, und wenn sie, die Schwachen, Blassen, hinterher noch schwächer und eingefallener sind, würdest du hinterher noch schöner, größer und stärker sein. Und trotzdem ...«

»Ja, trotzdem ...«, hatte die junge Anna leise gesagt, mit so viel Schmerz in der Stimme, daß die alte Frau sich ein Herz faßte und fragte, was sie sonst vielleicht nicht zu fragen gewagt hätte: »Du hast doch nicht vielleicht Angst vor der Schwangerschaft, Anna, oder hast sonst einen heimlichen Grund, warum du vielleicht gar keine Kinder möchtest? Du weißt, es gibt manchmal Frauen ...«

»Nein«, sagte Anna heftig, »nein, ganz und gar nicht. Ich hab' immer gern Kinder haben wollen.«

»Ich möchte dich gern noch etwas fragen, Anna«, sagte die Alte, »aber ich fürchte, dich zu erzürnen.«

»Frag nur, Mariamne, frag nur«, sagte Anna leise, »das Schlimmste wäre jetzt, allein zu sein oder hier mit dir schweigend zu sitzen. Ich möchte reden, möchte deine Stimme hören – sonst denke ich die ganze Zeit an Joachim, wie er mit den Schafen durch die Dunkelheit zieht oder unter freiem Himmel irgendwo sein Lager aufgeschlagen hat und vor Schmerz und Kummer nicht schlafen kann ...«

»Gut«, sagte die Alte, »zürne mir nicht: Wenn ihr, Joachim und du, euch liebt, woran denkst du dann? An ein Kind?«

»An ein Kind?« sagte Anna nachdenklich, »nein, an ein Kind hab' ich dabei nie gedacht. Ich muß überlegen, woran ich gedacht hab', ich meine, ich hab' nichts gedacht. Ich hab' Joachim gespürt und mich und unsere Liebe und ein großes Glück. Ich hatte gar keine Zeit, an ein Kind zu denken, wenn unsere Liebe uns vereint hat.« Sie schwieg nachdenklich. »Glaubst du, man kann dabei irgend etwas anderes empfinden als die Liebe selbst, glaubst du, man kann an irgend etwas anderes denken?«

»*Du* kannst es wohl nicht, Herrin«, sagte Mariamne, und

ihre hellen Augen schienen plötzlich ganz dunkel, wie hinter einem rauchigen Schleier ...

»Sollte ich etwa bei der Liebe an ein Kind denken, um ein Kind bekommen zu können?« fragte Anna, und ihre Stimme wollte heftig werden, doch der starke Wein hatte ihre Zunge schwer gemacht, die Worte stolperten.

Mariamne schwieg.

»Weißt du«, sagte Anna, sprach jetzt zögernd und vorsichtig, »weißt du, ich habe immer Kinder haben wollen, so, wie ich im Garten gern viele verschiedene Blumen und Sträucher und Bäume habe. Ich hab' mir oft vorgestellt, wie schön das wäre, hier auf dem großen Hof: ein wildes, kugelrundes Mädchen und einen sanften, verträumten Buben und vielleicht ein Zwillingspaar mit hellen Locken – Joachim soll solche als Kind gehabt haben – und noch ein stilles, schönes, schwarzlockiges Mädchen. Ich hab' mir oft ausgedacht, wie sie hier mit uns allen, uns Erwachsenen und allen Tieren, mit den Pflanzen und der Sonne leben und glücklich sind. Aber ich hab' nie so Kinder haben wollen wie meine Freundin Esther, die hat mir mal gesagt: Wenn sie keine Kinder hätte, wäre sie nur ein halber Mensch. Ich bleibe doch, die ich bin, ich war immer Anna: als junges Mädchen, als ich noch nicht verheiratet war, und dann zusammen mit Joachim, und ich wäre mit Kindern genau dieselbe Anna, die ich ohne Kinder bin ... Warum hast du das gefragt? Ich hab' darüber noch nie nachgedacht, für mich ist das so selbstverständlich ...«

»Ich wollte wissen, wie wichtig es dir ist, ein Kind zu haben. Vielleicht kann ich dir nämlich helfen ...«

»Ach, Mariamne«, sagte Anna mit einem kleinen bitteren Lachen, »ich hab' ja schon Weise Frauen gefragt, aber die haben immer nur so lächerliche Sachen gewußt ...«

»Vielleicht war es nicht der richtige Ort und die richtige Stunde und nicht die richtige Frau, vielleicht mußte das erst jetzt passieren ...«

»Glaubst du, ich lasse mich von den Priestern in irgend etwas hineintreiben?« fuhr Anna auf.

»Und Joachim?« fragte Mariamne nur.

»Ja, Joachim – ach, Joachim«, Anna war – Kummer, Wut, Wein – den Tränen nahe. »Weißt du etwas, Mariamne?«

»Ich weiß etwas, Herrin«, sagte die Alte.

Und so waren sie eines Abends losgegangen, die alte Mariamne und die junge Anna, heimlich, spät, als nur noch wenige Menschen unterwegs waren. Beide hatten sich tief vermummt, Mariamne führte Anna in einen Teil der alten Stadt, in dem die junge Frau noch nie gewesen war. Die Gassen wurden immer enger, die Häuser immer niedriger und verwinkelter, und schließlich blieb die Alte vor einem kleinen Haus, das direkt an die Stadtmauer gebaut war, stehen und rief drei Anna unverständliche Worte. In der Türöffnung wurde der dichte, schwarze Vorhang zurückgeschlagen, eine kleine, dürre Frau hielt einen brennenden Span hoch, das Licht flakkerte über ihren vogelartigen Kopf und den ausgemergelten, sehnigen Hals. »Ah, Mariamne«, sagte sie, winkte die Frauen hinein, ließ hinter ihnen den Vorhang wieder zufallen und schob davor einen Holzbalken durch zwei große, in die Türummauerung eingelassene Eisenösen.

Was für einen Raum sie betraten, konnte Anna kaum erkennen. Nur eine Kerze brannte, er schien vollgestellt mit Körben und Krügen, es roch nach Kräutern und nach aromatischen brennenden Hölzern, das Feuer auf der mächtigen Herdstatt lag glosend und rot, gab kaum Licht, doch intensive Wärme. Ein Papagei kreischte aus der Dunkelheit, ein zweiter fiel ein, flügelschlagend kreisten die Tiere im Raum; Anna spürte den Luftzug und zog unwillkürlich den Kopf ein. Die dürre Frau pfiff schrill durch die Zähne, und das Brausen der Flügel verstummte sofort; die Vögel gurgelten nur noch ein paar unverständliche Wortfetzen, dann waren sie irgendwo aus einer Ecke mit ihren Schnäbeln auf Holz herumhackend zu hören.

»Hier bringe ich dir Anna«, sagte Mariamne und verneigte sich – zu Annas größtem Erstaunen – vor der kleinen, dürren

Frau. Vor ihr, Anna, ihrer Herrin, hatte die Alte sich noch nie verneigt ... »Ich habe dir von ihr erzählt.«

Mit flinken, dunklen Augen – wie feuchte Beeren, dachte Anna – sah die kleine Frau zu ihr hinauf. Sie mußte den Kopf ein wenig in den Nacken legen, sie hielt ihn schräg und zugleich etwas nach vorn geneigt. Wie ein Huhn, das, während es dich anschaut, ein Korn aufpicken will, dachte Anna, aber ihr war nicht nach Lachen zumute, denn der Blick der alten Frau war durchdringend, sie schien mehr zu sehen, als Anna lieb war. Anna spürte ihr Herz schneller schlagen.

»Setz dich, Anna, setz dich«, sagte die Frau mit heiserer Stimme, grub ihre mageren, spitznageligen Finger in die Falten von Annas Umschlagtuch und zog sie auf einen Hocker vor einem über und über mit Holzstücken, Steinen, Kräuterbüscheln, Wolldocken und Tuchfetzen bedeckten Tisch. »Setz dich hier ans Licht, damit ich dich richtig ansehen kann.«

Dann zog sie sich einen zweiten Hocker heran, deutete auf eine Wandbank für Mariamne, setzte sich dicht vor Anna, tastete sie erst mit ihren Augen ab und fuhr dann mit schnellen, prüfenden Griffen die Arme und die Oberschenkel hinunter. Auch die Hände wie Vogelklauen, dachte Anna, aber das war ihr nicht unangenehm, es war eine leichte und zugleich intensive Berührung, und dabei war alles so unwirklich wie im Traum.

Und dann fragte die kleine Frau sie aus, hastig, wie ständig auf dem Sprung, fragte sie nach allem Denkbaren und Undenkbaren: nach Menstruation und Verdauung, nach Geburtsdatum und Sternbild, ob sie leicht schwitze, was sie für Krankheiten als Kind gehabt habe, ob sie irgendwelche Schmerzen habe, was sie am liebsten esse, ob sie sich gern schnell oder lieber langsam bewege, ob sich ihr Haar gut oder schlecht frisieren ließe, ob sie bei Mondschein gut schlafen könne und vieles andere mehr. Dazu nahm sie ein großes Stück Papyrus auf den Schoß – wo sie so etwas Kostbares nur her hat, fragte sich Anna – und malte mit dem Pinsel Zeichen darauf, erst an die vier Ecken des Blattes, dann kreuz und quer über die ganze Fläche verteilt, blätterte dabei immer wieder in einem Stoß mit Zahlen und Zeichen bedeckter Papyri. Dann zog sie Verbindungslinien – gerade, gestrichelte, gepunktete – zwischen den verschiedenen Symbolen, und dabei murmelte sie ständig vor sich hin, schnalzte mal mit der Zunge, zischte durch die Zähne. Anna und Mariamne saßen schweigend da, es dauerte lange, und immer wieder hatte die Alte noch Fragen an Anna: Wann ihre letzte Periode gewesen und ob sie regelmäßig sei und ob denn ihre Geburtsstunde wirklich stimme; so, wie sie sie genannt habe, käme ihr das sehr merkwürdig vor – und dann schrieb die Frau wieder, zog Striche, verglich, murmelte und knurrte in sich hinein.

Mariamne holte den Weinkrug hervor, den sie, in den Falten ihres Umschlagtuchs verborgen, mitgebracht hatte, und die Vogelfrau schmatzte mit den Lippen und wies mit der dürren Hand auf eine Reihe Becher auf einem Wandregal. Mariamne nahm drei herunter, schwenkte sie im Wasserbottich aus und goß den Wein ein. Die Vogelfrau trank ihren Becher in wenigen Zügen leer. Mariamne goß nach, diesmal stürzte die Frau nur den halben Becher hinunter, dann wieder Schweigen, Gemurmel, leise strich der Pinsel über den Papyrus; die Papageien in ihrer Ecke klickten mit den Schnäbeln.

Endlich schien die Vogelfrau fertig zu sein. Sorgsam legte sie den Pinsel beiseite, hielt ihre merkwürdige Zeichnung mit gespreizter Hand auf den Knien fest, nahm noch einen tiefen Schluck Wein und wandte dann ihre ganze Aufmerksamkeit Anna zu. »Ich weiß nicht recht, Anna«, sagte sie und sprach jetzt gar nicht mehr hastig, sondern eindringlich und langsam, »ich weiß nicht recht, wenn deine Geburtsstunde wirklich stimmt, dann steht dir ein schweres Schicksal bevor ... Doch darum geht's jetzt ja nicht. Ich habe hier ausgerechnet, nach dem Rhythmus deiner Periode und dem Stand der Sterne – besonders deiner Sterne – und dem Stand des Mondes, wann es für dich günstig sein könnte, ein Kind zu empfangen. Nach deinen Sternen war das in der vergangenen Zeit deiner Ehe nicht sehr häufig der Fall, sie stehen dafür nicht sehr günstig, kommen nur selten so zusammen, wie wir es brauchten. Aber du hast Glück: In einem knappen Mond von heute, in der Woche nach dreimal Sabbath, ist ein ganz besonders günstiger Tag für dich – wie gut, daß du gerade jetzt gekommen bist, denn danach sieht es für eine Weile wieder ganz schlecht aus. Freu dich, Anna, bereite alles gut vor, ich gebe dir noch ein paar Kräuter mit, es wird alles nach deinem Wunsch gehen, wenn du es richtig machst.«

Anna stöhnte leise auf, alles Blut wich aus ihrem Gesicht, sie sank in sich zusammen auf ihrem Hocker, und Mariamne starrte die Vogelfrau erschrocken an.

»Aber was habt ihr denn?« rief die Frau, ließ den Rest Wein in den Mund laufen und gluckste heiser, »ihr kommt mir vor wie meine Papageien, wenn ein Gewitter niedergeht, dabei habe ich euch doch eine gute Botschaft sagen können.«

»Aber Joachim ...«, sagte Anna mit tonloser Stimme, »aber Joachim ...«

»Der Herr ist nicht zu Hause«, erklärte Mariamne, »und wir können ihn nicht erreichen, er ist weit weg mit dem Vieh, wir wissen nicht, wo – was nützt uns da das günstige Datum? Es macht alles nur noch schlimmer ...«

»Ihr könnt ihn nicht erreichen?« fragte die Vogelfrau, goß sich noch mehr Wein ein und lachte lange glucksend in sich hinein, »ihr könnt ihn nicht erreichen ...« Und dann rief sie plötzlich laut und schrill, so daß die beiden Frauen zusammenzuckten: »Wollt ihr ihn denn erreichen?«, und ihre Beerenaugen blitzten.

»Natürlich wollen wir das, natürlich!« rief Anna und merkte nicht, wie Mariamne ihr warnend die Hand auf den Arm legte.

»Ja, wenn ihr das wollt, dann tun wir doch was ... Das kostet natürlich ein bißchen mehr, Mariamne, es kostet sogar viel mehr, denn das ist die größere Kunst ...«

»Anna«, sagte Mariamne, »bedenke: Alles, was unsere Weise Frau hier bisher getan hat, ist eine große Kunst, doch sie hat sich dabei auf das gestützt, was sie von dir erfragt hat. Aber Joachim zu benachrichtigen, wenn er irgendwo weit weg ist, ohne einen Boten zu schicken, das ist eine andere Kraft. Ich weiß nicht, ob du das willst . . .«

»Aber warum denn nicht?« fragte Anna schnell. Nach ihrer anfänglichen Fremdheit und Beklommenheit fühlte sie sich jetzt mit der Atmosphäre im Haus der Vogelfrau so vertraut, daß ihr deren Vorschlag ganz natürlich vorkam. Und weil Mariamne ebensoviel von diesen Dingen wußte wie jede andere Frau aus dem Volk, vergaß Anna immer wieder, wie lange die alte Frau in dem frommen Haus gedient und sich dabei den dort herrschenden Sitten und Ansichten angepaßt hatte. Mariamne wiederum konnte nicht ahnen, wie weit Anna in der Tiefe ihres Herzens von der Frömmigkeit ihres schwiegerelterlichen Hauses entfernt war und – ohne sich dessen allerdings bewußt zu sein – wieviel näher an dem, was diese kleine vogelartige Frau trieb.

»Also gut«, sagte Mariamne, »wenn du willst . . .« Ihre Frömmigkeit, die ihr gebot, solche Praktiken abzulehnen, lag im Widerstreit mit dem heißen Wunsch, etwas für ihren geliebten jungen Herrn Joachim zu tun. »Also gut«, wiederholte sie, »wenn du es willst, Anna . . .«

»Dazu müßt ihr noch einmal wiederkommen«, sagte die Vogelfrau, »und zwar übermogen, am Sabbath. Und du mußt mir etwas von deinem Gatten mitbringen, Anna, möglichst etwas, was zu seinem Körper gehört, eine Locke oder Fingernägel, und wenn das gerade nicht möglich ist, dann ein Kleidungsstück, etwas, das er möglichst dicht am Herzen getragen hat. Ich werde alles vorbereiten, daß wir ihm eine Botschaft senden können. Seid hier eine halbe Stunde vor Mitternacht, wir haben zunehmenden Mond, das ist günstig . . .«

Anna war, als sei sie von Nebelschwaden eingehüllt, als sie sich mit Mariamne auf den Heimweg machte. Die Hitze, der Holzdunst vom Feuer, der Kräutergeruch, die scharfen Augen der Vogelfrau, das lange, angespannte Warten, der Wein – es kam ihr vor, als schwebe sie über die unebenen Gassen, sie wußte kaum, wie sie nach Hause gelangte.

Und achtzehn Tage später – es war Vollmond und der Tag, den die Vogelfrau als günstig ausgerechnet hatte, – ging Anna, kurz ehe die Dämmerung kam, zum Goldenen Tor. Hier würde mit der einfallenden Nacht ihr Mann einreiten, hatte die Vogelfrau gesagt, und zwar genau an diesem heutigen Abend. Anna war aufgeregt. Sie erinnerte sich kaum mehr an die Einzelheiten jener Sabbath-Nacht, in der die Vogelfrau auf geheimnisvolle Weise eine Botschaft an Joachim ausgesandt hatte. Anna wußte nur noch, daß sie danach zwei Nächte und einen Tag durchgeschlafen hatte und daß die besorgte Mariamne immer wieder nach ihr gesehen und sie zu ihrem Ärger in ihrem tiefen, erquickenden Schlaf gestört hatte.

Danach hatten beide nur noch auf diesen Abend gewartet. Annas Gefühle waren zwiespältig. Einerseits meinte sie, ganz genau zu wissen: Joachim wird kommen; in der geheimnisvollen Atmosphäre bei der Vogelfrau hatte das ganz selbstverständlich geschienen. Doch am hellichten Tag auf dem Schafshof an Magie zu glauben, das schien unmöglich.

Und heute hatte sie sich nun gebadet und gesalbt, hatte sich geschmückt, ihr Haar kunstvoll geflochten und aufgesteckt und war jetzt, tiefverhüllt, damit ihre kostbaren Gewänder nicht auffielen, mit Mariamne auf dem Weg zum Goldenen Tor. Die alte Frau war, wenn irgend möglich, noch viel aufgeregter als Anna. Sie lebte seit jener Nacht bei der Zauberfrau in Gewissensqualen. Wie, wenn die nun ihrem Herrn etwas angetan hätte? Wenn er sich zwar aufmachte, von einem unbestimmten Drang getrieben, aber dann vom Pferd stürzte, in eine Schlucht fiel, von wilden Tieren angefallen wurde? Schreckliche Bilder verfolgten die arme Mariamne.

Dann standen sie, die alte und die junge Frau, verborgen hinter einem Torpfeiler und warteten. Und im letzten schwindenden Tageslicht tauchte in der Ferne eine Staubwolke auf, immer deutlicher hörten sie das Poltern von Pferdehufen, und da sah Anna schon Aginon, den obersten Schafsknecht, und gleich hinter ihm Joachim, verschwitzt, verstaubt, erschöpft ... Anna stürzte auf ihn zu, Joachim riß das Pferd zurück, sprang herab, und sie fielen sich in die Arme.

»Anna«, rief er, »Anna, ich hatte einen Traum, ein Engel hat mir verkündigt, wir würden ein Kind haben und mir befohlen, ich solle so schnell wie möglich nach Hause zurückkehren. Und ich bin aus dem Schlaf hochgefahren und habe dem Höchsten auf den Knien gedankt und habe gelobt, ihm das Kind zu weihen, es soll ihm Dienste verrichten im Tempel sein Leben lang. Anna, unsere Ehe wird gesegnet sein, ich glaube es, und alles wird gut werden.«

Dann sah er Mariamne und sah dann wieder Anna an, stutzte und sagte: »Aber was tut ihr denn hier? Ihr könnt doch gar nicht wissen, daß wir kommen – was tut ihr hier nachts am Tor?«

Da belog Anna zum ersten Mal seit ihrer Heirat ihren Mann. »Auch ich hatte einen Traum, Joachim«, sagte sie, »und dieser Traum sagte mir, daß du heute kommen würdest, und deshalb bin ich hier.«

»Auch du hast also eine Offenbarung gehabt, Anna«, rief Joachim voller Freude, »der Höchste meint es gut mit uns, wir werden ein Kind haben, ich bin sicher!« Und er hob sie auf sein Pferd, schwang sich wieder in den Sattel und ritt mit ihr heim. Anna schmiegte sich an ihn, und in ihrem Glück, ihn wiederzuhaben, drängte sie schnell das Unbehagen zurück, das sie gespürt hatte, als Joachim vom Höchsten, von einem Engel, von ihrer beider »Offenbarung« und von »dem Tempel weihen« sprach. Hauptsache, er war da, er war wieder zu Hause, er würde so bald nicht wieder fortgehen – und er würde, das wußte sie nun, durch sie seine Ehre vor seinen Mitbürgern und Mitgläubigen wiederbekommen.

In dieser Nacht dachte sie kein einziges Mal an ein Kind. Sie dachte nur an Joachim, sie war wieder mit ihm vereint, sie spürte ihre Lust, sie war angefüllt mit Glück ...

Kurze Zeit danach wußte sie, daß sie schwanger war.

Die alte Anna lag auf ihrem Lager, auf dem Rücken, wie sie

hingesunken war, ihre Augen waren jetzt geschlossen, und ein leises, glückliches Lächeln umspielte ihre Lippen. Die Katze war durch den Hintereingang wieder hereingekommen, der Morgen graute, ihre Jagd war beendet. Sie steckte kurz ihre Nase in den Korb mit den schlafenden Jungen, dann sprang sie zu Anna aufs Lager, kuschelte sich in den Schoß der alten Frau, und so schliefen sie in den neuen Tag hinein.

Anna, die Heilerin

Im Oktober des Jahres 29

Es war wieder ein sehr heißer Tag gewesen. Jetzt, am späten Nachmittag, stand die Sonne schon tief im Westen, und auf der Gasse zum Schafsteich herrschte geschäftiges Treiben: Männer trieben hochbepackte Esel vor sich her, Rufe von Bettlern ertönten, Schafgeblöke – alles sehnte sich nach dem ersten erfrischenden Windzug, der die Nacht ankündigen würde.

In Annas Hütte dagegen war es kühl, still und bereits dämmrig. Anna verlas Linsen, saß beim frisch angefachten Feuer am Herd. Seit sie in dieser fensterlosen Hütte lebte, begann es sie zu frieren, wenn der Abend nahte, ganz gleich wie heiß der Tag gewesen war. Direktes Tageslicht bekam sie nur durch die Hintertür, dort hatte sie die volle Morgensonne, doch abends wurde es früh dunkel. Die Vordertür zur Gasse hielt sie fast immer geschlossen.

Anna hob den Kopf. Sie meinte, ein leises Klopfen gehört zu haben. Sie erwartete niemanden, doch jetzt klopfte es wieder. Anna stand auf und öffnete, heftig geblendet vom Licht der untergehenden Sonne blinzelte sie in den Staub und Lärm der Gasse. Draußen stand eine Frau, die Anna noch nie gesehen hatte.

»Ich bin Hagar«, sagte die Frau, »eine Schwester von Sarah, Kusine von Bethsabe, die in dieser Stadt lebt. Ich glaube, du kennst sie.« Anna nickte. »Ich bin von weit her gekommen, um meine Kusine zu besuchen«, sagte Hagar, »und ich würde gern mit dir sprechen.«

»Komm herein«, sagte Anna, »setz dich.«

Die Frau nahm das große, schwarze Umschlagtuch ab, das ihr Gesicht fast völlig verborgen hatte. Sie hatte eine fahl-graue Haut, strähniges braunes Haar und unter geschwollenen Lidern Augen von unbestimmbarer dunkler Farbe, mit denen sie Anna schüchtern ansah. Ängstlich und traurig ist sie, dachte Anna.

Die Frauen setzten sich an den Tisch. Anna erkundigte sich förmlich nach dem Ergehen von Hagars Kusine, die sie nur flüchtig kannte, nach den Kindern von Hagars Kusine, nach der ganzen Familie. Hagar antwortete höflich, zurückhaltend, fragte selbst nichts. Sie wußte bereits alles über Anna. Anna stellte Feigen, Apfelwein und einen Fladen Gerstenbrot auf den Tisch.

»Ich kann dir nicht viel anbieten«, entschuldigte sie sich, »ich lebe hier ganz für mich allein. Bei deiner Kusine ist das anders, sie hat ein großes Haus, viele Kinder, viele Verwandte. Ich hatte nur eine Tochter, sie lebt weit weg von hier, und einen Enkel ... aber von dem wirst du sowieso nichts wissen ...«

»Doch, doch«, sagte Hagar, und Leben kam in ihre Stimme, »ich kenne ihn, ich habe ihn gesehen, erst vor kurzem, deshalb bin ich ja zu dir gekommen, um mit dir zu sprechen.«

Annas Gesicht erstarrte, eine tiefe Falte bildete sich zwischen ihren Augenbrauen. »Ich hab' ihn richtig nur als Kind gekannt«, sagte sie abweisend, »später sah ich ihn nur einmal flüchtig, ich weiß fast nichts von ihm. Die Leute ...«

»Er zieht herum und predigt und heilt dabei Menschen«, unterbrach Hagar sie schnell, »davon hast du doch bestimmt gehört. Bei uns jedenfalls haben sie viel davon gesprochen. Und als er dann eines Tages in unser Dorf kam – du mußt wissen, ich blute nun schon seit vielen Jahren, und niemand hat mir bisher helfen können, ich hab' Kräutertränke genommen, tagelang im Bett gelegen, mit kalten, feuchten Umschlägen, mit heißen, feuchten Umschlägen, nichts hat geholfen – und als dann dein Enkel ins Dorf kam, dachte ich: Warum soll ich's nicht versuchen, ich hab' schon so viel ausprobiert, es kann nicht schlimmer werden. So bin ich auf den Marktplatz gegangen, als er kam. Da schoben und drängten sich schon viele Menschen; er reist mit einigen Freunden, weißt du, und die bildeten einen Kreis um ihn und versuchten ihn abzuschirmen in dem Gedränge. Ich hatte große Schwierigkeiten, überhaupt in seine Nähe zu kommen, mich durch all die Männer hindurchzuzwängen, ich mußte all meinen Mut zusammennehmen. Als ich dann schließlich ganz nahe an ihn herangekommen war und gerade sein Gewand berühren konnte, da riß mich einer seiner Freunde, ein wilder, starker Mann, zurück und schrie mich an, was ich denn da täte. Er aber – dein Enkelsohn – drehte sich um und sagte: ›Mich hat jemand berührt!‹, und seine Männer lachten und sagten spöttisch: ›Jemand! – schau dir doch das Gedränge hier an!‹ Der große, starke Mann hielt mich aber immer noch fest, und da sah mich dein Enkelsohn an, sah mir direkt in die Augen. Er hat wunderschöne Augen, sieht ganz tief in dich hinein und zugleich durch dich hindurch. So hab' ich noch einmal all meinen Mut zusammengenommen und gesagt: ›Ich dachte, du könntest mich vielleicht vom Bluten heilen!‹ Er sah mich weiter ganz fest an und sagte: ›Wenn du glaubst, wirst du geheilt werden.‹ Und danach hat das Bluten wirklich aufgehört, und ich war so glücklich! Aber das hat leider nur kurze Zeit so angehalten, und dann fing es wieder an, und ich war unglücklicher als je zuvor und wußte überhaupt nicht mehr, was ich tun sollte – am liebsten wäre ich ins Wasser gegangen ... Und dann bin ich hierhergekommen, um meine Kusine zu besuchen, und sie hat mir gesagt, daß du auch etwas vom Heilen verstehst, und – vielleicht kannst du mir helfen?«

»Das Gewand eines Mannes berühren, und dann soll das Bluten aufhören!« sagte Anna ärgerlich, »so was zu glauben, du kannst nicht ganz bei Trost gewesen sein, wirklich ...«

»Aber man sagt doch, er sei ...«, versuchte Hagar zu widersprechen.

»Sprich kein Wort weiter«, Anna schlug mit der flachen Hand auf den Tisch, daß Teller und Becher klirrten. Hagar zuckte zusammen. Anna lehnte sich zurück, holte tief Luft und schloß kurz die Augen, dann beugte sie sich wieder vor, verschränkte die Unterarme auf der Tischplatte und fragte mit veränderter Stimme, leise, ganz Hagar zugewandt: »Erzähl mir von dir und deiner Krankheit. Was hat deine Mutter dir gesagt, als du zum ersten Mal deine Monatsblutung hattest, als Kind?«

»Oh, sie hat gesagt: ›Nun ist es also passiert‹, und das sei der Fluch der Frauen, das hätte ich nun mein ganzes Leben lang, ich solle mich nur dran gewöhnen. Mir wurde ganz elend. Zuerst ging es mir wie allen Mädchen: Es kam regelmäßig mit zunehmendem Mond. Aber nachdem ich eine Weile verheiratet war, hörte plötzlich das Bluten nicht mehr auf. Mein Mann wollte mich natürlich nicht mehr berühren, und er hat deshalb vor einiger Zeit unser Haus verlassen. Manchmal hab' ich das Gefühl, meine Beine sacken unter mir weg, ich fühle mich so kraftlos, am liebsten würde ich sterben ...«

»Wann fing das denn genau an?« fragte Anna.

»Ungefähr ein Jahr nach meiner Heirat«, antwortete Hagar. »Alle warteten darauf, daß ich endlich schwanger werden sollte. Die Brüder meines Mannes verspotteten ihn ständig: ›Was ist mit Hagar los?‹ sagten sie, ›deine Frau ist immer noch so flach wie ein Brett, warum tust du nichts dagegen?‹ Dann wurde er immer sehr wütend. ›Was stimmt denn bei dir nicht?‹ fragten sie, und wenn er sagte: ›Fragt doch Hagar!‹, dann lachten sie ihn aus und sagten: ›Mit der ist schon alles in Ordnung, ihre Mutter hatte zehn Kinder, und acht davon haben überlebt und sind gesund und kräftig, Hagar ist in Ordnung.‹ Und sie versuchten mich zu greifen – ich sah damals besser aus als heute, ich war rund, hatte rote Backen, und meine Haare waren voll und lokkig ...«

»Immer dasselbe«, sagte Anna, mehr zu sich selbst, »ob arm oder reich ... Dein Mann war sicher sehr gekränkt?« wandte sie sich wieder Hagar zu.

»Er hat nie mit mir darüber gesprochen, aber er hat versucht, bei jeder Gelegenheit bei mir zu liegen, jede Nacht und sogar am Tage, wenn er zu Hause war. Und dann hat eben plötzlich meine Blutung nicht mehr aufgehört; ich blutete und blutete . . .«

»Du hast also keine Kinder. Wünschst du dir denn welche?« Ich rede wie die alte Mariamne damals, dachte Anna, erst wenn wir alt geworden sind, wissen wir, worum sich alles dreht. Aber wer glaubt uns? Alle müssen erst ihre eigenen Erfahrungen machen.

»Natürlich wünsche ich mir welche, ja – das heißt, ich weiß nicht – die Sache ist so . . .« Hagar stockte, sie schaute Anna nicht mehr an, knetete ihre Hände im Schoß, dann stieß sie hervor: »Ich will darüber lieber nicht sprechen.«

Anna erwiderte nichts. Sie saßen lange schweigend da, Anna ruhig, in sich gekehrt, gelassen, Hagar mit gesenktem Kopf, ab und an riß sie an einem Finger, daß die Gelenke knackten. Ihr Gesicht wirkte noch eingefallener als zuvor, alt. Endlich begann sie zu sprechen, langsam erst, stockend, kaum hörbar: »Uns fragt doch keiner, was wir uns wünschen, Anna. Wenn du eine Frau bist, erwartet jeder, daß du Kinder bekommst, und wenn sich ein Mann eine Frau sucht, so bedenkt er dabei zuerst, ob sie wohl Kinder haben wird, gesunde Kinder vor allem. Wir sind doch nur dazu da, Kinder zu haben, das ist unser Schicksal, unser einziger Lebenszweck . . .« Sie verstummte.

»Da bin ich nicht so sicher«, sagte Anna ruhig.

»Nein?« fragte Hagar ungläubig. Dann redete sie weiter, freier jetzt: »Mein Mann glaubte, ich würde ihm gesunde Kinder gebären; meine Mutter hatte da keine Schwierigkeiten, sie starb zwar im Kindbett, aber daran ist mein Vater schuld. Wir hatten eine sehr gute Hebamme, eine Weise Frau, sie wußte und konnte alles: Sie konnte alle Schmerzen lindern, sie wußte, wann Umschläge nötig waren, wann Bäder, wie man Fieber stillt. Sie war groß und stark. Alle Kinder der Nachbarschaft hat sie zur Welt gebracht, auch mich und meine Brüder und Schwestern. Dann wurde eines Tages mein Vater – er war Färber – krank, und er konnte lange nicht wieder gesund werden. Er konnte nicht mehr arbeiten, wir hatten kaum was zu essen.

Meine Mutter ging zum Waschen in die Häuser der reichen Leute, aber bei uns gab's nicht viele reiche Leute, sie brachte nicht viel heim. Mein Vater wurde immer trauriger, immer düsterer, er ertrug es nicht, seine Kinder hungern zu sehen. Ein entfernter Vetter besuchte ihn oft während seiner Krankheit – sie führten stundenlange leise Gespräche, ich erinnere mich noch an ihr dauerndes Gemurmel –, und der brachte ihn dazu, daß er sich von der Synagoge abwandte und sich einer sehr fanatischen religiösen Gruppe anschloß, die die heiligen Schriften viel strenger auslegte als unsere Priester. Und mit einem Mal ging es ihm besser, und er wurde allmählich wieder ganz gesund, es war wie ein Wunder, und er glaubte natürlich, er hätte das den Gebeten seiner neuen Brüder zu verdanken. Sie kamen regelmäßig weit außerhalb der Stadt zusammen, fasteten und beteten viel, tauften ihre Anhänger und machten Prophezeiungen.

Und dann wurde meine Mutter wieder schwanger, und als ihre Zeit kam, wollte mein Vater nicht, daß Sarah, unsere Hebamme, wiederkäme. Er hatte meiner Mutter schon während der Schwangerschaft verboten, zu Sarah zu gehen, aber sie war doch heimlich zu ihr gegangen und hatte die Tränke bekommen, die gut für sie waren. Doch die Gruppe der Frommen, zu der mein Vater nun gehörte, hatte sehr strenge Ansichten über Geburt und Tod: Gott wolle die Frauen strafen, unter Schmerzen sollten sie gebären, so stünde es in der Schrift, sagten sie, und deshalb gestatteten sie keinerlei Hilfe bei der Geburt, nicht von Hebammen oder anderen Weisen Frauen. Die Frau müsse dies alles ganz allein durchstehen, das sei eine Bestrafung für ihre Ursünde, und das sei richtig so, sagten sie. Natürlich waren unter ihren Ältesten keine Frauen.

Und als dann ihre Stunde kam, da war niemand da, der meiner Mutter hätte helfen können. Als die Wehen begannen und sie immer lauter schrie, versuchte mein Vater ihr zu helfen, aber er wußte nicht, wie er es anstellen sollte. Er schickte alle Kinder aus dem Haus außer mir, ich war die Älteste, war gerade vierzehn geworden. Schließlich kam das Kind heraus, ein kleines, braunes, schrumpeliges Ding. Ich wußte nicht, was die Hebamme vor drei Jahren mit meinem jüngsten Bruder gemacht hatte, war damals noch zu klein gewesen, und mein Vater war völlig hilflos. Ich wollte immer noch zu Sarah laufen und sie zu Hilfe holen, aber mein Vater verbot es mir wütend. Ich konnte mich dann nur noch daran erinnern, daß das Kind irgendwie von der Nabelschnur getrennt werden mußte, also nahm ich ein Küchenmesser und schnitt sie durch. Das winzige, braune Ding winselte wie ein kleiner Hund. Meine Mutter hatte aufgehört zu schreien, aber sie blutete, blutete ohne aufzuhören ...

Wir wußten nicht, was wir dagegen tun sollten. Mein Vater war kalkweiß im Gesicht, der Schweiß rann ihm herab, er lag auf seinen Knien, streckte seine Arme empor, dann schlug er mit der Stirn auf den Lehmboden, betete laut und unablässig, und meine Mutter blutete, das ganze Haus war voll Blut, ein unaufhörlicher Fluß ... Ich hielt das kleine, braune Ding in den Armen, es hatte aufgehört zu winseln, und ich spürte, wie es immer kälter und kälter wurde. Ich hielt es an die Feuerstelle. Dann erinnerte ich mich, daß Sarah viel heißes Wasser gebraucht hatte, also nahm ich den Kessel vom Haken und machte ein warmes Bad in einer Schüssel und legte das kleine, kalte Ding hinein, aber es wurde nicht wieder warm. Am nächsten Tag wurden beide zusammen begraben. Es dauerte Stunden, bis ich all das Blut weggewischt hatte. Mein Vater ist schließlich ohnmächtig geworden. Danach wurde er nie wieder so wie früher.«

Hagar hatte immer schneller gesprochen, rote Flecken hatten sich auf ihren Backenknochen gebildet, sie atmete schnell und schwer. Als sie endlich aufhörte zu sprechen, schien sie nicht zu wissen, wo sie war, sah Anna an wie eine Fremde. Anna nahm Hagars verkrampfte Hände in die ihren, und so saßen sie eine ganze Weile, schweigend. Als Hagars Atem wieder regelmäßig ging und die roten Flecken in ihrem Gesicht verblaßten, fing Anna an zu sprechen: »Wo lebst du jetzt, Hagar, nachdem dein

Mann dich verlassen hat? Im Haus deiner Schwiegereltern? Oder bei deiner Familie?«

»Nein«, sagte Hagar, »ich hab' Glück gehabt. Ich konnte in der kleinen Hütte bleiben, die mein Mann für uns gebaut hatte, ehe wir heirateten. Er hat mir erlaubt, da wohnen zu bleiben, es sei ja nicht meine Schuld, daß ich blute, sagte er, aber er könne das nicht länger ertragen und würde das Dorf verlassen und sich woanders Arbeit suchen. Er ist Schneider, er kommt überall zurecht. Einen Scheidungsbrief hat er mir nicht gegeben. Und ich kann auch ganz gut nähen; am Rand von unserem Dorf wohnt eine ziemlich reiche Frau, sie ist die Frau des römischen Distriktverwalters. Sie haben viele Diener und Sklaven, und sie holt mich manchmal für mehrere Tage in ihr Haus, manchmal sogar für Wochen. Ich muß alles für sie und ihre Töchter nähen, auch alles für den Haushalt. Ich habe ihr ein paar sehr schöne Kleider gemacht, mit schwerer Stickerei, das mag sie. Mein Bluten stört sie nicht, solange man nichts davon merkt. In ihrem Glauben spielt das nicht so eine Rolle. Aber sie gestattet mir nicht, daß ich mir Arbeit mit nach Hause nehme, was ich viel lieber tun würde, ›nicht in deine dreckige Hütte‹, sagt sie, dabei hat sie sie noch nie gesehen. Wenn ich bei ihr bin, muß ich im Dienerhaus auf dem Fußboden schlafen, oder ich lege mich draußen unter die Bäume in ihrem schönen Garten. Mir tut niemand was, alle wissen, daß ich krank bin. Und so bekomme ich wenigstens gut zu essen, und sie bezahlt mich ganz gut. Nur . . .« Hagar hatte sich geöffnet, Anna merkte, daß nun alles aus ihr herausströmen wollte, alles über ihr ungewöhnliches Leben, worüber sie sonst mit niemandem sprechen konnte. Doch Anna unterbrach sie: »Es reicht also, daß du allein leben kannst?«

»Ja, ganz gut. Ich habe ein paar Hühner, verdiene mir ein bißchen Geld, und die Frauen aus der Nachbarschaft geben mir Fleisch ab, wenn sie eine Ziege geschlachtet haben, oder Wein, wenn er fertig gekeltert ist. Ich komme zurecht.«

»Und was sagen sie dazu, daß du ganz allein lebst?«

»Oh, das ist kein Problem, weil ich doch durch mein Bluten

unrein bin. Alle verstehen, daß mich in diesem Zustand niemand haben will, meine Familie nicht und meine Schwiegereltern auch nicht. Sie verstehen auch meinen Mann, und ich sage ihnen immer wieder, daß er zurückkommen wird, wenn das mit dem Bluten aufhört, und so hab' ich ...«

Hagar brach mitten im Satz ab. Ihr Gesicht, das inzwischen gelöst gewirkt hatte, verkrampfte sich, ihr Blick wurde wieder ängstlich. »Und was ist – was ist, wenn du mir helfen kannst und wenn es wirklich aufhört?«

Anna lächelte. Jetzt waren sie am entscheidenden Punkt, das wollte Anna wissen: Ging es dieser Frau – die sie nicht kannte und nie zuvor gesehen hatte – lediglich darum, gesund zu werden, hoffte sie nur auf den Augenblick, an dem sie von ihrem »Fluch« geheilt sein würde, ohne daran zu denken, was danach kam, oder dachte sie weiter, schaute in die Zukunft? Dachte sie nur von heute bis morgen, oder sah sie ihr Leben als ganzes vor sich, als ihr, Hagars Leben, das niemand sonst für sie leben konnte? Annas Augen waren listige kleine Schlitze, als sie fragte: »Nun, Hagar, was würdest du dann tun?« Hagar blickte sie an, zweifelnd erst, die Stirn in Falten gezogen, doch dann fing sie auch ganz schüchtern an zu lächeln und flüsterte, so leise, daß Anna es kaum verstehen konnte: »Ich würd's keinem verraten!«

Annas Lächeln wurde breiter, und plötzlich lachten die beiden Frauen los, sie lachten und lachten, immer lauter und lauter. »Ich würd's keinem verraten«, stöhnte Hagar, ehe ein neues Lachen sie schüttelte, »würde es keinem verraten ...« Das wiederholte sie wieder und wieder, doch ihr Lachen klang auch ein wenig nach Weinen.

Schließlich stand Anna auf, legte Hagar die Hand auf die Schulter und sagte: »Ich will sehen, was ich für dich tun kann.« Sie ging zu ihrem Medizin-Regal, schlug den Vorhang zurück, nahm drei versiegelte tönerne Krüge heraus, und aus einem anderen Regal nahm sie eine kleine Glasflasche. Sie öffnete die Krüge und füllte von den Flüssigkeiten, die sie enthielten, eine größere, eine mittlere und eine kleinere Dosis in die Glasflasche, die sie dann sorgfältig schüttelte. Danach fügte sie Prisen von vier verschiedenen Kräutern hinzu, die in Leinensäckchen in den Körben verwahrt wurden.

»Ich gebe dir eine Glasflasche mit, ein römischer Herr, für den ich etwas tun konnte, hat sie mir aus Dankbarkeit geschenkt. Bitte bring mir die Flasche zurück, irgendwann einmal, wenn du wieder hierher zu Besuch kommst, du weißt, sie sind kaum zu bekommen, aber diese besondere Mischung hält sich besser in Glas als in Ton, besonders, wenn du sie auf Reisen mitnehmen mußt.«

»Ich bringe sie dir wieder, natürlich bring' ich sie dir wieder«, versprach Hagar eifrig, doch Anna war sicher, sie würde sie nie wiedersehen.

»Nimm in einer kleinen Schale Wasser drei Tropfen am Morgen, fünf am Abend. Trink keinen Wein, während du diese Medizin nimmst, iß keine zu fetten oder zu würzigen Speisen. Trag in der nächsten Zeit nichts Schweres und tanze oder renne nicht, ehe dein Bluten nicht wirklich für eine Zeitlang aufgehört hat.«

Hagar stand auf, nahm der alten Frau die Flasche mit der dunkelpurpurnen, fast schwarzen Flüssigkeit aus der Hand und wikkelte sie vorsichtig in den Zipfel ihres Umschlagtuchs. Beide setzten sich wieder, und nun begannen sie unbeschwert wie zwei alte Freundinnen zu plaudern, über dies und das, über Rezepte, Krankheiten und Kräuter. Hagar gewann immer mehr Interesse an dem, was Anna wußte, ihre Fragen wurden immer genauer, und Anna vertiefte sich immer mehr in das Thema. Sie hatte nicht viel Gelegenheit, über diese Dinge zu sprechen – außer ab und an mit einer Frau, von der sie viel gelernt hatte –, und sie war sehr darauf bedacht, daß sie nur zu den richtigen Menschen darüber sprach, zu Frauen, von denen sie das Gefühl hatte, sie könne ihnen ihr Wissen anvertrauen. Vielen davon war sie noch nicht begegnet. Doch bei dem, was Hagar jahrelang durchgemacht hatte, war sie immerhin einen Versuch wert, und sie würde die Stadt ja sowieso bald verlassen, dachte Anna. Es würde sich dann erweisen: War Hagars Interesse wirklich echt und tief, würde sie vielleicht eines Tages wiederkommen, wenn nicht ...

»Aber dein Enkelsohn«, sagte Hagar plötzlich in Annas Gedanken hinein, »er ist doch auch ein Heiler, aber er gebraucht keine Kräuter oder Elixiere oder irgend so etwas. Er sagt einfach, er hätte die Macht zum Heilen, weil sein Vater ein Gott sei.«

»Sein Vater ein Gott! Als ob ich nicht wüßte, wie ...« Anna sprach nicht weiter, sie warf Hagar einen scharfen Blick zu. Ich muß mich selbst besser in der Gewalt haben, dachte sie, ich spreche zu selten mit irgend jemandem, richtig sprechen meine ich, und wenn ich's tue, so wie jetzt, dann geht's mit mir durch ... Doch Hagar schien nichts aufgefallen zu sein. »Ja, das behauptet er, ein Gott«, wiederholte sie, »ein Gott irgendwo außerhalb unserer Welt, den er ›Abba‹ nennt, und er, dein Enkelsohn, bekommt durch ihn die geistige Kraft. Und mit der heilt er dann.«

»Hagar, kannst du dir vorstellen«, sagte Anna ruhig, »daß man einzig mit dem Geist heilen kann, ohne den Körper des kranken Menschen genau zu erfassen und ohne zu wissen, was diese Frau oder dieser Mann mit ihrem Körper durchgemacht haben? Ich meine, wir müssen uns einfühlen, woraus sich ein Körper zusammensetzt: Säfte, Mark, Gewebe – den Säften entspricht das Wasser in den Flüssen und im weiten Meer, den Geweben die Pflanzen und dem Mark das Gestein. Bestimmte weiche Steine, ganz fein zermahlen, viel feiner noch als Sand, sind gut für das Mark, für die Knochen. Bestimmte Flüssigkeiten können die Säfte reinigen und ihnen Kraft geben. Wir sind aus dem gleichen Stoff wie die Dinge um uns herum; zwischen einem Stein und einem Menschen ist im Grunde kein Unterschied. Wir können uns zwar bewegen und sprechen, und wir können denken und träumen und lieben – und das alles hat etwas mit Geist zu tun –, aber was wissen wir denn, von welchem

Geist die Steine, die Pflanzen und die Tiere beseelt sind? Zu meinen, nur wir hätten den Geist und könnten deshalb alles andere als minderwertig ansehen – nein! Wenn du das tust, dann wirst du eines Tages dafür bezahlen müssen, in irgendeiner Form, es wird dir heimgezahlt ...«

Annas Stimme verlor sich; Hagar spürte, daß sie mit ihren Gedanken weit fort war. Wieder saßen sie eine Weile schweigend beisammen. Dann sagte Hagar: »Ja, ich glaube, ich verstehe, was du meinst. Ich werde darüber nachdenken. Jetzt muß ich aber gehen.«

Langsam tauchte Anna aus ihrer Geistesabwesenheit auf. Beide Frauen erhoben sich, Anna nahm Hagar ganz sanft bei den Oberarmen und sagte: »Paß auf dich auf, Kind, paß auf dich auf.« Hagar machte es gar nichts aus, »Kind« genannt zu werden, im Gegenteil: Sie fühlte, wie aus den Händen der alten Frau ein Strom von Kraft auf sie überging, sich über ihren ganzen Körper verteilte und in ihre Seele floß.

»Ich verspreche dir, Anna, ich paß auf mich auf«, sagte sie ernst, dann neigte sie sich vor, stellte sich auf die Zehenspitzen und drückte der alten Frau einen schüchternen Kuß auf die Wange – wie ein Hauch, dachte Anna, wie ein Vogelflügel, wie die Barthaare meiner Katze, wenn sie mir damit über den Arm streicht – und wandte sich zur Tür. Anna ging mit ihr. Sie wurde nun wieder ganz förmlich: »Bitte bestelle Bethsabe und ihrer ganzen Familie meine Grüße und hab' eine gute Reise nach Hause. Sei gesegnet.«

Hagar zog das Umschlagtuch über ihren Kopf, um ihren dünnen Körper und umklammerte, darunter versteckt, fest die Flasche. Sie ging rasch fort. Die Sonne war schon lange untergegangen; Mondlicht erleuchtete jetzt die Gasse fast taghell. Hagar drehte sich nicht mehr um. Anna beobachtete ihren leichten Schritt – fast als ob sie springt, dachte sie –, sie schien den Boden kaum zu berühren, schien einfach darüber hinwegzugleiten.

»Vielleicht kommt sie doch zurück«, murmelte Anna vor

sich hin, »vielleicht bekomme ich diesmal meine Flasche zurück.« Sie lächelte, dann ergriff sie einen Besen und begann, trotz der späten Abendstunde, den Boden vor ihrer Türschwelle zu kehren. Ihr Gesicht wurde wieder ernst, fast grimmig sah es aus, und sie brummelte, nicht zu leise: »Sein Vater ein Gott, das mußt du dir mal vorstellen – heilen durch den Geist – ein Gewand berühren ...« Und dann mußte sie wieder lachen: »Wird's niemandem sagen«, gluckste sie in sich hinein, »wird's keinem verraten ...«

Ein Mann, der, von ihr unbemerkt, vorbeiging, hörte ihr Gemurmel, verstand ein paar unzusammenhängende Worte. »Verrückte alte Hexe!« sagte er ziemlich laut, doch Anna hörte ihn nicht. Sie kehrte weiter mit aller Kraft, Wolken von Sand wirbelte sie auf, dann besprengte sie den Grund mit etwas Wasser, ging zurück ins Haus und schloß die Tür fest hinter sich.

Anna legte sich bald nieder, aber sie konnte nicht einschlafen, und so stand sie nach einer Weile wieder auf. »Das wird der Vollmond sein«, dachte sie und fachte das Feuer neu an. Die beiden Hunde hoben aus tiefem Schlaf heraus die Köpfe, doch sie waren es gewohnt, daß die Alte manchmal nachts im Haus rumorte. Sie stießen laut die Luft durch die Nasen, was wie ein abgrundtiefer Seufzer klang, dann ließen sie ihre Schnauzen zurück auf den Lehmboden klatschen. Anna holte sich den Sack mit den Linsen wieder herbei, dazu brauchte sie nicht viel Licht, sie ertastete mit den Fingerspitzen die glatten, runden, brauchbaren und las die trockenen, schrumpeligen aus.

Dabei konnte sie in aller Ruhe nachdenken. Von Hagars Lebens- und Krankheitsgeschichte bewegt, sprach sie flüsternd mit sich selbst: »Was Frauen alles anstellen, nur damit die Welt nicht schlecht von ihnen denkt ... Männer können sein, wie sie wollen, schon die kleinen Jungen, wild und ungebärdig dürfen die sein, damit sie mal ›richtige Männer‹ werden. Aber ein Mädchen hört doch nur von klein auf: brav sein, sauber sein, ordentlich sein, damit du mal einen Mann kriegst. Heiraten soll eine Frau, sonst nichts ... Und dann: Kinder, Kinder, Kinder –

bis ihre Lebenskraft erschöpft ist ... Ich bin wegen eines Kindes zur Zauberfrau gerannt – meine Lebenskraft hab' ich zwar nicht verloren, dafür aber meinen Seelenfrieden. Und Hagar – sie verliert ihre Lebenskraft nicht durch Kinder, sondern durch das Blut, das aus ihr fließt, damit sie keine haben muß ... Ach, warum bleibt es mir nicht erspart, alle Dinge so klar zu durchschauen, jetzt, wo ich alt bin ... Andererseits, Anna, Alte, sei froh, daß du jetzt alles so deutlich siehst, wenigstens kann dich kaum mehr etwas verwirren ... Und anderen Menschen kannst du helfen, weil du erkennst, was mit ihnen los ist ... Doch wenn ich bedenke, was ich in meinem Leben alles hätte anders machen können ... Oh Mirjam, mein Kind, wie hab' ich denn mit dir gesprochen an dem Tag, als es dir zum ersten Mal ›nach Art der Frauen‹ ging, wie sie es immer nennen ...?« Annas Gedanken wanderten wieder zurück in die Vergangenheit ...

Mirjam war schon über zwölf, als sie, später als die meisten Mädchen, zum ersten Mal blutete. Anna konnte sich noch genau an den Tag erinnern. Ein heißer, trockener Wind ging über das Land, und die Sonne blendete. Sie hatte Mirjam Leintücher gegeben, hatte ihr gezeigt, wie sie gefaltet wurden, wie das kleingezupfte Werg oder das getrocknete Moos hineingelegt wurde, wie die Tücher an dem Taillenband befestigt wurden. Sie hatte Mirjam erklärt, wie sie die Tücher immer gleich waschen müsse, daß sie sie nie herumliegen lassen dürfe, schmutzig schon gar nicht, aber auch die sauberen Tücher müsse sie immer wohlverwahrt halten. Denn dies sei eine Sache, die nur sie, Mirjam, allein angehe; höchstens ihr ganz nahestehende Frauen dürften davon wissen, ihre Mutter, gute Freundinnen, die engste Dienerin. Aber nach außen hin müsse sie sich so bewegen, als sei alles wie immer. Kein Mann dürfe jemals etwas davon ahnen, sie dürfe nie darüber sprechen, und wenn es ihr einmal schlechtginge dabei, wenn sie etwa Bauchschmerzen bekäme oder Kopfweh, und jemand frage sie, so müsse sie andere Ursachen dafür erfinden.

Aber Anna hatte dem Kind noch mehr zu sagen gehabt. Sie saßen im windgeschützten Innenhof ihres großen Hauses, unter den dunkelblauen Blüten einer wuchernden Clematis. Der Schatten der Hausmauer hatte sich über den Sitzplatz gelegt, doch die Steinbänke, auf denen sie saßen, waren noch warm. Es war angenehm, die Wärme durch das Gewand hindurch zu spüren, und das würde Mirjam auch guttun in dem neuen, für sie ungewohnten Zustand, dachte Anna. Es fiel ihr schwer, anzufangen.

»Du weißt ja, Mirjam, daß du nun soweit bist, daß du Kinder haben könntest«, begann sie zögernd; wie unsicher fühlte sie sich doch ihrer Tochter gegenüber ... »Die Buben haben dich ja noch nie interessiert, aber ich muß dir trotzdem sagen: Du mußt dich von nun an noch mehr in acht nehmen vor den Männern. Du solltest auch möglichst nie nach Dunkelheit allein durch die Gassen gehen.« Sie sah Mirjams empörten Blick und fuhr rasch fort: »Ich weiß, ich weiß, Mariamne ist immer bei dir, aber es könnte ja sein ... und vor die Düngerpforte, ins Gehenna-Tal, solltest du nun auch nicht mehr gehen – du weißt, mir war das nie recht – tu das jetzt bestimmt nicht mehr. Es sind zu viele böse Menschen unterwegs, auch tagsüber, und du bist noch so jung ...«

»Aber Mutter«, sagte Mirjam, »aber Mutter, das mußt du mir doch nicht alles sagen. Du weißt doch, ich gehe sowieso jedem Mann aus dem Weg, und die Buben interessieren mich auch nicht, ich versteh' gar nicht, warum die Mädchen immer zusammenstehen und kichern und ihnen nachschauen, wenn sie durch die Gassen rennen ... Ich finde die nur grob und ungeschickt und ganz und gar langweilig ... und vor allem so dumm!«

Anna betrachtete nachdenklich das Gesicht ihrer Tochter. Es war einerseits so ebenmäßig und kindlich – und auch ein wenig leblos, das mußte sie zugeben –, andererseits wirkte es altklug und – nein, nicht erwachsen, auch nicht weise, eher wissend könnte sie es nennen. Anna erinnerte sich, wie die alte Mariamne zu ihr gesagt hatte – Mirjam war damals erst zwei Jahre alt gewesen: »Die Erstgeborenen von nicht mehr ganz jungen Vätern und Müttern sehen selbst nie richtig jung aus, nicht so wie andere Kinder.« Als sie an jenem denkwürdigen Tag ihre Tochter forschend betrachtete, verstand Anna, was Mariamne gemeint hatte.

»Du wirst sie mögen, wenn sie älter sind, Mirjam«, hatte Anna damals ihrer Tochter geantwortet, »und wenn du älter bist. Du willst doch auch einmal heiraten und Kinder haben, nicht wahr?«

Oh weh, dachte die alte Anna bei ihren Linsen, sich an das Gespräch erinnernd, oh weh, wie ahnungslos war ich als junge Frau, wie sicher meiner selbst, wie dumm – dachte, ich wüßte und könnte alles, dachte, ich täte mein Bestes, dachte, alles sei gut, weil ich mit Joachim so glücklich war ... Kein bißchen klüger als die anderen Mütter war ich. Genau die gleichen Formeln wie sie habe ich, ohne nachzudenken, meiner Tochter erzählt. Nichts habe ich damals von dem begriffen, was in ihr vorging.

»Mit all dem will ich nichts zu tun haben, Mutter«, hatte Mirjam kühl und scharf geantwortet, »nie und nimmer, ich bin der Religion geweiht, das weißt du doch, aber das ist nicht alles ...«

»Nein, eben, Kind, das ist nicht alles. Priester oder Tempeldiener kannst du als Frau ja nicht werden. Du wirst doch wie wir alle später ein Haus haben und es bewirtschaften wollen«, hatte Anna, die glückliche Ehefrau, gesagt, »und weißt du ...« Sie brach ab. Ihre Tochter saß stocksteif da, Anna spürte, daß sie ihr gar nicht mehr zuhörte. Sie versuchte, Mirjams Hände in die ihren zu nehmen, doch die zog sie schnell weg, schob sie unter ihre Oberschenkel, saß drauf – eine Trotzhaltung aus ihrer Kindheit.

Trotzig und verstockt – in Anna meldete sich wieder ganz stark dieses Gefühl des Unbehagens, das ihr wohlvertraut war, das sie bisher jedoch immer, wenn es auftauchte, schnell verdrängt hatte: eine unbestimmte Skepsis gegenüber dem frommen Leben ihrer Tochter, wie eine vage Warnung, die sie um des lieben Friedens willen stets für sich behalten hatte. Sollte etwa, so dachte sie jetzt, die ungewöhnliche Kindheit Mirjams doch weitaus tiefere Folgen haben, als sie und Joachim sich vorgestellt hatten? Mirjam war ganz anders aufgewachsen als normalerweise ein Mädchen ihrer Kreise, überhaupt anders als jedes Mädchen. Als sie geboren wurde, waren ihre Eltern über alle Maßen glücklich und dankbar gewesen. Joachim hatte ein großes Fest für die Verwandtschaft und alle Bediensteten des Schafshofs gegeben; Lämmer wurden am Spieß gebraten, der Wein floß ohne Ende. Nie war die Frage »Junge oder Mädchen« zwischen Anna und Joachim erörtert worden; Joachim hatte zwar manchmal darüber nachgedacht, doch er hätte es als Kränkung seiner geliebten Frau Anna empfunden, das zur Sprache zu bringen. Wie oft hatte sie sich aufgeregt, wenn die Frauen und die Männer ihrer Verwandtschaft unbedingt einen Sohn bekommen wollten – »das ist eine Kränkung für alle Frauen, auch für mich«, hatte sie gesagt, »bin ich denn weniger wert?« Und als dann die kleine Mirjam mit wohlgeformten, zarten Gliedern, gar nicht wie ein kugeliges Baby, sondern wie ein fertiger kleiner Mensch in der Wiege lag, konnten sie sich uneingeschränkt freuen.

Daß er geschworen hatte, das Kind dem Tempel zu weihen, bereitete Joachim kaum Probleme. »Wir müssen es eben anders auslegen, als wenn es eine Junge geworden wäre«, sagte er zu Anna, und das blieb auch das einzige Mal, wo die Frage »Junge oder Mädchen« zwischen ihnen erörtert wurde. »Sie soll mehr von den heiligen Dingen wissen als Mädchen sonst; du sollst ihr viel von den heiligen Geschichten unserer Väter vorlesen, Anna, ich täte das auch gern, aber du weißt ja, das Geschäft. Wie gut, daß dein Vater dich lesen lernen ließ. Und dann werden wir sie täglich zum Morgen- oder Abendgebet in den Tempel bringen lassen; sie soll bei den heiligen Handlungen anwesend sein wie jeder fromme Jude auch. Aber erst, wenn sie groß genug dazu ist. Mehr können wir eigentlich nicht tun ...«

»Jeden Tag?« hatte Anna entgeistert gefragt, denn Frauen gingen, außer an den großen Feiertagen, höchstens am Sabbath zum Tempel.

»Ist das nicht das mindeste?« hatte Joachim geantwortet, und wieder einmal war Anna der Unterschied zwischen seiner frommen Glaubenswelt und ihrem stets aufs Praktische gerichteten Denken bewußt geworden.

»Natürlich, Joachim«, hatte sie geantwortet und sich dabei gleich überlegt, wie das wohl am besten zu organisieren sei.

Es war dann alles ganz anders gekommen, als Mirjams Eltern sich damals hätten vorstellen können. In den ersten Jahren lief alles noch so, wie Joachim es geplant hatte. Von klein auf las Anna dem Kind aus den heiligen Schriften vor, auch als es noch nichts davon verstehen konnte. Als die kleine Mirjam drei Jahre alt war, nahmen die Eltern sie zum ersten Mal mit in den Tempel. Beim Pessachfest stand Anna stolz mit ihrem kleinen Mädchen auf dem Arm in der ersten Reihe der Fauen, die sich im Vorhof drängten. Sie standen am Fuß der Treppe, die zum Vorhof der Männer und damit zum eigentlichen Tempelbereich hinaufführte, fünfzehn steile Stufen. Dort oben, etwa vier Meter über dem Frauenvorhof, fanden die Rituale statt, wurden die Opfertiere geschlachtet und verbrannt, stand der Tisch mit den Schaubroten, von dort erklangen die Trompeten, dort war das Allerheiligste, das nur der Hohepriester betreten durfte. An diesem hohen Feiertag erschien der höchste Priester persönlich oben am Kopf der Treppe und sang segnende Worte für die versammelten Frauen und Kinder. Mirjam strampelte mit Armen und Beinen, wollte hinauf zu diesem Mann mit der schönen, volltönenden Stimme – »Vater, Vater«, rief sie. Er war der einzige Mann von so eindrucksvoller Gestalt, den sie kannte, und Mirjams ganz große Liebe. Seitdem war die alte Mariamne jeden Tag mit dem Kind zum Tempel gegangen. Zuerst war noch Mirjams kräftige Kinderfrau dabei, die sie auf dem Arm trug, später stapfte das kleine Mädchen, sich an Mariamnes Hand klammernd, über das unregelmäßige Kopfsteinpflaster den Tempelhügel hinauf. Mariamne hatte inzwischen den größten Teil ihrer Beschließerinnenpflichten an eine jüngere Frau abgegeben, Anna wollte es so. Die alte Frau hatte ihr Leben lang der Familie Joachims gedient, sie hatte ein Recht darauf, weniger zu arbeiten, außerdem wurden ihre Augen immer schlechter. Mariamne liebte die täglichen Tempelgänge. Jene Nacht bei der Zauberfrau lag ihr immer noch auf der Seele, sie hatte das Gefühl, sie müsse etwas wiedergutmachen, und das, so meinte sie, tat sie nun, indem sie dabei half, daß das Kind, das auf so unheilige Weise Gelegenheit bekommen hatte, zur Welt zu kommen, jetzt ein besonders frommes Leben führte.

Je älter Mirjam wurde, desto mehr beschäftigte und beunruhigte sie, was im heiligen Bezirk des Tempels vor sich ging. Man hatte ihr zwar versucht zu erklären, was bei den Priestern und den Gläubigen jenseits des Nikanor-Tors, das den Eingang zum Hof der Männer bildete, geschah, doch zu sehen bekam sie eben immer nur schattenhafte Gestalten, die sich dort droben hin und her bewegten. Was genau taten sie wohl? Sie hörte zwar Trompetenklänge, und der Geruch von verbranntem Fleisch, vermischt mit dem Duft schwelender Kräuter, stieg ihr in die Nase, doch wenn das Opfer dargebracht wurde, wurde auch noch das Tor mit einem Vorhang verhüllt. Einmal dort oben sein und erleben, was da vor sich geht! Einmal die Schaubrote sehen und beim Schlachten der Opfertiere dabeisein, auch wenn ihr eigentlich davor grauste; einmal sehen, wie die Leviten in die Trompeten stießen, und nicht nur zuschauen, wenn sie ihre Instrumente aus den Holzschränken holten, die in die hohe Mauer rechts und links der Treppe zum Heiligtum eingelassen waren. Nicht nur zuschauen, wie sie mit den schwarzen Metallröhren die Treppe hinaufstiegen und dann nur von ferne die Trompetenklänge vernehmen. Einmal wirklich sehen, wie das Allerheiligste von außen aussah, in das der Hohepriester sich zurückzog. Einmal eine Ahnung vom Heiligen bekommen und nicht nur hier unten mit hochgerecktem Hals irgendwelche unverständlichen, schemenhaften Bewegungen beobachten ...

Manchmal träumte das Kind, es sei die Treppe hinaufgestiegen und in den für Frauen verbotenen Bezirk gelangt. Das waren manchmal Alpträume von schwarzen Männern mit Riesenmessern, von brüllenden Tieren und viel Blut, manchmal gar von scheußlichen Ungeheuern, die sie verschlingen wollten – Träume, aus denen sie schreiend und schweißgebadet emporfuhr. Manchmal war es auch anders: Auf der obersten Treppenstufe umfing sie ein geheimnisvolles Licht, das immer strahlender wurde, je weiter sie auf das Allerheiligste zuschritt. Keine schwarzen Männer, kein Blut, sondern nur die Quelle des Lichts, die sie immer deutlicher erkannte: ein großer blauer Stein, ungeschliffen, wie einer der runden Felsbrocken in den Tälern außerhalb der Stadt, aber durchsichtig und zugleich ganz kompakt, ruhig strahlend und zugleich wie schwebend. Ein unsägliches Glücksgefühl durchströmte dann Mirjam, so schmerzhaft intensiv, daß sie davon aufwachte; sie lag dann eine Weile ganz still da, hielt die Augen geschlossen und fühlte sich von Wellen von Licht getragen. Sie erzählte nie jemandem von diesen Träumen, weder von den Alpträumen noch von dem Glückstraum – die Vorgänge im Tempel wurden für sie damit nur noch geheimnisvoller.

Doch eines Tages veränderte eine unerwartete Begegnung alles; Mirjam bekam einen Zugang zu den heiligen Dingen, wie ihn ihr Vater nie hätte planen können. Mirjam ging nach dem Morgengebet an der Seite von Mariamne über den großen Tempelvorplatz, sechs Jahre alt war sie inzwischen und mußte nicht mehr an der Hand gehalten werden. Das gleißende Sonnenlicht wurde von den quadratischen, leuchtendweißen Platten des Hofes zurückgestrahlt und blendete schmerzhaft die Augen der alten Frau. Sie ging langsam, mit den Füßen vorsichtig tastend, halb blind. Wie immer war der Platz voller Menschen: Pilger, in Gruppen und einzeln, und Händler, die ihnen Wasser, Wein und Fladen anboten, andere, die Silberkettchen und buntgemusterte Tücher feilhielten; an der Tempelmauer saß eine Frau inmitten von Käfigen gurrender Tauben, die sie als Opfertiere an Reisende verkaufte, und in einer Ecke meckerten Zicklein. Mirjam nahm von dem ihr inzwischen so vertrauten Menschengewühl keine Notiz, sie war in ihre Gedanken versunken. Nachts hatte sie wieder vom blauen Stein geträumt, er hatte sein Licht bis ins Tiefpurpurne verändert ...

»Mirjam, Mirjam«, ertönte plötzlich eine schrille Kinderstimme, und ein runder Bub, etwas kleiner als sie, pausbäckig, das Gesicht verschwitzt unter einem Wust von schwarzen Locken, rannte auf sie zu. »David«, sagte Mirjam erstaunt. Sie hatte noch nie Kinder aus ihrer Verwandtschaft hier gesehen – und das waren die einzigen Kinder, die sie kannte –, sondern höchstens müde, quengelnde Kinder in fremdartiger Kleidung, die hinter den Pilgerfamilien hertrotteten. David war ihr Vetter, Sohn von Joachims in Jerusalem lebender Schwester. Bei den dreimal im Jahr stattfindenden Familientreffen, wenn Joachims Brüder von weither zu den Pilgerfesten angereist waren, hatten sich Mirjam und David immer besonders gut verstanden. Meist hatten sie sich unbemerkt von der Festtafel davongestohlen, hatten sich in eine Ecke des Hauses oder des Gartens verkrochen, hatten versucht, sich Papyri der Erwachsenen in ihr Versteck mitzunehmen, und so getan, als könnten sie schon lesen, hatten sich gegenseitig die abenteuerlichsten Geschichten erzählt.

»David, was tust du denn hier?« fragte Mirjam und ließ den purpurnen Stein ihrer Traumwelt versinken.

»Ich gehe jetzt in die Schule«, verkündete der Bub voller Stolz.

»In die Schule?« fragte Mirjam, jetzt ganz wach, »in die Schule? Was lernst du denn da?«

»Die Geschichte unseres Volkes und was die Propheten gesagt haben und die heiligen Gesänge und die Gesetze ...«

Er zählte weiter auf, aber Mirjam hörte ihm nicht mehr zu. Schule, das war es, dort könnte sie sicher genau erfahren, was es mit den Geheimnissen des Tempels auf sich hatte. Natürlich hatte sie schon von der Schule gehört, aber sie hatte nie gedacht, daß da schon so kleine Kinder hingingen, David war doch ein Jahr jünger als sie ... Warum nur hatten ihre Eltern sie nicht in die Schule geschickt? Wenn sie doch schon jeden Tag in den Tempel ging? Mirjam war verwirrt und gleichzeitig fasziniert.

»Das weißt du alles?« fragte sie David in seine hastige Aufzählung hinein.

»Natürlich, und noch viel mehr«, trumpfte er auf, genau wie beim Geschichtenerzählen, wenn er immer noch eine mehr wußte als Mirjam. Doch er mochte seine Kusine sehr gut leiden, und jetzt spürte er, wie sie ihn beneidete.

»Komm doch mit, Mirjam«, sagte er, nahm sie bei der Hand und rannte mit ihr los, quer über den ganzen Platz. Vergeblich rief Mariamne hinter ihnen her, Davids Kinderfrau stand nur stumm und ergeben mit hängenden Armen da, denn sie war es gewohnt, daß der Bub tat, was ihm gerade in den Kopf kam. Niemand konnte ihn daran hindern ...

David war auf einen jungen Mann zugelaufen, der gerade aus dem westlichen Säulengang auf den Tempelplatz heraustrat. Er blieb vor ihm stehen und stotterte ein wenig vor Aufregung: »Rabbi, Rabbi, das ist Mirjam, meine Kusine. Darf sie mit mir in die Schule kommen?«

Der Rabbi war noch sehr jung, er war schmal und feingliedrig, sein Gesicht, ohnehin schon blaß, wirkte fast durchscheinend in der grellen Sonne, mit blauen Schatten unter den Augen. Lächelnd sah er auf das erregte, glänzende Gesicht des kleinen Buben herab, sah daneben das stille Gesicht des kleinen Mädchens, das ihn nur ganz ruhig ansah mit großen, hellbraunen Augen – honigfarben, dachte der Rabbi. Ihr Blick kam ihm sehr erwachsen vor, er konnte ihn nicht deuten, doch ihm wollte plötzlich nicht mehr von der Zunge, was ihm automatisch als Antwort bereitlag: »Aber David, das geht doch gar nicht!« Statt dessen versuchte er, Zeit zu gewinnen: »Ja, will denn Mirjam das überhaupt, David?« fragte er, halb zu ihr gewandt, und war darauf gefaßt, daß sie verschämt kichern und irgend etwas Kleinmädchenhaftes daherpiepsen würde. Dann würde er ihr freundlich übers Haar streichen und seiner Wege gehen. Statt dessen aber sah ihn das Kind unverwandt ernst an und sagte: »Oh ja, ich möchte, ich möchte sehr gern!«

Was sollte er angesichts dieser unmöglichen Situation tun? Hilflos fragte er: »Und was willst du in der Schule?«

»Ich möchte lernen, Rabbi«, sagte Mirjam, mit einer ganz ruhigen kleinen Stimme, die nur im Nachklang ein wenig zitterte. Der junge Rabbi konnte aus diesem kurzen Satz ganz deutlich ihren drängenden Wunsch nach Wissen heraushören, und zum ersten Mal in seinem Leben kam ihm der Gedanke, wie ungerecht es doch sei, daß ein Mädchen wie dieses nicht lernen sollte wie die Buben. Und er mußte an seinen großen Lehrer, den Rabbi Hillel denken, der sagte: »Gehe hin und lerne!«, und wie er selbst sich diese Worte zur Richtschnur seines Lebens gemacht hatte. Und nun dieses Kind hier ...

Mirjam sah ihn unverwandt an, nicht bittend, kein bißchen kokett, sondern sehr ernst, ja direkt fordernd, empfand der Rabbi. Er wandte seine Augen ab und hörte sich wider seine eigene Überzeugung sagen: »Nun gut, du kannst ja heute mal mitkommen und dich ganz nach hinten setzen und zuhören!« Und die Buben werden sie hänseln und werden es zu Hause erzählen, und die Eltern werden sich beschweren, und es wird einen Rattenschwanz von Ärger geben ... Aber warum soll ausgerechnet ich diesem Mädchen erzählen müssen, warum es nicht in die Schule darf – das sollen die Eltern tun, vielleicht können die ihr das Unverständliche besser erklären ... David war strahlend mit Mirjam davongerannt, und der Rabbi mußte die alte Mariamne beschwichtigen und ihr erklären, wann und wo sie Mirjam abholen könne.

Es kam anders, als der junge Rabbi erwartet hatte. Die Buben waren in dem Alter – von fünf bis acht –, wo Mädchen für sie Luft waren; es interessierte sie überhaupt nicht, daß da hinten eine saß und still zuhörte. Sie waren viel zu sehr mit sich selbst –

mit dem Lernen und mit allem Unfug, den sie nebenher trieben – beschäftigt, keiner von ihnen nahm es wichtig genug, zu Hause davon zu erzählen. Auch David tat, etwas geniert, vor ihnen so, als hätte er kaum etwas mit ihr zu tun. Und so kam es, daß Mirjam wirklich in die Schule ging. Die Eltern hatten ihr vorsichtig ihre Ausnahmesituation erklärt, und vor Freude, daß sie lernen konnte, nahm sie es hin, daß sie nur schweigend in der letzten Bank sitzen und sich nicht in die heftigen Dispute der Buben einmischen durfte. Manchmal, wenn er eine besonders knifflige Frage gestellt hatte, sah der junge Rabbi das kleine Mädchen dort hinten an, und er ahnte, daß sie vielleicht die klügste Antwort von allen wüßte. Und nach einigen Monaten traute sich Mirjam, manchmal nach dem Unterricht noch bei dem Lehrer stehenzubleiben und ihm ihre Meinung zu einem an diesem Tag behandelten Thema zu sagen, und er war immer wieder verblüfft über ihre klaren Gedanken und ihre kluge Sprache.

Ein Lieblingsthema des Rabbi waren die Liebes- und Friedensgebote in den Schriften. Immer wieder erzählte er seinen Schülern von der Stelle im 19. Kapitel des dritten Mosesbuchs: »Du sollst deinen Nächsten lieben wie dich selbst«, immer wieder legte er ihnen die im zweiten Buch enthaltenen Gedanken zur Feindesliebe aus. Und er erklärte ihnen die Auserwähltheit der Armen und Elenden, von der in den Psalmen und bei Jesaja die Rede ist. Bei diesem Thema hatte er den Eindruck, daß eigentlich nur Mirjam ihn wirklich verstand. Die meisten Buben waren so mit Wachsen und Sichdurchsetzen beschäftigt – was sich auch in ihren kindischen Kraftprotzereien und Rivalitäten untereinander äußerte –, daß ihnen nichts ferner lag als derartig sanftmütige Themen. Am ehesten leuchtete ihnen noch die goldene Regel seines großen Lehrers Hillel ein: »Was du nicht willst, das man dir tu, das füg auch keinem andern zu!« Das ist die ganze Thora, hatte Hillel gesagt, alles andere sind nur Kommentare dazu. Aber wie konnte der junge Rabbi den Kindern den Hintergrund dieser weisen Vereinfachung erklären? Wie gern hätte er seine Tage nur im gelehrten Disput über solche Fragen verbracht – das Unterrichten wurde ihm manchmal sehr sauer. Wäre da Mirjam nicht gewesen ...

Am glücklichsten über diese ungewöhnliche Situation war Joachim. Er hielt seine kleine Tochter sowieso für die Allerklügste und hatte das Gefühl, daß sich sein Gelübde so auf die äußerst mögliche Weise erfüllte, manchmal dachte er sogar, diese Situation sei vielleicht Folge seines Gelübdes. Sollte sie lernen, seine kluge Tochter. Sie würde das im Leben immer brauchen können, es wurden ja auch bei weitem nicht alle Buben, die mit ihr in der Schule saßen, Rabbiner oder Priester.

Natürlich sprach es sich mit der Zeit unter den Frommen der Tempelgemeinde herum, daß Mirjam, die Tochter des reichen Joachim, in die Schule ging wie ein Bub. Doch Joachim genoß zu großes Ansehen bei ihnen, als daß sie offiziell protestiert hätten, viele kannten die Geschichte seiner Flucht, seiner Vision und seines Gelübdes – wie soll er es sonst halten, der arme Mann, dem nur eine Tochter geboren wurde, sagten die Gutmütigen. Die mußten schon immer irgendwas Besonderes haben, meinten die Hämischen. Auch unter den Schriftgelehrten gab es einen Disput in dieser Sache. Die einen meinten, keine Frau solle die Thora lernen, so habe man es immer gehalten. Die anderen wiesen nach, daß dies nirgends so geschrieben stehe. Schließlich einigte man sich mehrheitlich darauf, daß, da es ja nicht ausdrücklich verboten sei, man Mirjam gewähren lassen könne.

Später, als die meisten ihrer Mitschüler ihre Bar-Mizwahs gehabt hatten und damit in die Tempelgemeinschaft der erwachsenen Männer aufgenommen wurden, ging auch Mirjam nicht mehr zur Schule. Denn was sollte sie unter den Anfängern, wo sie nun schon so viel wußte? Und vom Unterricht für jene unter den älteren Buben, die zum Tempeldienst vorbereitet wurden und bereits untergeordnete Dienste im Vorhof der Männer leisten durften, war sie endgültig ausgeschlossen. Dennoch ging sie immer noch täglich zum Tempel, die alte Mariamne an ihrer Seite. Mariamnes Augen waren mit den Jahren immer schlechter geworden, sie sah nur noch undeutliche Schatten, doch diesen Weg ging sie zielsicher wie im Traum. Manchmal blieben sie nur zum Gebet und kehrten gemeinsam nach Hause zurück, oft aber ließ sich Mirjam, wie zu ihrer Schulzeit, erst Stunden später wieder abholen. Zwar hatte sie wieder und wieder zu ihren Eltern gesagt: »Aber ich kann doch wirklich allein gehen«, doch Anna blieb fest. Die Tochter des angesehenen Schafshofbesitzers würde nicht allein durch Jerusalems Gassen laufen, erst war sie zu klein gewesen, und nun, wo sie älter war, war es unschicklich.

Für Mirjam hatten die Gottesdienste im Tempel nichts Geheimnisvolles mehr, sie wußte jetzt genau, was dort oben passierte, auch wenn der Vorhang vorgezogen war, und sie wußte vor allem, warum. Sie hatte in der Schule den Sinn aller priesterlichen Handlungen aus der Geschichte ihres Volkes heraus verstehen gelernt, und das war ihr wichtiger, als es mit eigenen Augen zu sehen. Sie träumte auch nicht mehr von dem geheimnisvoll leuchtenden blauen Stein oder von Blut und Ungeheuern. Manchmal, ganz selten, hatte sie jetzt einen anderen Traum: In einem strahlend blauen Gewand, das lange Haar aufgelöst um die Schultern, schritt sie langsam die für Frauen verbotenen fünfzehn Stufen zum eigentlichen Tempelbereich empor, oben angekommen drehte sie sich um, breitete die Arme aus, sah hinab auf die unzähligen mit Umschlagtüchern verhüllten Köpfe im Vorhof der Frauen, wollte laut etwas sagen, wartete zugleich, daß die verborgenen Gesichter sich ihr zuwenden, zu ihr hinaufschauen würden – doch sie wußte die Worte nicht, kein Laut kam über ihre Lippen, kein Gesicht hob sich ... An diesem Punkt wachte sie regelmäßig auf, mit einer tiefen Trauer im Herzen und mit einer vagen Erinnerung, die schemenhaft blieb, die sie nicht deuten konnte. Meist blieb sie lange nach diesem Traum wach, versuchte mit aller Kraft, jener unbestimmten Erinnerung mehr Kontur zu verleihen, doch je mehr sie sich anstrengte, desto schneller verblaßte das nebelhafte Bild.

Mirjam war inzwischen mit dem ganzen Tempelbezirk wohlvertraut, und daß sie wenigstens dort ohne Begleitung sein durfte, hatte sie bei den Eltern hartnäckig durchgesetzt. Es hätte auch niemand das stille, unauffällige Mädchen mit den grell aufgeputzten Dirnen verwechselt, die sich, halb verborgen hinter Verkaufsständen, den Pilgern, die vom Opfern zurückkamen, anzubieten versuchten. Mirjam hatte sich mit der Taubenverkäuferin angefreundet, oft saß sie neben ihr auf dem niederen Holzbänkchen, neben sich übereinandergeschichtete Käfige, über sich Käfige, die an der Mauer aufgehängt waren: eingehüllt in eine Glocke von Taubengegurr, unendlich beruhigend, beinahe einschläfernd. Die alte Frau konnte viel erzählen, und sie tat es gern und wurde nie müde: Geschichten aus der Stadt, Klatsch, auch alte Tempelgeschichten, Priesterskandale. Sie gehörte nicht zu jenen Händlern und Händlerinnen, die ihre Waren unablässig mit lauten Rufen anpreisen mußten. Wer eine Taube opfern wollte, würde schon zu ihr kommen. Oder sollte es bleiben lassen. Lautes Geschrei hätte sich überhaupt nicht mit dem sanften Gurren ihrer Tauben vertragen, und lieber sprach sie mit dem stillen, ernsten Mädchen, das so gut zuhören konnte. Mirjam, die keine gleichaltrigen Freundinnen hatte, hatte für sich selbst die Taubenfrau zu ihrer Freundin ernannt. Anders als ihre Mutter, die stets mit dem großen Hausstand des Schafshofs beschäftigt und vor allem auf alles, was ihr Vater tat und wollte, ausgerichtet war, und anders als Mariamne, die sie nach wie vor wie ein kleines Kind behandelte, hatte die Taubenfrau immer Zeit für sie und nahm sie ernst wie einen erwachsenen Menschen. Ihre tiefsten Wünsche und Träume würde zwar auch die Taubenfrau nicht verstehen, doch alle Dinge des täglichen Lebens sah sie mit scharfen, gewitzten Augen – Mirjam lachte mit ihr an einem Tag oft mehr als zu Hause in einer Woche ...

Und dann hatte sich Mirjam schließlich auch ein Herz gefaßt, die große, knochige Frau mit dem furchteinflößenden Gesicht anzusprechen; sie hatte nur ein Auge unter dicken schwarzen Augenbrauen, das andere hatte ihr eine wildgewordene Ziege ausgestoßen. Die leere Augenhöhle trug eine schlecht verheilte, lilarote Narbe. Diese Frau sorgte für jene von der Lepra Genesenen, die in einer Art Verschlag in einer Ecke des Vorhofs der Frauen ihre dritte Stufe der Reinigung durchmachten. Außerdem brachte sie nach großen Darbringungen Reste der Opfer ins Gehenna-Tal, zu den Allerärmsten, Kranken und Aussätzigen, die dort außerhalb der Stadt dahinvegetierten und sich von gelegentlichen Gaben Mitleidiger ernährten. Die große, einäugige Frau war immer schwarz gekleidet, und niemand kannte ihr Schicksal, niemand wußte, warum sie diese Arbeit tat, und niemand wollte eigentlich irgend etwas mit ihr zu tun haben. Sie hatte noch nicht einmal einen Namen. Sie gehörte zu den vielen Frauen, die unbemerkt, unbeachtet und schlecht entlohnt um den Tempel herum arbeiteten und ohne die das Tempelleben gar nicht funktioniert hätte. Die meisten taten ihre Arbeit nachts, wenn die Tore geschlossen waren und wenn im Lichte von Fackeln der riesige Vorhof von den Überresten des Tages, von Sand und Ziegenmist, von Melonenschalen und Dattelkernen und die Mauer von Urin gereinigt werden mußte. Die meisten Pilger kamen vom Lande und waren gewohnt, das, was vom Leben übrigbleibt, wieder der Erde anzuvertrauen. Die riesigen weißen Quader des Tempelvorhofs mußten täglich gescheuert werden.

Zwischen der großen, schwarzen Frau und Mirjam hatte sich erstaunlich schnell ein wortloses Vertrauensverhältnis entwickelt. Mirjam war zart, aber stark, sie konnte ziemlich schwere Körbe schleppen, und wer das ungleiche Paar sah, die knochige Einäugige und das mit einem braunen Umschlagtuch sorgfältig verhüllte Mädchen, wäre nie darauf gekommen, daß dieses Kind die behütete Tochter des reichen Joachim sein könne.

Mirjam handelte eingedenk der Worte des Rabbi von der Auserwähltheit der Armen und Elenden und hatte das Gefühl, auf diese Weise den Unterricht fortzusetzen, da das auf andere Weise nicht möglich war. Ihr war nie in den Sinn gekommen, an der Richtigkeit der Gesetze zu zweifeln, die ihr als Frau verboten, auch nur in die Nähe des Heiligtums zu kommen oder gar priesterliche Handlungen vorzunehmen. Sie hatte nicht das rebellische Naturell ihrer Mutter Anna geerbt, die nie etwas ungefragt hingenommen hatte, die sich keine Regel von außen aufzwingen ließ und sich Dingen, die sie nicht für richtig hielt, höchstens vorübergehend beugte, wenn das momentan das Vernünftigste war. Mirjam hatte sehr wohl ihren eigenen Kopf, sie konnte zornig werden und dickköpfig sein, war äußerst hartnäckig im Durchsetzen ihrer Wünsche und Vorstellungen – doch wäre sie nie auf den Gedanken gekommen, den gesteckten Rahmen zu überschreiten, sich aufzulehnen. Mirjam war nach ihrem Vater geschlagen, sie hatte seine Art von Verstand geerbt und seine Haltung zu den heiligen Dingen übernommen; wie er nahm sie die Gesetze als gottgegeben hin und versuchte, sie zu verstehen und vor allem danach zu leben. Dem Dienst am Tempel hatte ihr Vater sie geweiht, und das bedeutete – so hatte Mirjam das ganz für sich mit rabbinischem Scharfsinn zurechtgelegt – im weitesten Sinne Dienst am Heiligen; dazu gehörte, daß sie mit dem Gesetz Mose, den Worten der Propheten, der Geschichte ihres Volkes und anderen weisen Schriften vertraut war. Das umfaßte aber auch, so meinte sie, alles an Leben, was irgendwie mit dem Tempel in Zusammenhang stand. Sie war sich sicher, daß eine solche Auslegung ganz im Sinne ihres Vaters sei. Darüber mit ihm zu sprechen hatte sie sich jedoch gescheut, einmal hatte sie es versuchen wollen, doch plötzlich hatte sich, zu ihrem tiefen Erschrecken, vor das gütige Gesicht ihres Vaters ihr altes, fast vergessenes Traumbild von den schwarzen Männern im Tempel geschoben – in dem Augenblick war sie nahe daran zu erkennen, welche Ungerechtigkeit ihr und allen Frauen widerfuhr und daß ja auch ihr Vater zu den verbietenden Männern gehörte. Sie hatte das Bild ganz schnell zurückgedrängt, und dieses kurze Aufblitzen einer Wahrheit war so beklemmend, daß ihr die Worte im Halse steckengeblieben waren.

So ungewöhnlich war das Leben des Mädchens bisher verlaufen, und jetzt saß sie hier mit ihrer Mutter unter den Clematisblüten, und die redete von Dingen, die sie, Mirjam, nicht interessierten und die sie, so meinte sie, eigentlich auch gar nicht betrafen. Heirat, Kinder, was sollte ihr das, sie stellte sich ihr Leben anders vor.

So geht das nicht, dachte Anna angesichts ihrer verstockten Tochter. Ich weiß ja überhaupt nicht, was in ihrem Kopf vorgeht. »Mirjam«, sagte sie und fiel, um ihrer Tochter näher zu kommen, unwillkürlich in den leicht singenden Tonfall, in dem sie dem Kind früher vorm Einschlafen die heiligen Geschichten vorgelesen und erzählt hatte, »Mirjam, sag mir: Was wünschst du dir denn für die Zeit, wenn du groß sein wirst? Wovon träumst du?«

Seit sie in die Schule ging, hatte sich Mirjam ihrer Mutter entfremdet. Sie spürte deutlich, daß sich Anna – auch wenn sie sich äußerlich mit dieser Regelung einverstanden zeigte – im Grunde kaum dafür interessierte, was Mirjam dort erlebte, was sie an Gedanken und Einsichten gewann. Ihr Vater stand ihr viel näher, mit ihm verband sie eine wortlose Übereinstimmung, er verstand, wie wichtig ihr Lernen war. Aber ihre geheimsten Gedanken und Träume hätte sie auch ihm nie erzählt, denn er hätte sie sicher gleich liebevoll-barsch zum Schweigen gebracht. »Halt deinen Kopf frei, Mirjam, laß das Träumen; Phantasieren verdirbt das Denken, du bist doch mein kluges Mädchen, dein Vater wird schon für eine schöne Zukunft für dich sorgen.« So ähnlich hätte er wahrscheinlich gesprochen. (Von Heiraten hätte der Vater aber bestimmt nicht geredet, denn damit würde er ja den Gedanken zulassen müssen, seine geliebte Tochter eines Tages zu verlieren.) Die Mutter hingegen war ihr, je älter Mirjam wurde, immer unerreichbarer erschienen: Nie würde sie, Mirjam, einmal so schön, in allen Situationen so sicher, mit dem Leben so vertraut sein können wie ihre Mutter. Mirjam empfand deren unbefangene Lebendigkeit als erdrückend, die Mutter schien in einer anderen Welt zu leben, von der sich das

Mädchen ausgeschlossen fühlte. Das Schlimmste war für sie, daß sie wußte: Auch in den Augenblicken, in denen sie sich ihrem Vater am nächsten fühlte, wenn eine Übereinstimmung zwischen ihnen bestand, die sie mit tiefstem Glück erfüllte – trat Anna in den Raum, so veränderte deren bloße Anwesenheit den Vater. Zwischen Mirjam und ihrem Vater hatte sich ein kleines Ritual entwickelt: Wenn Mirjam mit ihm über etwas sprechen wollte, das sie in der Schule gehört hatte, dann ging sie zu dem Raum, in dem er über seinen Papyri saß, seinen Listen mit Abrechnungen und Aufstellungen von Waren. Eigentlich durfte ihn dort niemand – außer der Mutter natürlich – stören. Doch Mirjam pflegte den Vorhang, der den Raum abtrennte, ein wenig zur Seite zu schieben, eine Weile im Durchgang zu stehen und ihren Vater zu beobachten, dann kratzte sie ganz leicht an der Wand, dreimal, der Vater blickte lächelnd auf, legte das Schreibrohr aus der Hand, sagte: »Nun, Mirjam, worüber wollen wir sprechen?« Und dann saßen sie lange in ernste Gespräche über Glaubensfragen vertieft; der Vater sprach mit ihr nicht anders, als er mit einem Rabbi geredet hätte. Kam Anna hinzu, dann war es nicht etwa so, daß er sein Gespräch mit der Tochter unterbrochen hätte, daß er ihr weniger zugewandt schien, doch Mirjam spürte genau, daß er in seinem Innersten von ihr abgelenkt war. Die Mutter mußte dazu nicht das Geringste tun oder sagen, sie war einfach nur da. Tapfer tat die kleine Mirjam dann so, als sei nichts, doch angesichts dieser geheimnisvollen Spannung zwischen den Eltern, die sie bis ins Mark traf, hätte sie ihre Mutter am liebsten angeschrieen: »Wer bist du denn? Du, die sich nichts denkt, die werkelt und lacht und singt und sich um nichts schert – womit hast du meinen klugen Vater verdient?« Doch das tat die fromme, wohlerzogene Mirjam natürlich nicht. Sie zog sich in ihr Inneres zurück. Mirjam war oft sehr einsam.

Und an diesem denkwürdigen Tag, wo ihr Körper sie zum ersten Mal spüren ließ, daß auch sie eine erwachsene Frau werden würde, fühlte sie sich ungewohnt hilflos, ein bißchen schwach und ein bißchen geängstigt von der neuen Erfahrung. Als sie nun die Stimme ihrer Mutter mit dem vertrauten singenden Klang aus Kindertagen hörte, wäre sie am liebsten noch einmal, wie als kleines Mädchen, auf deren breiten Schoß gekrochen, hätte unter sich gespürt, wie sich das derbe Leinen des Rocks über den festen Schenkeln spannte, hätte sich in die Arme nehmen lassen. Wie sehr sie sich nach einer warmen körperlichen Berührung sehnte ... Doch sie gab diesem Verlangen nicht nach, zu groß war ihre Distanz zu Anna geworden, statt dessen öffnete sie jedoch ihre Seele ein wenig.

»Ach, Mutter«, sagte Mirjam, »ich weiß nicht. Ich weiß nur eins: Ich will bestimmt kein gewöhnliches Leben führen, so wie alle anderen. Ich will was Besonderes tun, die Menschen sollen später von mir in den heiligen Schriften lesen, so wie wir heute von Esther oder von Rahel oder von Sarah. Manchmal stell' ich mir vor, wie sich alle vor mir verneigen, und wenn ich durch die Gassen gehe, flüstern sie hinter mir her: ›Da geht Mirjam ...‹«

»Ja, aber was willst du denn da tun, Mirjam, mein Kind? Da gäb's ja vieles, worüber die Menschen sprechen könnten, gute Taten, tapfere Taten, aber auch rebellische Taten, die vielleicht nur wenige verstehen ...«

Mirjam starrte ihre Mutter fassunglos an: Nichts hatte die begriffen, aber wie sollte sie auch, immer wollte sie gleich alles genau wissen, in die Wirklichkeit übertragen – wie könnten denn Träume von Ruhm und Auserwähltheit schon eine feste Form haben? Anna mißverstand den Blick und das Schweigen ihrer Tochter, dachte: Das ist zu schwierig für das Kind, ich muß es ihr an einem Beispiel erklären. »Du erinnerst dich doch an die Geschichte von Vasthi, die vor Esther Königin war, und wie bei dem großen Fest, als König Ahasver und seine Männer alle betrunken waren, der König ins Frauenhaus schickte und befahl, Vasthi solle sich schön anziehen und die Krone aufsetzen und vor ihnen erscheinen, und wie Vasthi nicht kam, weil sie sich vor den betrunkenen Männern nicht zur Schau stellen lassen wollte? Und wie der König sie verstieß, weil sie seinen Befehl nicht befolgt hatte und damit andere Frauen zum Ungehorsam anstiften könnte, wie er aber noch lange mit Liebe an sie dachte und erst viel später Esther aus den vielen schönen Jungfrauen auswählte, die seine Hofbeamten für ihn als mögliche Bräute vorbereitet hatten. Sie wird zwar gern verschwiegen, aber dennoch erzählen die heiligen Schriften von Vasthi, wenn auch niemand weiß, was aus ihr geworden ist . . .«

In Mirjams ebenmäßiges, blasses Gesichtchen trat ein Zug, den Anna an ihrem Mann gut kannte – so sah Joachim aus, wenn er ein gutes Argument gegen einen Kontrahenten hatte, wenn er wußte, daß er aus einem Disput, einem Handel als Gewinner hervorgehen würde: eine Art spöttische Wachheit, leicht hochgezogene Brauen, die Andeutung eines hochmütigen Lächelns. Angesichts dieser Ähnlichkeit hatte Anna schon oft gedacht: Wäre es doch nur möglich, daß Mirjam Joachim bei seinen Geschäften zur Hand gehen könnte. Sie würde die besten Fähigkeiten auf diesem Gebiet entwickeln, würde den Schafshof zu noch größerer Blüte bringen. Mirjam konnte beispielsweise die schwierigsten Summen in Windeseile im Kopf ausrechnen, Joachim ließ sie das manchmal zum Spaß tun, sie konnte ebenso blitzschnell Zusammenhänge erfassen und konnte Stärken und Schwächen von Menschen sehr gut erkennen und deuten – so jung wie sie war. Aber – sie war eben ein Mädchen und hatte bei den Geschäften nichts zu suchen. Mirjam, mit Joachims Gesichtsausdruck, sprach in Annas Gedanken hinein: »Sicher steht Vasthi in den Schriften, Mutter, aber sie wurde doch verstoßen, niemand hat mehr etwas von ihr gehört. Gewiß ist sie elend zugrunde gegangen. Nein, das will ich bestimmt nicht!«

»Dir ist also wichtig, wie das, was jemand tut, bei den Leuten angesehen wird, wie die darüber denken, ist es das? Was du tust, soll eine Bedeutung haben, die bei allen Lob und Anerkennung findet – etwas Großes, Bleibendes? – Mir hat gerade die Geschichte von Vasthi immer so gut gefallen, weil sie aus dem Rahmen fällt. Sie hat ihren Stolz bewahrt, ließ sich nicht zur Schau stellen, hat dem König getrotzt. Hätte ich zwischen Esther und Vasthi zu wählen, ich würde mich für Vasthi entscheiden.« – »Aber Mutter – Esther, die große Königin, die so viel für ihr Volk getan hat und deren Ruhm noch Jahrtausende, für immer, den Menschen verkündet werden wird, wie kannst du sie mit Vasthi überhaupt nur vergleichen?«

Anna ging darauf nicht mehr ein, sondern schwieg. Stärker spürte sie ihr Unbehagen: War es gut, daß dieses Kind nur in der Welt der heiligen Bücher gelebt hat? Hätte ich nicht doch dafür sorgen müssen, daß sie wenigstens ein bißchen so aufwächst wie ein Mädchen sonst: im Haus helfen, lernen, was Frauenarbeit ist, und auch Freundinnen haben, all die Kleinmädchenvergnügen ... Was weiß sie von der Wirklichkeit? Kein Wunder, daß sie nun übermäßige Träume hat. Aber andererseits, so beruhigte Anna sich selbst wieder, ist sie jetzt sowieso in einer schwierigen Zeit, sie ist kein Kind mehr, aber auch noch keine erwachsene Frau. Alle Mädchen träumen in diesem Alter – nur die meisten träumen anders. Aber es wird sich wohl geben, hoffentlich wird es sich geben. In ein, zwei Jahren, wenn Mirjam bald fünfzehn wird, dann wird sie anfangen, sich für junge Männer zu interessieren, wie andere Mädchen auch. Daß sie in der Thoraschule war, ist ihr natürlich auch zu Kopf gestiegen. Sie wird sich ändern, die Zeit wird das ihre tun. »Laß gut sein, Mirjam«, sagte Anna und legte ihrer Tochter begütigend die Hand auf den Arm. »Wir werden noch oft über diese Dinge sprechen können. Und wenn du älter bist, wirst du vielleicht anders darüber denken. Aber jetzt muß ich noch etwas mit dir besprechen, das dir vielleicht Kummer machen wird.« Sie hatte sich bisher nie in Mirjams frommes Leben eingemischt, das war Joachims Bereich, doch in dieser neuen Situation, von der auch der Vater nichts wissen sollte, blieb das nun an ihr hängen: »Du solltest von nun an – außer zum Gebet – nicht mehr so viel im Tempel sein. Und ich fürchte, an dem Vorhang kannst du auch nicht mehr weiterarbeiten ...« Mirjam hatte seit kurzem eine besonders schöne Arbeit: Sieben junge

Mädchen aus vornehmen und frommen Familien waren ausgesucht worden, um einen neuen Vorhang für den Tempel zu weben. Der Vorhang wurde aus vier Stoffen hergestellt, die die Natur der Elemente bezeichneten: Byssus für Erde, Purpur für das vom Blut der Fische gefärbte Wasser des Meeres, Hyazinth für Luft und Scharlach für Feuer. Mirjam hatte mit dem Los den Purpur gezogen; sie hatte zu Hause die Fäden gesponnen, und jetzt arbeiteten sie gemeinsam jeden Tag an einem großen Webrahmen in dem nahe des Tempels gelegenen Elternhaus eines der Mädchen. Der junge Priester Melchisek, dem man eine glänzende Tempelkarriere voraussagte, überwachte die Arbeit. Die Bestimmung lautete jedoch, daß die Mädchen »unbefleckte Jungfrauen«, also noch nicht heiratsfähig, sein mußten. Auf Mirjam traf das nun nicht mehr zu.

Das junge Mädchen war, schneeweiß im Gesicht, aufgesprungen, als wolle es sich auf die Mutter stürzen. »Ich soll aufhören?« rief Mirjam schrill, und ihre Stimme überschlug sich, »was soll das? Bin ich plötzlich eine andere geworden? Ich gebe die Arbeit nie auf, ehe sie nicht fertig ist!«

»Natürlich bist du keine andere geworden, Mirjam, aber du kennst doch die Vorschriften über Reinheit und Unreinheit. Du kennst doch die Gesetze viel besser als ich, du hast das alles doch jahrelang studiert. Das kann dich doch nicht überraschen!«

Natürlich kannte Mirjam alle Reinheitsgesetze, auch die, die sich auf Frauen bezogen. Sie wußte, daß eine Frau nach der Geburt eines Jungen sieben Tage lang als unrein galt, nach der Geburt eines Mädchens doppelt so lange; 33 beziehungsweise 66 Tage lang durfte sie dann den Tempel nicht betreten. Sie wußte, daß eine Frau von Beginn ihrer Periode an – ganz gleich wie lange diese dauerte – für sieben Tage unrein war und ihr Ehemann sich ihr nicht nähern durfte. Sie wußte schließlich auch, auch wenn sie nicht verstand, wieso, daß generell Unreinheit der Grund war, warum Frauen nicht den Vorhof der Männer betreten und auch kein priesterliches Amt haben durften. Doch bisher war das für sie ein rein theoretisches Wissen gewesen, das sie persönlich nicht betraf. Sie war ja in die Schule gekommen, und was später sein würde ... Jetzt wurde sie mit voller Wucht damit konfrontiert. »Ich habe nie verstanden, warum das so sein soll«, stieß sie hervor, »aber für mich kann das doch sowieso nicht gelten. Ich gehöre ja zum Tempel!«

In welcher Traumwelt sie lebt, dachte Anna wiederum – ich muß ihr klarmachen, daß das doch alles nicht so schlimm ist, davon kann doch nicht ihre ganze Glückseligkeit abhängen. »Komm, Mirjam, ich richte uns jetzt einen Wein mit Honig und warmem Wasser, das wird uns beiden guttun, und dann reden wir in Ruhe über alles. Wir feiern ein ganz geheimes kleines Fest, nur wir beide, schließlich ist dies ein großer Tag, du bist jetzt eine Frau geworden, das ist doch Grund zum Freuen ...«

»Feiern – freuen – was soll ich denn feiern, worüber soll ich mich freuen? Alles, was mir Spaß macht, soll ich nicht mehr tun dürfen – soll ich zu Hause sitzen und warten, bis irgend jemand kommt, der mich heiraten will? ... Ich will doch gar nicht heiraten ...« Mirjam schluchzte auf.

Anna war zutiefst bestürzt. Endlich wurde ihr in vollem Umfange klar, wie weit sich das Kind von dem entfernt hatte, was als die angemessene Zukunftsvorstellung für ein Mädchen galt. Hätte sie ihre Tochter doch nur ernster genommen! War sie nicht, trotz aller Skepsis, auch ein bißchen stolz gewesen, daß Mirjam etwas Besonderes war? Doch im Grunde hatte sie deren Tempelaktivitäten mehr als kindliches Spiel angesehen, das sich auswachsen würde. Schließlich wußte Anna ja von Anfang an, daß das mit Mirjams Reife ein Ende haben mußte. Jetzt erkannte sie, daß Mirjam – obgleich sie doch mit allen Vorschriften so vertraut war – dies keineswegs so gesehen hatte. Hätte sie nur geahnt, wie sehr das die Gedanken und Wünsche des Kindes prägen würde, hätte sie längst gegengesteuert. Wäre sie nur ihrem unbestimmten Gefühl des Unbehagens gefolgt ... Anna war ratlos.

Doch Mirjam schien sich, erstaunlich schnell, schon wieder

gefangen zu haben. Eine Spur ihres schlauen Joachim-Lächelns auf dem Gesicht, fragte sie jetzt mit immer noch vor Aufregung rauher Stimme. »Mutter, du hast doch vorhin gesagt, niemand darf es wissen, wenn ich meine Tage des Blutes habe. Wir müssen es doch niemandem sagen! Niemand wird es mir ansehen. Können wir nicht noch so lange warten, bis ich mit dem Vorhang fertig bin? Ich kann jetzt nicht mittendrin aufhören – es würde mir das Herz brechen!«

Anna mußte ihrer Tochter recht geben. Welche Ungerechtigkeit, mitten in einer schönen Arbeit aufzuhören, nur weil sie eine Frau geworden war! Mirjams Wünsche trafen sich mit der rebellischen Seite in Annas Wesen. Genau musterte sie ihre Tochter: Mirjam war immer noch sehr schmal und etwas durchsichtig, wirkte auf den ersten Blick kindlich und wurde meist für jünger gehalten, als sie war. Es konnte glaubhaft erscheinen, daß es mit ihr noch nicht so weit war. Vielleicht war das ein guter Vorschlag – bestimmt war das ein guter Vorschlag – sie würden zusammenhalten, Mutter und Tochter, und auf diese Weise könnte sie, Anna, vielleicht auch wieder etwas von Mirjams Vertrauen zurückgewinnen, könnte wieder mehr Nähe zwischen ihnen sein, als da in letzter Zeit gewesen war. »Ich hole jetzt den Wein, Mirjam«, sagte sie, »und dann trinken wir beide darauf, daß du jetzt eine Frau bist und daß du dennoch weiter an dem Vorhang arbeiten wirst, bis er fertig ist!« Mirjams Augen füllten sich mit Tränen. Sie fiel ihrer Mutter um den Hals. Lange war es her, daß Anna den schmalen, zerbrechlichen Körper ihrer Tochter so nahe gespürt hatte. Ach, Kind, dachte sie, mein armes Kind, und eine ganz ungewohnte Melancholie überkam sie ...

Die alte Anna bei ihren Linsen seufzte tief. Heimlichkeiten, Versteckspielen, die eigenen Wünsche nur mit List durchsetzen – ihre Mirjam, konnte das überhaupt gutgehen? Und Hagar – würde das gutgehen? Ärgerlich schubste Anna die Schüsseln mit den verlesenen Linsen über den Tisch, schüttelte sich die,

die vorbeigefallen waren, aus dem Rock, stand schwerfällig auf. Das Feuer auf der Herdstatt war niedergebrannt. Anna deckte die letzte Glut mit zwei Fladen getrocknetem Kamelmist ab und legte sich mit schwerem Herzen zur Ruhe. Noch lange wälzte sie sich auf ihrem Lager von einer Seite auf die andere, fand keinen Schlaf.

Enoch, der Bruder

Im Dezember des Jahres 29

Es war ein trüber Tag. Jetzt, um die Mittagszeit, war die tiefstehende Sonne nur ab und an als matte Scheibe hinter vorüberjagenden Wolken zu sehen. Ein starker Wind, nicht warm, nicht kalt, blies durch die Gassen, er wirbelte Sand, dürre Blätter und Unrat auf. Die Menschen blieben, wenn sie konnten, in den Häusern, hofften auf Regen, hatten Kopfweh und trübe Gedanken. Viel Wein wurde getrunken. Anna liebte solche verhangenen Windtage; anders als an hellen Sonnentagen, an denen ihr ihre Hütte manchmal düster und stickig vorkam, fühlte sie sich jetzt dort geborgen und zu Hause. Niemand würde erwarten, daß sie, die alte Frau, heute ausginge und ihre Kranken besuchte, schwere Fälle waren im Augenblick nicht darunter. Anna saß beim Herd und spann. Die Wolle stammte von der letzten Schafschur auf dem Schafshof, sie hatte sie gezupft – eine mühsame Arbeit –, hatte sie gekämmt – das verlangte viel Muskelkraft –, und jetzt war sie beim angenehmsten Teil, dem Spinnen. Anna hatte die Handspindel auf den Oberschenkel gesetzt, drehte sie gleichmäßig und zog im selben Rhythmus den dünnen Wollfaden aus der Docke. Auch die Tiere hatten sich vor dem Wind ins Haus geflüchtet und lagen am Herd. Über dem Feuer hing der Kessel, in dem ein Salbeisud siedete. Anna war ein bißchen benebelt von den feuchten, kräuterduftenden Schwaden; wohliger Gleichmut erfüllte sie.

Plötzlich wurde die Haustür aufgestoßen. Ein Windstoß fegte herein, Sand und Staub wirbelte über die Schwelle, das

Feuer flackerte knisternd hoch auf. In der Türöffnung stand ein großer, alter Mann, schwankend hielt er sich am Türrahmen fest und atmete keuchend. Anna war erschrocken aufgesprungen. »Was willst du?« schrie sie gegen das Getöse des Windes an, »wer bist du? Bist du krank?« Einen furchtbaren Moment lang dachte sie, daß er vielleicht von einer der schrecklichen Seuchen befallen sein könnte, die Fremde manchmal in die Stadt einschleppten.

Der alte Mann taumelte ins Zimmer. Anna stemmte die Tür hinter ihm zu, drückte ihn auf einen Hocker am Herd, gab ihm ein Glas Wasser, das er durstig hinunterstürzte. Dann sah sie ihn genauer an. Er hatte ein zerfurchtes Gesicht, einen langen, zotteligen, grauweißen Bart, dichtes weißes Haar, buschige Augenbrauen. Schwach sah er aus, erschöpft, doch nicht krank, stellte Anna zu ihrer Erleichterung fest. Er mußte alt sein, viel älter, als seine hohe Gestalt zunächst vermuten ließ, vielleicht noch um zehn Jahre älter als ich, dachte Anna.

Langsam kam der Mann wieder zu Atem. Er trank noch einen Becher Wasser, lockerte das Tuch, das er fest um Hals und Nakken gezerrt hatte, und versuchte, seinen Bart glattzustreichen und sich auf dem niedrigen Hocker aufzurichten.

»Verzeih, Anna, wenn ich dich erschreckt habe. Der Wind draußen ging so stark, und als ich zu deinem Haus kam, fuhr ein Luftstoß um die Hausecke, der hätte mich fast umgeworfen. Ich bin lange unterwegs gewesen und fühle mich müde und schwach ...«

»Aber wer bist du? Und was willst du?« fragte Anna. Einerseits war er höflich, andererseits aber im Ton merkwürdig persönlich und gar nicht wie jemand, der ihre Hilfe für einen Kranken holen wollte. Außerdem starrte er sie ununterbrochen an. Anna konnte den Blick nicht deuten, der Mann schien irgendwie tiefbewegt, gerührt zu sein, doch aus welchem Anlaß? »Anna, du und ich, wir sind nahe verwandt, und doch kannst du mich nicht kennen. Ich bin so lange fort gewesen, viel länger als ein Menschenalter. Du hast mich zwar gesehen, als du noch ein ganz kleines Mädchen warst, aber du wirst dich nicht erinnern ...«

»Wo habe ich dich gesehen? In meinem Elternhaus? – Ja, woanders war ich ja nicht als kleines Mädchen«, setzte Anna nachdenklich hinzu, irgend etwas an dem Gesicht des Mannes war ihr bekannt vorgekommen, weit, weit zurück war sie einem ähnlichen Gesicht schon mal begegnet ... nicht auf einem so hochgewachsenen, breitschultrigen Körper, nicht mit weißen Haaren ... aber ... »Vater, ein wenig wie Vater, aber nur ein wenig ...«, sagte Anna leise und dann zögernd, »Enoch? Etwa Enoch? Nein, das ist kaum möglich, er ist ja seit vielen Jahrzehnten verschollen, niemand hat ihn je wieder gesehen, von ihm gehört ...«

»Ja, Anna, ich bin Enoch, dein Bruder. Ich habe dich auf dem Schafshof gesucht, da sagten sie mir, daß du jetzt hier lebst. Was ist geschehen? Von deiner Heirat hat mir ein Mann aus Jerusalem berichtet, den ich in Ägypten traf. Immer wenn ich dann an dich dachte – an Anna, meine kleine Schwester, winzig warst du damals, als ich die Stadt verließ –, da konnte ich mir wenigstens sagen: Ihr geht es gut. Sie hat gut geheiratet, sie wird keine Not leiden. Und was tust du nun hier in dieser Hütte?«

Anna saß eine Weile stumm da. Das kam zu plötzlich, zu unerwartet. Sie sah den fremden Mann unverwandt an. War er es wirklich? War er ein Schwindler? Doch wer würde zu ihr, der alten Frau, bei der es nichts zu holen gab, kommen und sich als Enoch ausgeben? Wer wußte überhaupt noch, daß sie einst einen Bruder gehabt hatte, der das Land verlassen hatte?

»Enoch – ich kann es noch nicht glauben. Ich muß mich erst daran gewöhnen. Leg deinen Umhang ab und deine Fußlappen, ich werde dir Wasser zum Waschen bringen. Und dann mußt du mir zuerst erzählen, ich weiß ja noch nicht einmal, warum du damals fortgegangen bist. Ich war zu klein, und die Eltern haben später nie mehr von dir gesprochen.«

»Ach, Anna, wie soll ich über sechzig Lebensjahre für dich zusammenfassen? So viele, viele Jahre ...«

»Wir haben doch Zeit, Bruder, viel Zeit ... Hier ist die Waschschüssel und etwas Heißes zum Trinken ...« Enoch wikkelte die schmerzenden Füße aus, steckte sie mit einem tiefen, wohligen Seufzer in das kalte Wasser und nahm einen großen Schluck Kräutersud aus dem Becher. Anna beobachtete ihn schweigend, wartete. »Magst du jetzt sprechen?« fragte sie nach einer Weile leise. »Ich muß so viel wissen. Fang einfach ganz vorn an – das hat Mutter immer gesagt, wenn ich ihr als Kind irgend etwas Kompliziertes erzählen wollte und nicht wußte, wie ich beginnen sollte.«

»Ja, ich erinnere mich, das sagte sie, ›fang ganz vorn an‹. Aber der Anfang ist der schmerzlichste Teil meiner Geschichte, zusammen mit meiner ersten Rückkehr nach Jerusalem ...

»Du warst inzwischen schon einmal hier? Warum bist du nicht zu mir gekommen?« rief Anna. Ihr Zweifel an diesem fremden Mann wuchs wieder, alles klang so unwahrscheinlich.

»Also, ich fang' lieber wirklich ganz vorn an«, sagte Enoch und nahm noch einen Schluck Kräutersud. »Du warst ja noch ganz klein, aber doch schon auf der Welt, als der blutige Krieg tobte zwischen Mattathias, dem letzten echten Hasmonäerkönig, der mit Hilfe der Parther den Thron seiner Väter zurückgewinnen wollte, und dem Idumäer Herodes, den unsere Beherrscher in Rom zum König von Judäa gemacht hatten. Ich weiß nicht, wie ausführlich man dir davon erzählt hat. In der Zeit, als du jung warst und Herodes sein Schreckensregiment in Jerusalem führte, war es ja äußerst gefährlich, über die Gegnerschaft zu ihm überhaupt nur zu sprechen. Du mußt ungefähr vier Jahre alt gewesen sein, als die Römer und die Truppen des Herodes nach langer Belagerung unsere Stadt erstürmten und ein unsägliches Blutbad anrichteten. Daß es uns nicht getroffen hat, ist ein Wunder, sagte unsere Mutter wieder und wieder. Ich war damals fünfzehn und hatte mit ein paar anderen jungen Männern einen Geheimbund gegründet; es gab viele solche Widerstandsgruppen damals. Wir hatten nach dem schrecklichen Massaker und nachdem Herodes sich nun wirklich in Judäa als

König eingerichtet hatte, nur einen Gedanken: die Schmach, von einem regiert zu werden, der mit Hilfe unserer Beherrscher, der Römer, König geworden und noch dazu nicht aus Judäa war, in irgendeiner Weise zu rächen. Wir hatten wilde Pläne – wollten römische Truppenführer überfallen, wollten an das Haus des Herodes Feuer legen –, doch die Römer wußten, wie sehr sie das Volk gegen sich hatten und waren äußerst wachsam: Tag und Nacht stampften ihre Soldaten mit Helm und Panzerhemd und bis an die Zähne bewaffnet durch die Straßen, hatten ihre Augen überall und außerdem überall ihre Spitzel. Eine unserer geheimen Zusammenkünfte, in denen wir wieder viele große Pläne entwarfen und nicht wußten, wie wir sie durchführen sollten – wir hatten ja niemanden, der uns hätte beraten können, alle kämpferisch erfahrenen Männer waren im Krieg gefallen oder bei der Niederlage hingemetzelt worden –, eine solche Zusammenkunft wurde belauscht, und am nächsten Morgen wurden vier von unserer Gruppe aus den Häusern geholt, alles Söhne angesehener, alteingesessener Familien. Sie wurden auf schreckliche Weise ermordet. Ich war der Jüngste, die anderen waren schon siebzehn, achtzehn – vielleicht wußte der Spitzel nicht genau, wer ich war, oder sie wollten mich später holen – auf jeden Fall konnte mich mein Vater einem ihm treu ergebenen Karawanenfahrer, der sich gerade auf die Reise nach Ägypten machte, anvertrauen. In dem Gewimmel von Männern und Tieren, Frauen und Kindern konnten mich die Wachen am Tor gar nicht entdecken, auch wenn die den Befehl gehabt hätten, nach uns Verschwörern Ausschau zu halten. Jezer, der Karawanenführer, hatte unserem Vater versprochen, für mich zu sorgen, mich gut unterzubringen, und Vater hat sicher sehnlichst auf seine Rückkehr gewartet, um von mir zu hören. Aber Jezer ist in Ägypten geblieben, denn er wurde unterwegs sehr krank, lag lange darnieder und blieb schließlich bei der Ägypterin, die ihn gepflegt hatte. Er war zu schwach, um wieder auf die Reise zu gehen. Eine Nachricht traute er sich nicht zu schicken, denn wir mußten ja annehmen, daß nach meiner

Flucht das Haus meiner Eltern besonders streng überwacht wurde, und er wußte niemanden, dem er voll vertrauen konnte. Ich habe die erste Zeit bei den beiden gelebt; das Geld, das Vater mir mitgegeben hatte, reichte eine Weile. Doch dann wollte ich ihnen nicht weiter zur Last fallen. Ich hab' mir mein Brot mit schwerer Tagelöhnerarbeit verdient, dabei bin ich kräftig und stark geworden, und immer, wenn ich so viel beisammen hatte, daß ich eine Weile leben konnte – ich brauchte ja nicht viel –, bin ich weitergezogen. Solange Herodes noch an der Macht war, war an eine Rückkehr nach Jerusalem nicht zu denken, das wußte ich. Lange bin ich in Alexandria gewesen. Und dann ... Aber jetzt erzähl erst mal du, warum bist du nicht mehr oben auf dem Schafshof? Was ist geschehen?«

»Ach, Enoch – was für ein Leben hast du gehabt ... Hier hast du ein Tuch, trockne deine Füße. Hast du Hunger?«

Enoch winkte ab: »Trinken genügt erst mal ... Aber jetzt erzähl ...«

Anna unterbrach ihn: »Nein, nein – erst muß ich alles von dir wissen. Warum hab' ich denn nie erfahren, weshalb du damals fortmußtest?«

»Wahrscheinlich trauten sich die Eltern nicht, dir das als Kind zu erzählen, du hättest es ja unversehens ausplappern können. Und als sie dann glaubten mußten, ich sei tot, war es wohl auch besser, nicht weiter davon zu reden, das Leben in Jerusalem war zu gefährlich. Was hätte dir das Wissen auch genützt ... Aber bis zu meinem letzten Tag wird es mir eine Last sein, daß sie gestorben sind ohne zu wissen, daß ich lebe und daß es mir einigermaßen gutgeht, wenigstens war ich immer ein freier Mann ...« Enoch saß eine Weile stumm in Gedanken verloren da; Anna schwieg mit ihm. Dann sagte er mit rauher, bewegter Stimme: »Aber eine von der Familie hab' ich ja noch, meine Schwester, die ich überhaupt nicht kenne. Bitte erzähl von dir, Anna.«

»Ich versuch' mich gerade zu erinnern, wie das damals zu Hause war, Enoch«, sagte Anna. »Du hast recht, sie haben vor mir nie über Politisches gesprochen. Nur einmal, das hab' ich nie vergessen, weil Mutter so heftig reagierte, da haben sie bei Tisch von einem ›Idumäischen Sklaven‹ gesprochen, und ich habe laut durch den Raum trompetet: ›Was ist denn das, ein Idumäischer Sklave?‹ Und die Mutter wurde schneeweiß im Gesicht, hielt mir die Hand vor den Mund und sah sich ängstlich nach dem Diener in seiner Ecke um. Heute weiß ich natürlich, daß sie damit Herodes meinten, der später den Beinamen ›der Große‹ bekam. Und du wirst es nicht glauben, aber es gibt heute in Jerusalem Leute, die meinen, er sei wirklich ein großer König gewesen, weil er den Tempel so prächtig wiederaufgebaut hat.«

»Ja, so war er«, sagte Enoch bitter. »Er war immer auf Ruhm und Ansehen aus und wollte auch mit dem prächtigen Tempelbau für alle Zeiten ein Ruhmeszeichen in Jerusalem hinterlassen. Und mit großartigen Geschenken hat er alles getan, um die Gunst der fremden Herrscher zu gewinnen. Vor allem bei den Griechen war er hochangesehen, wie ich später immer wieder zu hören bekam. Aber seine eigenen Untertanen hat er ausgepreßt bis auf's Blut ...« Enoch hatte während der letzten Sätze leicht mit der Faust auf den Tisch geschlagen, seine Augen blitzten vor verhaltener Wut. Anna konnte sich jetzt ein wenig vorstellen, wie er wohl als rebellischer junger Mann gewesen sein mußte. Enochs nächste Worte verstärkten diesen Eindruck: »Wird denn dieses Volk immer in Knechtschaft leben müssen? Werden wir das Römerjoch je abschütteln können? Ich bin ja jetzt zu alt, ich bin nur zurückgekommen, um in meiner Heimatstadt zu sterben. Aber es schmerzt, wenn ein langes Leben vergeht, und das Ziel, das wir als junge Männer hatten, nicht um einen Schritt nähergerückt ist. Ich werde ja erfahren, wie die Stimmung in der Stadt ist, aber ich fürchte, die Jahre der Herodesherrschaft wirken noch immer nach, wir haben immer nur die schrecklichsten Geschichten von Metzeleien an den vornehmen Geschlechtern, aber auch an seinen eigenen Verwandten gehört. Und von horrenden Steuern und daß er allen Besitz der von ihm Verfolgten einzog und mit beidem dann seine kostspieligen Unternehmen finanzierte ... Und die Zeiten danach waren ja auch nicht besser, jetzt haben wir ja keinen König mehr, nur noch römische Prokuratoren ... Doch offenbar«, jetzt wandte er sich wieder ganz intensiv seiner Schwester zu, »ist das Leben hier ja trotz allem weitergegangen mit Heirat, Geburt und Tod. Erzähl, Anna, wie es dir ergangen ist ...«

»Ja, Enoch, ich hab' den reichen Joachim vom Schafshof geheiratet. Es waren schöne, glückliche Jahre. Wir hatten eine Tochter, Mirjam, sie heiratete nach Nazareth, sie hat einen Sohn, er ist Rabbiner geworden. Bald nachdem sie aus dem Haus war, starb Joachim. Unsere Eltern hatten mir das ganze Erbe vermacht, weil du für sie in der Tat als tot galtest, und Joachim hatte es im Schafshof angelegt und ein wenig davon bei einem Freund, der Geldgeschäfte für ihn erledigte, weil er wollte, daß ich auch etwas Eigenes hätte. Als Joachim gestorben war, hatte ich hier keine Familie, die mich aufgenommen hätte, Joachims Brüder lebten weit weg von Jerusalem. So ging ich zu meiner Tochter nach Nazareth und blieb dort einige Jahre.« Je älter man wird, desto kürzer wird die Lebensgeschichte, dachte Anna, als sie das so erzählte – ein paar dürre Sätze, das ist alles.

»Ja, und dann?« fragte Enoch.

»Ich verstand mich nicht sehr gut mit meinen Kindern, vor allem nicht mit meiner Tochter, und so bin ich nach Jerusalem zurückgekehrt. Ich war nun alt genug, daß ich als Witwe ehrbar allein leben konnte. Ich hatte unseren langjährigen Oberhirten als Verwalter des Schafshofs eingesetzt, er hatte uns immer treu gedient und, so meinte ich, von Joachim alles über die Geschäfte gelernt. Aber er muß große Fehler gemacht haben. In den paar Jahren meiner Abwesenheit hat er den Hof ganz heruntergewirtschaftet, außerdem hatte eine Viehseuche die Herde befallen. Als ich wiederkam, konnte ich froh sein, daß mir der Mann von Haschta, Simron, den Hof abnahm, er hatte gerade seine Eltern beerbt und wollte versuchen, ihn wieder in die Höhe zu bringen. Sie gaben mir dieses Wächterhaus, da darf ich auf Lebzeiten wohnen, und dann bekomme ich Wolle von den Schafen, und, wenn sie schlachten, Fleisch und einiges andere mehr. Und dann habe ich ja noch ein bißchen Geld der Eltern, das Joachim so gut angelegt hatte.«

Das war alles, was Anna von ihrem Leben erzählen mochte, sie wollte noch nichts von ihrer Heilkunst sagen, ihr Bruder war ihr noch zu fremd, sie wußte ja nichts von ihm, vielleicht gehörte er zu irgendeiner fanatischen Sekte, die meinte, Krankheiten könnten nicht durch Menschen, sondern nur von Gott geheilt werden, und Heilkunst sei Zauberei. Doch er fing selbst davon an: »Als ich nach dir fragte, oben auf dem Schafshof, da sagten sie: ›Anna, die Heilerin? Sie lebt dort unten.‹ Was meinten sie mit Heilerin?«

Anna schwieg. »Du kannst mir alles sagen, Anna. Du mußt wissen, unsere Mutter hatte in unserem Haus einen kleinen Raum ...« – »Ich weiß, Enoch, ich weiß«, unterbrach ihn Anna, und ihr letzter Rest Mißtrauen gegenüber diesem fremden Mann schwand. »Als ich so sieben, acht Jahre alt war, Anna, durfte ich unserer Mutter dort helfen. Ich durfte die Kräuter in einem Mörser zerstampfen, durfte Flüssigkeiten in Tontöpfen umrühren, stundenlang, oder schaumig schlagen, durfte verkorkte Flaschen schütteln, auch stundenlang – und nie habe ich unsere Mutter so froh gesehen wie bei dieser Arbeit. Sie hat viel gesungen, auch fremde Lieder in ganz fremden Sprachen, und hat mir viele schöne Geschichten erzählt, von babylonischen Göttinnen und Göttern und von ägyptischen Prinzessinen und viele alte Legenden aus unserem Land. Und es roch dort immer wunderbar aromatisch, manchmal süßlich, manchmal scharf, manchmal bitter, aber immer geheimnisvoll. – Meine Nase ist nicht mehr so gut wie in meiner Jugend, aber hier bei dir scheint es mir auch so ähnlich zu riechen, Schwester, stimmt's?«

»Wie ich dann zum Heilen gekommen bin, das erzähle ich dir ein andermal, Bruder, es ist eine zu lange Geschichte, und heute will ich noch mehr von deinem Leben hören. Aber Mutters Rezepte haben mir wirklich sehr geholfen. Ich habe sie durch Elisabetha wiedergefunden. Elisabetha war eine Magd unserer Mutter, du kannst sie nicht mehr kennen, sie ist jünger als ich. Als Mutter älter wurde, hat sie sich Elisabetha speziell dafür geholt, daß sie ihr bei den Heilmitteln helfen sollte, und ihr hat sie auch vor ihrem Tod all ihre Rezepte übergeben. Mutter konnte ein bißchen schreiben, weißt du, vor allem Zahlen, und für die Kräuter, deren Namen sie nicht schreiben konnte, hatte sie sich Zeichen ausgedacht, und so konnten Elisabetha und ich zusammen – sie aus ihrem Gedächtnis und ich, indem ich die Rezepte zu entziffern versuchte – fast alles, was unsere Mutter gewußt hatte, wieder benutzen. Und noch heute treffen wir uns ein paarmal im Jahr und legen uns nach Mutters Rezepten unseren Heilmittelvorrat neu an. Sonst arbeiten wir jede für sich. Elisabetha glaubt mehr an Beschwörungen und Handauflegen, das tue ich gar nicht, aber die Mittel unserer Mutter sind die wirksamsten, die ich kenne. Natürlich hab' ich inzwischen selbst eine Menge dazu ausprobiert . . .«

»Und weißt du, daß in der Kammer unserer Mutter meine Wißbegier erwacht ist? Ich hab' sie immer gefragt: ›Aber Mutter, was ist es denn nun, was die Pflanzen so wirken läßt – warum ist dies für's Blut gut und das andere für die Augen – was wirkt denn da – sag's mir doch!‹ Und dann hat sie immer nur gelacht und hat gesagt: ›Du bist ein kluger Bub, du willst alles wissen, aber das kann ich dir auch nicht sagen, die Pflanzen sagen es uns, wir lernen es von den Pflanzen, wozu sie gut sind – und das genügt mir . . .‹ Aber mir ließ das keine Ruhe, und dann hörte ich von Ägypten, daß die Menschen dort so viele geheime Weisheiten kannten und daß es in Alexandria Tausende und Abertausende von Schriften gebe, in denen alle Weisheiten der Welt stünden . . . Ich träumte schon als Kind von diesen Schriften und wollte alles wissen und ein großer Weiser werden. Weil ich diese Sehnsucht in mir hatte, war es für mich vielleicht nicht ganz so schlimm, in die Fremde verbannt zu sein. Unser Vater hat allerdings wohl gemerkt, daß ich Dinge im Kopf hatte, die nicht dazu taugten, ein guter Geschäftsmann zu werden, und ich sollte doch mal das Geschäft übernehmen. Also hat er mir streng verboten, unserer Mutter weiter zur Hand zu gehen, und sie war deswegen sehr traurig, aber sie wäre nicht auf die Idee gekommen, etwas gegen den Wunsch unseres Vateres zu tun ...«

»Deshalb hat sie mich wahrscheinlich so wütend hinausgejagt, als ich mal überraschend in ihre Kammer gekommen bin«, sagte Anna nachdenklich. »Jetzt verstehe ich auch, warum der Vater, als ich ein junges Mädchen war, manchmal zu mir gesagt hat: ›Du hast keine Flausen im Kopf, du bist meine schöne, vernünftige Tochter, wir werden einen guten Ehemann für dich finden, und du wirst viele Kinder haben und glücklich sein.‹ Dabei hätte es mir bestimmt auch gefallen, die Welt zu sehen, allerdings nicht unter so schrecklichen Umständen wie du. Aber der Weisheit nachspüren, in fremde Länder kommen – das muß herrlich sein. Doch wäre mir so eine Idee wohl nicht gekommen. Ach, Bruder, wärst du ein bißchen jünger und ich ein bißchen älter gewesen – vielleicht hätten wir zusammen in die Welt ziehen können?«

»Wir hätten es sicher nicht getan, Anna, wahrscheinlich hättest du mich eher von meinen Plänen zurückgehalten, glaube ich ...«

»Ich weiß es nicht, Enoch, ich denke jetzt manchmal: Hätte ich damals jemanden getroffen, der mir auch nur ein wenig von den Wundern der Welt und der Weisheit erzählt hätte, oder wäre mir etwas widerfahren, das mich aus den vorgeplanten Geleisen gerissen hätte, wäre ich aus meinem Mädchenschlaf gerüttelt worden, der nur einen Traum kannte: Mann und Kinder – vielleicht wäre dann alles ganz anders geworden«, sagte Anna nachdenklich. »Und hast du nun die Weisheit der Welt in Alexandria gefunden, Bruder?«

»Ach, Anna, die prächtige und riesige Bibliothek – als ich endlich hinkam, war sie zerstört, verbrannt – das war passiert, als Cäsars Truppen die Stadt belagerten ... Aber viele der Weisen Männer hatten noch eine ganze Menge von Schriftrollen retten können, doch natürlich war alles durcheinander, fast nichts mehr vollständig. Ich habe dann lange bei einem solchen Weisen Mann gearbeitet. Er hat versucht, das, was fehlte, aus dem Gedächtnis zu ersetzen – natürlich konnte er die umfangreichen Arbeiten nicht neu schreiben, aber er konnte wenigstens Verzeichnisse darüber aufstellen, was in der Bibliothek vorhanden gewesen war, und zu wichtigen Themen kurze Traktate verfassen ... Ich habe ihm bei der Reinschrift geholfen, und wenn er sich mit den anderen Weisen Männern zusammenfand und sie besprachen, was das Wichtigste sei, was sie der Nachwelt überliefern müßten und auf welche Weise sie das tun wollten, da war ich immer dabei, ich glaube, ich habe auf diese Weise sogar mehr gelernt, als wenn die Bibliothek noch existiert hätte. Wahrscheinlich hätten mich die unzähligen Schriftrollen ganz verwirrt, und ich hätte nicht gewußt, wo anfangen. So konnte ich erleben, wie sie versuchten, viele gerissene Fäden wieder zusammenzuknüpfen; ich lernte einzelne Teile und konnte nach dem Ganzen fragen. Meinen Lebensunterhalt habe ich mir mit schwerer Arbeit im Hafen verdient, ich sagte ja schon, ich war sehr stark, und sie entlohnten mich gut. Und eines Tages kam ein Rabbiner aus Jerusalem zu einem der ägyptischen Weisen – da muß ich schon drei Jahrzehnte von euch fort gewesen sein, mindestens. Er erkannte mich natürlich nicht, aber ich fragte ihn nach meinen Eltern, und er meinte sich zu erinnern, sie seien gestorben. Von dir wußte er, daß du den Schafshofbesitzer Joachim geheiratet hattest. Ich war tief betrübt über den Tod meiner Eltern und bekam immer mehr Sehnsucht nach der Heimat, wollte wenigstens ihre Grabstätte besuchen und meine Schwester sehen. Der Weise Mann, mit dem ich zuerst zusammengearbeitet hatte, war schon lange tot; ich half hier aus und da, aber im Grunde war ich schon seit längerem rast- und ruhelos. Einige Zeit danach hörte ich vom Tod des Herodes, und da stand für mich fest: Ich würde zurückkehren. Aber ich wollte erst noch abwarten, was man von den Zuständen hören würde, ob seine Söhne genauso schlimm waren wie er. Es dauerte noch zwei Sommer, bis ich mich endlich traute, mich auf den Weg in die Heimat zu machen.«

»Aber du bist doch nie bei mir angekommen, Bruder«, rief Anna aufgeregt, »was ist geschehen?«

»Ich bin nach Jerusalem gekommen, Schwester, und bin zum Schafshof gegangen, aber ich wollte mich erst einmal umhören, wie deine Lebensumstände nun wirklich waren, ob es dir gut ginge, ob ich wohl willkommen sein könne. Eine Menge Volk lungerte in der Nähe des Tors zu eurem Hof herum – wie überall bei den Häusern reicher Leute –, und ich stellte mich zu ihnen, sah nicht viel anders aus als sie, nach der langen Reise, und da hörte ich dann viele häßliche Dinge, sehr häßliche Dinge – eigentlich möchte ich es dir auch heute noch nicht erzählen, Anna, ich wußte gar nicht, was das alles bedeuten sollte . . .«

»Aber Bruder, wir sind doch jetzt beide alt und weise, du wirst mir nicht weh tun«, sagte Anna leise. »Ich muß doch wissen, warum du damals nicht zu mir gekommen bist.«

»Also gut, Anna, sie sprachen von deiner Tochter. Von der ›hochmütigen, reichen Mirjam, die mit den Leuten nicht spräche und meinte, eine Heilige zu sein‹, aber gerade die seien ja die Schlimmsten, das wisse man ja, so sagten sie. Ich verstand gar nichts. Doch als ich das ganze mißgünstige Geschwätz gehört hatte, wurde mir schwer ums Herz, ich hatte das Gefühl, in kein glückliches Haus zu kommen, wurde auch ganz unsicher, ob du dort noch lebtest oder wo sonst. Aber ich wollte mich auf jeden Fall vergewissern, nun erst recht, ging also durch das Tor und sah gleich dahinter, halb ins Gebüsch gedrückt, eine uralte Frau am Wege sitzen, die saß auf einem Haufen alter Säcke, an einen Baum gelehnt und flocht Weidenkörbe . . .«

»Ach ja, das war Mariamne, unsere Haushälterin, sie verbrachte bei uns ihren Lebensabend, hatte zum Schluß nur noch Mirjam zu begleiten, und als das wegfiel, wollte sie sich um keinen Preis im Haus aufhalten, ›ich halte das da drin nicht aus, ich ersticke‹, sagte sie immer wieder. Und sie wollte auch unbedingt noch etwas Nützliches tun. Da gaben wir ihr Weidenzweige zum Flechten, und so tastete sie sich jeden Morgen dort hinunter, saß am Wegrand, sprach mit allen Leuten – uns war das gar nicht recht, das war doch schrecklich, unsere alte, treue Dienerin wie eine Bettlerin, aber sie ließ sich nicht davon abbringen, und wir hatten damals auch so viel anderes zu bedenken. Die arme Mariamne, sie hatte kein friedliches Alter, war voll Unruhe.«

»Ja, sie fühlte sich wohl wie eine Art Wächterin, sie rief mich gleich an, als ich die ersten Schritte durchs Tor getan hatte, und ich fragte sie, wer ihre Herrin sei. ›Anna, die Frau des Joachim, natürlich‹, antwortete sie. Ob ich dich besuchen könne? Wer ich denn sei, fragte sie, und als ich sagte, ein Verwandter, meinte sie – und das verstärkte mein Gefühl von Unheil –, wenn ich ein sehr naher Verwandter sei, dann könne ich vielleicht die Herrin besuchen, sie sei aber sehr krank, habe seit Tagen ihr Lager nicht verlassen, wolle niemanden sehen. Und dann – ich sehe es noch vor mir wie heute – verstummte sie plötzlich, weil am Tor Schritte erklangen, sie flüsterte nur noch ›der Herr‹, und dann saß sie wie unbeteiligt da, die weißen Augen ins Leere gerichtet. Und ich sah zwei Männer in den Torweg einbiegen, einer in mittlerem Alter, wohlgekleidet und gepflegt sah er aus, eben wie ein reicher Mann – das muß Joachim sein, dachte ich –, und mit ihm ging ein Mann, der war mindestens ebenso alt, eher etwas älter, aber völlig anders gekleidet als der reiche Joachim, er sah aus wie einer, der sein Lebtag schwer gearbeitet hat. Die beiden Männer waren offenbar in ein sehr ernstes Gespräch vertieft, das war ihren Gesichtern anzusehen, so daß sie mich – ich hatte mich hinter der Alten ins Gebüsch gedrückt – gar nicht bemerkten. Ich konnte mir überhaupt nicht vorstellen, was die beiden ungleichen Männer miteinander zu tun hatten, denn nach geschäftlichen Verhandlungen sah das nicht aus. Als sie vorüber waren, fragte mich die Alte heiser flüsternd, wie denn der andere Mann aussähe, und ich beschrieb ihn ihr. Sie schlug die Hände vors Gesicht und schaukelte mit ihrem Oberkörper vor und zurück und stieß unter Schluchzen rauhe Worte aus, sie war ein Bild des Jammers. Ich verstand, was sie sagte, ungefähr so: ›Es ist alles meine Schuld, ich habe gesündigt gegen das Gesetz, ich habe gesündigt an Anna, an der ganzen Familie, vor allem hab' ich gesündigt an Mirjam, ich hätte auf sie aufpassen müssen, nie kann ich es wiedergutmachen ...‹ Und dann nahm sie die Hände vom Gesicht, krallte sich an meinem Umhang fest und beschwor mich, immer noch schluchzend: ›Geht nicht ins Haus, Herr, das Haus ist voller Unglück ...‹ Was mag sie damit gemeint haben, daß sie schuldig sei, Anna?«

»Ich kann mir denken, was sie meinte, aber wenn wir überhaupt von Schuld reden wollen, dann traf sie mich und Joachim und die Priesterschaft des Tempels – das ist eine lange Geschichte, du wirst sie von mir hören. Der andere Mann war übrigens Josef, ein Schreiner aus Nazareth, mein Schwiegersohn.«

»Aber wie kam Joachim zu Josef, zu so einem Schwiegersohn?«

»Das habe ich nie genau erfahren, Enoch. Als Mirjam schwanger war – sie war noch nicht dreizehn und wurde schwanger – da hat Joachim ...«

»Aber wie wurde sie schwanger, Anna«, unterbrach Enoch sie entsetzt, »behütet in eurem Haus?«

»Sie war ja nicht ständig bei uns, sie ging jeden Tag in das Haus eines angesehenen Ältesten in der Nähe des Tempels, um dort mit anderen ausgewählten Mädchen an einem neuen Tempelvorhang zu weben. Niemand außer dem Priester durfte die Weberei sehen, ehe sie fertig war. Mirjam war in dieser Zeit so froh, sie sang morgens, ehe sie das Haus verließ, und abends, wenn sie heimgekommen war, und ich dachte, daß diese schöne, besondere Arbeit sie so glücklich machte. Sie hatte schon immer geschickte Hände und so viel Sinn für alles Schöne! In ihrem Raum im Schafshof durften nur die ausgesuchtesten Dinge sein, die schönsten Teppiche aus dem Haus unserer Eltern hat sie sich geholt, als wir das übrige verkauften, und die herrlichsten Seiden und Schleier meiner Mutter wählte sie sich aus ... Ja, ich dachte, sie sei so froh, weil sie endlich etwas tun durfte, was so ganz nach ihrem Geschmack war ... Was war ich nur für eine törichte Frau, wollte nur sehen, was mir gefiel, machte mir mein eigenes goldenes Bild von meiner Tochter, und die Wirklichkeit sah ich nicht ... Den Vorhang kannst du übrigens heute noch im Tempel sehen, er soll ganz besonders schön sein, sagen sie ...«

»Aber was hat das mit Josef zu tun, Schwester?« Enoch merkte, wie Anna abschweifte, er aber wollte seine damaligen Erlebnisse geklärt haben.

»Ja, Mirjam wurde natürlich immer zu diesem Haus beim Tempel gebracht und abends wieder abgeholt. Mariamne, fast blind wie sie war, ließ sich das nicht nehmen, sie kannte den Weg im Schlaf und glaubte auch immer alles, was ihre angebetete Mirjam ihr erzählte, wenn sie sich mal verspätete. Und woher Mirjam wirklich kam, wenn Mariamne vor dem Haus wartete – Mirjam mit ihrem leichten Schritt – das konnte sie natürlich auch nicht wissen ... Aber das alles wurde mir erst sehr viel später klar ...«

Enoch setzte an: »Aber wer ...?«

»Frag nicht weiter«, unterbrach ihn Anna, »bitte frag nicht weiter – ich hab' noch niemandem so viel von damals erzählt, und nur, weil du mein Bruder bist ... Auch wenn du und ich uns fast nicht kennen – du glaubst nicht, Enoch, welche Freude es für mich ist, einen Bruder zu haben, endlich wieder einen Verwandten zu haben – aber bitte, schone meinen Schmerz ...« Anna hatte Tränen in den Augen.

Enoch legte ihr begütigend die Hand auf den Arm, sprach aber, ganz in seine Erinnerungen versponnen, leise vor sich hin: »Jetzt weiß ich auch, was sie mit ihren höhnischen Worten ›Kind des Tempels‹ meinten ...«

Mit brüchiger Stimme sagte Anna: »Enoch, wenn du über nichts anderes reden kannst, dann verlaß bitte auf der Stelle mein Haus ...«

Enoch wandte ihr wieder seine ganze Aufmerksamkeit zu: »Anna, verzeih, aber so viel blieb damals für mich ungeklärt – verzeih, ich verspreche dir, daß ich nie wieder damit anfange ...«

»Ich verstehe dich ja, Bruder«, sagte Anna, gefaßter jetzt, »aber meine Seele hat immer noch eine tiefe Wunde, die wird auch nie verheilen, das wirst du sicher begreifen können ... Aber eins verstehe ich überhaupt nicht: Warum bist du nur damals nicht zu mir gekommen?«

»Das Geschrei der Alten über das Haus voller Unglück und ihr Lamentieren, das hat mich vertrieben. Ich dachte, es sei vielleicht keine gute Stunde, ich wollte es ein andermal wieder versuchen.«

»Und – warum tatest du das nicht?«

»Ich tat es ja, Anna, ich tat es ja, ich bin ja noch einmal gekommen – aber ich sollte dir davon nicht erzählen, es würde die Wunde in deinem Herzen noch mehr aufreißen ...«

»Erzähl nur, Bruder, erzähle, ich muß doch verstehen können, warum du, der einzige, der mir aus unserer Familie geblieben ist, – warum du nicht zu mir gekommen bist, es wäre für mich eine so große Freude gewesen, ein Trost, vielleicht auch ein Schutz in jenen schrecklichen Tagen ...«

Enoch seufzte schwer: »Nun gut, bringen wir die traurige Geschichte zu Ende. Ich kam am übernächsten Tag noch einmal, diesmal lungerte kein Gesindel vorm Tor, sondern zwei schwere Wächter mit Knotenstöcken standen davor, sie fragten mich, was ich wolle. Eure alte Mariamne muß Ohren wie ein Luchs gehabt haben, sie hatte meine Stimme gehört und wiedererkannt und rief in schwachen, hohen Tönen den Wärtern zu: ›Laßt ihn herein, laßt ihn herein, ich kenn' ihn!‹ Doch wieder kam ich nicht weiter als bis zu dem Platz, an dem sie saß. Ich trat natürlich zu ihr, um ihr zu danken, daß sie mich vor den Wächtern gerufen hatte, und sie hielt mich wieder an meinem Gewand fest und begann sogleich zu jammern: ›Ein Trauertag – ein schwarzer Tag – heute ist die Hochzeit!‹ Ich wunderte mich, denn das Haus lag so ruhig da, fast wie ein Totenhaus, keine Menschen, keine Musik... Gerade als ich die alte Frau weiter ausfragen wollte, öffnete sich oben die Haustür, und heraus kam der alte Mann, den ich schon gesehen hatte, also Josef. An seiner Hand führte er ein junges Mädchen, schmal und blaß, mit langen honigfarbenen Haaren, doch nicht wie eine Braut geschmückt, so daß ich die beiden gar nicht für das Brautpaar hielt. Hinter ihnen erschien Joachim – er sah zum Erbarmen aus –, die Augen lagen in schwarzen Höhlen. Nur Josef blickte genauso ruhig und gefaßt wie am ersten Tag, als ich ihn sah, er ging langsam, mit dem Mädchen an der Hand, die Treppe hinunter. Ich drückte mich wieder ins Gebüsch, weil ich fand, dies sei ein schlechter Augenblick, um deinen Mann zu begrüßen. Dann kam ums Haus herum ein Knecht gelaufen, der führte rechts und links je ein schönes Pferd, beide gesattelt und mit prallgefüllten Säcken behängt. Dein Mann, Joachim, sagte – der Wind trug seine Stimme zu mir herunter, sie klang tieftraurig –: ›Josef, diese Pferde sind für euch, für eure beschwerliche Reise!‹ Und dann sprach Josef – ruhig, voll Ehrerbietung, aber nicht unterwürfig –, und er sagte: ›Ich danke dir, Joachim, aber ich bin doch nur ein einfacher Schreiner, und ich wüßte nicht, was ich daheim in Nazareth mit den Pferden tun sollte, und verkaufen kann ich ein Geschenk des Brautvaters doch nicht. Bitte behalte deine Pferde, aber wenn du einen kräftigen Esel hast, am besten eine sanfte Eselin, so nehme ich das gerne an. Sie wird deine Tochter sicher in ihre neue Heimat tragen. Ich weiß, Joachim, wie schwer dir ums Herz ist und daß du ihr die Reise so angenehm wie möglich machen willst – aber glaub mir, ein Esel ist eher das richtige für uns.‹ Und Joachim gab seinem Knecht einen müden Wink mit der Hand und sagte: ›Du hast gehört, Aginon.‹ Und einige Zeit später brachte der eine wohlgenährte Eselin mit schönem harschen Fell. Einen Teil des Gepäcks, das die Rösser getragen hatten, hatte man nun ihr aufgeladen, und Josef hob das Mädchen hinauf und ging selbst nebenher, und so zogen sie den Weg hinunter zum Tor hinaus. Deine Tochter hatte die ganze Zeit unbeweglich dagestanden und mit leeren Augen in die Ferne geschaut, und als sie nun auf dem Esel saß und der sich in Bewegung setzte, warf sie keinen Blick zurück, nicht auf ihren Vater, nicht auf das Haus – sie schien überhaupt nichts um sich herum wahrzunehmen. Joachim liefen die Tränen die Wangen herab. Und mir in meinem Gebüsch war ganz unheimlich und unendlich traurig zumute geworden. Vom Haus oben konnte ich nur einen Teil, nämlich den Hauseingang und die Stufen davor sehen, und ich hoffte sehr, dich, meine Schwester, wenigstens erst aus der Ferne sehen zu können. Aber du zeigtest dich nicht. Joachim war ins Haus zurückgegangen. Jetzt stand auf der obersten Treppenstufe ein Priester – er hatte einen besonders langen, dichten schwarzen Bart und eine sehr große, kühne Nase, daran erinnere ich mich noch –, und er beobachtete sehr aufmerksam alles, was auf dem Wege vor sich ging. Auch mich, so hatte ich das Gefühl, nahm er mit seinen durchdringenden Augen wahr ...«

Anna saß zusammengesunken auf der Bank am Herd, die Füße weit auseinander, die Hände in den Falten ihres Gewandes zwischen den Knien vergraben, den Kopf gesenkt. Langsam tauchte sie aus ihrem Nachdenken auf. »Aber warum bist du nicht danach zu mir gekommen, Enoch, mein Bruder?«

»Ach, Anna, kaum war der Priester wieder im Haus verschwunden, trat ich aus dem Gebüsch hervor, noch viel beunruhigter und trauriger als zuvor, und ich hätte wohl versucht, zu dir zu kommen ... Aber da krallte sich wieder die Alte an mir fest, umklammerte meine Beine und jammerte und weinte, jetzt ganz und gar fassungslos: ›Oh Tag des Unglücks und der Trauer‹, so ähnlich klagte sie die ganze Zeit, und ›Oh Herr, geht nicht in dieses Haus der Schande, nie wird die Sonne wieder darüber scheinen, der Fluch des Einzigen liegt darauf, und wer versucht, ihn zu heben, macht es nur noch schimmer ...‹ und so weiter und so weiter ... Heute, Anna, wo ich alt und weise bin, würde ich mich nicht durch so etwas abhalten lassen, ich würde den Sachen gewiß auf den Grund gehen wollen – aber damals ... Sieh, das war vor dreißig Jahren, ich war kein junger Mann mehr, aber ich hatte in Ägypten gerade viel mit Magiern gearbeitet, hatte mich mit Schicksalsvoraussagen und dämonischen Mächten befaßt. Ich hatte sogar die Idee gehabt, mich zum Magier ausbilden zu lassen, die höchsten Stufen zu erreichen. Das ist eine lange Lehrzeit, du weißt, was man alles können muß. Auch die Magier hier im Lande – auch wenn es ihnen verboten ist, arbeiten sie – müssen das können: auf dem Wasser gehen, Stürme stillen, Nahrungsmittel herbeizaubern, sich unsichtbar machen, Kranke heilen, Tote erwecken und vieles andere mehr. Das steht alles in den magischen Papyri ...«

Anna gab einen dumpfen Laut von sich, halb ungläubiges Grunzen, halb spöttisches Schnauben, und holte damit Enoch von seinen Erinnerungen zurück.

»Doch, Anna«, sagte er, »das kann man wirklich alles lernen; die lebenden Magier sind der Beweis. Doch wie dem auch sei, die Sehnsucht, meine Heimat wiederzusehen, war stärker. Nur: Der Gott unserer Väter war nicht mehr in meinem Herzen, sondern viel Wissen, durcheinander, von fremden Religionen, unverdaut, chaotisch; erst später in Griechenland konnte ich das ordnen. Bei euch am Tor packte mich plötzlich ein schreckliches Grauen, mir war, als säße mir ein Dibbuk im Nacken. Ich spürte große Angst, sie schnürte mir die Kehle ab, gleich würde die Schicksalsgöttin einen Felsblock auf mich schleudern, das Gefühl hatte ich. Ich dachte nicht mehr an dich, meine liebe Schwester, ich schüttelte die Alte heftig ab und stürzte wie gejagt davon ... Auf der Straße sah ich dann Josef mit dem Esel vor mir ziehen, ich sah den zarten, gebeugten Rücken deiner Tochter, so rührend einsam, so schicksalsergeben ... Ich hätte laut weinen können, obgleich ich ja gar nicht wußte, was da wirklich vor sich ging – ich hatte nur den einen Gedanken: fort von hier, so schnell wie möglich. Ich verließ noch am selben Tag Jerusalem und zog weit fort, immer weiter nach Norden. Und wenn ich später an diesen Tag dachte, so wurde mir jedesmal wieder ganz traurig zumute – einzig Josef blieb in meiner Erinnerung immer derselbe: ruhig, freundlich, unerschütterlich ... Wußte er denn nichts? Was hattet ihr ihm gesagt?«

»Ach, Bruder, ich weiß es nicht genau. Das hat alles Joachim mit dem Priester ausgehandelt. Er hat mir damals auf meine Fragen kaum geantwortet, und ich hatte mich ins Bett geflüchtet. Das ist der größte Vorwurf, den ich mir mache: daß ich damals nicht eingegriffen habe, daß ich alles Joachim überließ. Aber ich war wirklich wie gelähmt, hatte hohes Fieber, konnte nichts essen, wollte niemanden sehen. Es war der zweite große Schock meines Lebens. Beim ersten, als Joachim in die Wüste zog – ich werde dir davon erzählen, Bruder –, hatte ich noch etwas unternommen, diesmal jedoch war alle Kraft von mir gewichen. Mein Leben sei zerstört, so meinte ich, jahrelang hatte eine so schöne Harmonie in unserer Familie geherrscht und nun, von einem Tag auf den anderen, Schande, Leid, Trennung. Mit einem Teil meines Herzens war ich wütend auf Mirjam. Wie lange hatte ich auf ein Kind warten müssen, unter den besten Bedingungen, welche Mühe hatte ich mir machen müssen, und sie kam einfach schwanger daher, selbst ein Kind noch. Doch vor allem empfand ich, zum ersten Mal in meinem Leben, einen unbändigen Zorn auf meinen Mann, auf Joachim. Er hatte uns das letzten Endes eingebrockt mit seiner Frömmigkeit, seinem Tempelschwur – das erkläre ich dir noch – , und es war auch Trotz, als ich zu mir sagte, nun soll er es auch auslöffeln ... An Mirjam habe ich dabei viel zuwenig gedacht, ich hab' die Augen zugemacht, wollte nichts sehen, wollte nichts hören. Soweit ich weiß – Joachim wollte später nie mehr davon sprechen –, haben sie Josef erzählt, daß Mirjam nun in ein Alter käme, wo sie nicht länger für den Tempel arbeiten könne, daß sie aber auch nach dem frommen Leben, das sie so lange geführt habe, nicht wie andere Frauen heiraten und Kinder haben wolle. Daß aber der Ehestand doch die einzige ehrbare Art und Weise sei, in der eine anständige Frau leben könne, und ob er, der alte

Mann, sich nicht dieses frommen Mädchens annehmen wolle. Sicher könne er, nach langen Witwerjahren, wieder eine Frau im Haus brauchen ... Josef wollte erst nicht, er habe schon neun Kinder großgezogen, und seine Frau sei an einem späten Kindbett zusammen mit dem Neugeborenen gestorben. Auch habe er eine gute, tüchtige Base, die ihm das Haus betreue, er wolle keine Ehefrau mehr. Da müssen sie ihm gesagt haben, daß er in dieser Beziehung kein Ehemann sein müsse, daß es nur darum geht, dieses fromme Mädchen gut unterzubringen, und daß sich ein so guter, gläubiger Mann wie er nicht so leicht wiederfinden ließe. Das hat ihm wohl sehr geschmeichelt: Er war sehr fromm, aber vielleicht ein wenig einfältig, ganz bestimmt jedoch sehr, sehr gutgläubig ... Und so hat er sich dann überreden lassen. Joachim und dem Priester kam das alles sehr gelegen, denn Josef lebte weit weg in Nazareth. Er war ein vorzüglicher Schreiner und auch Holzschnitzer. Vor vielen Jahren, lange ehe er sich in Nazareth niederließ, hat er hier für den neuen Tempel des Herodes die Schnitzereien gemacht, und alle paar Jahre schickten sie nach ihm, ließen ihn den weiten Weg nach Jerusalem machen, damit er sein Schnitzwerk ausbessern und vervollständigen könne, wo es nötig war. Auf diese Arbeit an dem herrlichen Tempel war er sehr stolz. Nachdem er Mirjam geheiratet hatte, holten sie ihn aber nicht mehr. Je weiter weg, desto besser, dachten sie wohl ...« Annas Stimme war immer bitterer geworden.

Ihr Bruder war vor Staunen stumm. Dann sagte er: »Also wußte Josef überhaupt nichts?«

»Hätte er sich sonst darauf eingelassen, der redliche, fromme Mann?« fragte Anna.

»Aber dann, als er es merkte, was tat er dann?«

»Er hat sich gefreut, Bruder«, sagte Anna.

»Gefreut?« fragte Enoch ungläubig.

»Ja, gefreut«, sagte Anna, »gefreut – weil es, wie Mirjam ihm sagte, ein göttliches Kind war ...«

Nun schwiegen sie beide eine lange Weile. Dann erhob sich

Anna, stellte Schüsseln und Becher auf den Tisch, holte Brot, Käse, Hirsebrei, Honig, Wein und Datteln, und Bruder und Schwester aßen miteinander, zum erstenmal seit Jahrzehnten, aßen miteinander in tiefem Schweigen.

Geist oder Natur?

Im Januar des Jahres 30

Heute war es gar nicht richtig hell geworden, die Wolken hingen so tief wie selten, und ein scharfer Wind blies dünne Regenfahnen fast waagerecht vor sich her. Die Abenddämmerung schien schon am frühen Nachmittag einzusetzen, jetzt, zur normalen Abendstunde, war es schon tiefschwarze Nacht. Die beiden alten Geschwister saßen beim Nachtmahl. Das Feuer knisterte im Herd, und Enoch, der gerade von draußen hereingekommen war, wärmte seine klammen Hände am dampfenden Suppentopf.

Anna hatte sich erst daran gewöhnen müssen, einen zweiten Menschen um sich zu haben. Seit ihrer Rückkehr aus Nazareth hatte sie immer allein gelebt. Ihr Bruder war ein angenehmer Hausgenosse: Da er stets für sich selbst gesorgt hatte, war er nicht gewohnt, bedient zu werden, und erwartete das auch nicht. Er hatte in seinem Leben alle nur denkbaren Arbeiten gemacht und war ein geschickter, vielseitiger Handwerker. In der ersten Zeit war er ständig mit Annas Haus beschäftigt: Erst reparierte er einen Teil des Daches, dann dichtete er die Risse im Holz ihrer Haustür ab, dann legte er die Steinplatten im Hinterhof neu und schüttete frischen Sand ein, dann baute er einen neuen Verschlag für die Hühner. Anna war froh über seine Arbeit und dankbar. Gewiß hatte sie bisher immer jemanden gefunden, der ihr geholfen hatte, wenn an ihrem Haus etwas ganz dringend gerichtet werden mußte – wenn das Wasser durchs Dach kam oder Steine aus der Mauer herausgebrochen waren –, aber so ein Rundum-Instandsetzen, ohne daß bereits sichtbare Schäden da waren, das hatte bisher niemand für sie getan. Äußerst beruhigend, dachte Anna, daß ihr Haus nun vermutlich bis zu ihrem Tode in gutem Zustand sein würde.

Das Zusammenleben mit Enoch ließ sich gut an. Er räumte stets alles, was er benutzt hatte, sofort weg, er wusch seine Kleidung selbst und fiel Anna in nichts zur Last. Manchmal allerdings vermißte sie ihre Einsamkeit. Zum langen, intensiven Nachdenken, bei mechanischen Arbeiten oder einfach so, dösend in der Sonne sitzend, zum beschaulichen Umgang mit ihren Erinnerungen und ihren Vorstellungen kam sie kaum mehr. Auch wenn Enoch nicht da war – allein das Wissen, er könne jeden Augenblick zur Tür hereinkommen, hielt sie davon ab. Und als sie eines Tages, während sie in dem Regal hinter dem Vorhang ein bestimmtes Kräuterelixier suchte, mit dem Fuß an Enochs Schlafmatte stieß, die er dort zusammengerollt aufbewahrte, versetzte sie der Matte einen kräftigen Stoß und war selbst ganz entsetzt über die Wut, die in ihr hochkam. Doch im großen und ganzen ging es recht gut mit dem Zusammenleben der beiden Geschwister, nicht, weil sie verwandt waren – was spielte das nach der langen Trennung noch für eine Rolle? –, sondern weil sie als alte Menschen mit ungewöhnlichen Lebenswegen, mit viel mühsam eingeübter Geduld und Nachsicht, eine gute gemeinsame Basis hatten. Auch waren sie beide eher schweigsam und schätzten das auch bei anderen – nach jenem ersten ausführlichen Gespräch bei Enochs Ankunft hatten sie sich wenig mehr aus ihrem bisherigen Leben erzählt. Auch die Tiere liebten ihn – für die alte Frau ein untrüglicher Hinweis auf das Wesen eines Menschen. Einzig die Katze war etwas zurückhaltend – wohl, weil sie Junge hat, dachte Anna.

Enoch war viel in der Stadt unterwegs. Er trug sich mit dem Gedanken, ganz hierzubleiben in der Stadt seiner Väter, seiner Jugend. »Ich bin zu alt, um noch in der Welt herumzuziehen«, sagte er zu Anna, »und ich glaube, ich habe auch alles gesehen und alles erfahren, was ein Mensch erfahren kann. Ich will in Jerusalem sterben und begraben werden. Ich werde mir ein kleines Haus vor der Stadt suchen, vielleicht finde ich auch jemanden, der mir hilft, eins zu bauen, und dort will ich dann versuchen, zu ordnen, was ich im Leben so erfahren habe.« Wie dieses Ordnen aussehen sollte, sagte er nicht, aber Anna hatte bemerkt, daß das Bündel, mit dem er bei ihr angekommen war, hauptsächlich zusammengerollte Papyri enthielt, bei Gelegenheit würde sie ihn danach fragen. Und Geld mußte er offenbar auch mitgebracht haben, denn er schien sich keinerlei Sorgen um seinen Lebensunterhalt zu machen. Vielmehr hatte er Anna angeboten, sie solle dann doch zu ihm ziehen, sie wollten eine Magd nehmen, dann habe sie mehr Platz und weniger Arbeit. Anna hatte abgelehnt. »Einen alten Baum soll man nicht verpflanzen«, sagte sie, und vor allem: Der Schafshof sei einst ihr Leben gewesen, beim Schafshof wolle sie leben und sterben.

Heute abend, nachdem er wieder den ganzen Tag fort gewesen war – um mit den Leuten zu reden, nahm Anna an, um ein Haus oder einen Platz für ein Haus zu suchen –, saß Enoch noch schweigsamer als sonst am Tisch. Doch dann plötzlich – er hatte drei Becher Wein in sich hineingeschüttet, Anna spürte, daß ihn etwas bewegte – fragte er sie unvermittelt und polterig, denn eigentlich fürchtete er sich, wieder an das Thema zu rühren: »Sag, Anna, dieser Wanderprediger, von dem die Leute reden – einer von den vielen, aber von ihm reden sie gerade am meisten –, wie ist sein Name? Joshua, Jeshu, Jesus, ja, Jesus von Nazareth, ist das etwa der Sohn deiner Tochter Mirjam?«

»Ja, das ist er«, sagte Anna ruhig. Sie fragte nicht, mit wieviel Gerüchten ausgeschmückt ihm die Verbindung von Jesus zu ihr hinterbracht worden war, – wahrscheinlich hatte er nur das übliche ›er soll der Sohn einer reichen Jerusalemitin namens Mirjam sein‹ gehört und sich den Rest selbst zusammengereimt.

»Ja, und hast du ihn einmal getroffen? Ist er wirklich so ein Wunderheiler? Predigt er wirklich eine neue Religion?« fragte Enoch interessiert.

»Ja, einmal war er hier, Bruder, er hatte mich – so wie du – über den Schafshof ausfindig gemacht, – ich hatte mich ja schon lange mit Mirjam entzweit, wir hatten nie mehr voneinander gehört. Sein Besuch war nur sehr kurz, die Männer, mit denen er zusammen war – seine Schüler –, ließen uns zwar allein, aber sie kamen sehr bald wieder und drängten ihn zur Weiterreise ...« Anna sprach zögernd, nachdenklich, eher widerwillig.

Enoch hatte seine Schwester in ihrer Verschlossenheit inzwischen besser kennengelernt und wunderte sich nicht mehr, daß sie nie erwähnt hatte, was aus ihrem Enkelkind geworden war. Und warum hatte eigentlich er nicht weiter nachgefragt? Ich war wohl zu erschüttert über die Geschichte mit Josef und Mirjam und Annas Schmerz, dachte er jetzt und fragte vorsichtig weiter: »Möchtest du mir davon erzählen, Anna? Ich würde gern von dir darüber hören. Die Leute reden so viel Unsinn, du weißt es ja!«

»Ja, Bruder, ich kann dir davon erzählen. Sein Besuch ist keine unangenehme Erinnerung. Was dabei weh tat, war die Erinnerung an meine Tochter Mirjam und wie es damals mit uns in Nazareth war, doch das ist eine andere Geschichte ... Ja, wohl zwei Jahre ist es her, daß er hier war. Ich erkannte ihn natürlich im ersten Augenblick nicht, denn als ich ihn zuletzt gesehen hatte, war er erst fünf Jahre alt gewesen. Er hat mir nicht schlecht gefallen, aber er war mir sehr fremd: Er war sanft und liebenswürdig, aber irgendwie hatte er so ein Gehabe an sich, als sei er was Besonderes, obgleich er sich dann auch wieder ganz bescheiden gab, ein merkwürdiger Widerspruch. Vielleicht kein Wunder, so ehrfürchtig wie ihn seine Schüler – die waren teilweise viel älter als er – behandelten. An der Art, wie sie sich widerwillig trollten, merkte ich, daß sie es für ganz und gar überflüssig hielten, daß er mich alte Frau besuchte. Ich war ja keine Anhängerin, und auch Wundertaten gab's an mir nicht zu verrichten. Ich hab' ihn mir sehr genau angesehen und konnte auch einige Ähnlichkeiten mit meiner Tochter Mirjam entdekken, in seinen Gesichtszügen und in der Art wie er sprach ...

Natürlich hat er auch gefragt, was ich so mache den ganzen Tag, und so kamen wir aufs Heilen zu sprechen – ja, und da gingen unsere Ansichten ganz und gar auseinander. Er sagte, er habe seine Heilkraft aus dem Geist, aus dem Geist eines Gottes, der sein Vater sei; einzig diese Kraft könne letzten Endes Heilung bewirken, Heilung der Seele und des Leibes. Alles andere seien nur Hilfsmittel. Na, ich hatte ganz anderes über solche Wunderheilungen gehört, wo einer nur die Hand auflegt oder aus irgendeiner ›Kraft‹ heraus etwas beschwört; ich denke anders darüber, was auf Leib und Seele wirkt, aber ich hielt meinen Mund. Er war viel zu freundlich und zu höflich, als daß er etwa schlecht von meinen Mitteln gesprochen hätte. Er warf nur mal einen kurzen Blick auf das Regal – der Vorhang war zurückgeschlagen, weil ich gerade daran gearbeitet hatte –, doch dieser Blick war nicht mal abfällig; er war so überzeugt von sich und seiner Kraft, die er in sich spürte. Er fühlte sich als Diener seines Gottes, als von ihm ausersehenes Werkzeug, sagte er. Ich aber habe inzwischen so viel über die Kraft gelernt, die in Pflanzen und Steinen steckt, die von Sonne, Wasser und Mond ausgeht, und je tiefer ich eindringe, desto klarer wird mir, welch unermeßliche Kräfte in der Welt um uns wohnen. Ich konnte mit dieser seiner ›Kraft von oben‹ nicht viel anfangen. Ich habe ja auch schon andere erlebt, die sagen, sie seien von irgendeinem Geist beseelt, und sicher sind manche Menschen davon zu beeinflussen und werden gesund, die meisten aber nicht auf Dauer. Nein, das ist nichts für mich!«

Enoch hatte nachdenklich zugehört. »Aber Schwester«, sagte er schließlich, »ich kann dich nicht ganz verstehen. Vielleicht haben unsere Vorväter noch so gedacht wie du, aber wir wissen doch inzwischen mehr. Was die Erde wirklich bewegt, ist doch der Geist. Das habe ich erst richtig in Griechenland begriffen, es war die wichtigste Zeit meines Lebens. Als ich damals von Jerusalem nach Norden wanderte, bin ich nach jahrelangem Herumziehen in Griechenland bei einem weisen und reichen Mann geblieben. Er war nicht viel älter als ich und wollte von mir alles erfahren, was ich in Alexandria gelernt hatte, denn er war nie aus seiner Stadt herausgekommen. Wir verstanden uns gut, und ich wurde sein Verwalter, sein Sekretär und sein Freund. Als er starb und ich wußte, ich war zu alt für neue Arbeit und neue Freunde, habe ich mich in die Heimat aufgemacht. Von diesem Mann habe ich ein ganz neues Denken gelernt. Seit alters her war für die Griechen das Wichtigste der ›Nous‹, wie sie es nannten, der Geist, der eben auch in der Menschenseele wohnt und durch den wir teilhaben können an dem, was die Welt bewegt und zusammenhält. Ein großer griechischer Denker, er ist schon lange tot, hat das die ›Weltseele‹ genannt, das hat mir sehr gut gefallen. Andere sprachen von der ›denkenden Seele‹, die der Mensch den Tieren voraus hat. Für mich war dieser alles durchdringende Geist einerseits eine ganz neue Vorstellung, aber ich konnte sie dann auch wieder gut mit dem Glauben unserer Väter verbinden, denn in unseren heiligen Schriften steht ja, wie der Höchste uns Menschen, als er uns schuf, etwas von seinem Geist eingehaucht hat. Deshalb sind wir das oberste Glied der Schöpfung, und darum stehen wir auch über den Tieren und Pflanzen. Und weil ich erlebt habe, wie viele scheinbar unbegreifliche Dinge die Weisen erkannt haben, bin ich auch ganz sicher: Mit Hilfe dieses Geistes werden wir nach und nach alle inneren Gesetze erkennen können, nach denen die Welt aufgebaut ist; wir sind den Mächten des Kosmos nicht so ausgeliefert wie die übrige Schöpfung. Wenn wir diesen Geist richtig benutzen, können wir vielleicht eines Tages selbst die Gesetze bestimmen ...«

»Kann sein, daß du dich mit deinem Großneffen besser verstanden hättest, Enoch«, unterbrach ihn Anna sarkastisch. »Er sprach vom Geist eines Gottes, du sprichst vom Geist, der die Welt durchdringt, aber im Grunde meint ihr dasselbe: Ihr wollt damit die Menschen aus allem anderen auf dieser Erde herausheben, ihnen eine besondere Stellung zuweisen ...«

»So ist es, Anna«, sagte Enoch, ihren kritischen Ton gar nicht wahrnehmend, »ich hab' einen kennengelernt in Alexandria, auch Jude, Philon hieß er, ein junger Mann. Erst in Griechenland hab' ich richtig begriffen, was er wollte. Er versuchte, die Lehre unserer Väter mit dem, was die Heiden denken, zu verbinden. Er übernahm von den Griechen die Vorstellung von ›Logos‹ – das sagen sie heute statt ›Nous‹ –, und das war für ihn der Weltgeist und der Geist des Höchsten und oberster Erzengel zugleich. Ja, ich glaube, ich würde mich mit Jesus gut verstehen«, setzte er, mehr für sich selbst, hinzu. »Wie ich hörte, ist er ein strenggläubiger Rabbiner und hält die Gesetze, aber dazu hat er viele neue Gedanken, die die Menschen begeistern. Ich würde gern mal mit ihm sprechen. Natürlich, Anna«, wandte er sich wieder seiner Schwester zu, »natürlich ist es gut, wenn wir wissen, wie die Pflanzen und die Säfte wirken und arbeiten, natürlich wollen wir den Geheimnissen, die in der Welt und in den Dingen dieser Welt wirken, auf die Spur kommen, aber doch vor allem, damit wir einmal selber all diese Wirkungen erzeugen können, damit wir es vor allem besser machen können. Sieh dir doch das ganze Elend unseres irdischen Daseins an . . .«

»Besser machen, sagst du? Anders machen, als das Leben es eingerichtet hat? Bruder, du versündigst dich an der Göttin!« Anna war voller Entsetzen.

»Göttin? Du willst mir doch nicht im Ernst sagen, Schwester, daß du noch dem Aberglauben, dem Zauberglauben der Heiden anhängst?« rief Enoch.

»Und du, Enoch – was ist mir dir?« schrie Anna zurück. »Bist du denn noch im Glauben unserer Väter?«

Die beiden Alten starrten sich mit blitzenden Augen an; in ihrem Zorn waren sie sich sehr ähnlich. Zwischen ihnen, die so weise und abgeklärt schienen, hatte sich plötzlich und unerwartet ein tiefer Abgrund aufgetan. Enoch faßte sich als erster, nahm einen großen Schluck aus seinem Weinbecher, atmete tief und sagte dann, nun wesentlich ruhiger: »Schwester, laß uns doch nicht streiten, dazu sind wir zu alt. Ich will deine Frage beantworten. Im Glauben meiner Väter stehe ich natürlich immer noch, hätte es mich sonst so nach Hause, in unser heiliges Jerusalem gezogen? Nirgendwo sonst will ich begraben sein! Aber ich habe auch viel andere Weisheit erfahren. Von den Ägyptern das, was sie alles wissen von den Sternen, den Zahlen, den fernen Ländern und den geheimen Gesetzen, nach denen sich der Kosmos bewegt. Und bei den Griechen habe ich eben gelernt, wie wichtig der Geist ist. Unser Geist ist zu sehr viel mehr als nur dazu da, daß wir uns hier auf der Erde zurechtfinden. Mit ihm nehmen wir teil am Kosmos; er ist dieselbe Kraft, die den Kosmos bewegt ...«

»So, ist er das?« sagte Anna spöttisch. »Dann mach mir doch bitte mal ein kleines Erdbeben, oder halt im Sommer mal den Mond für eine Weile an, damit die ausgedörrte Erde sich in der Kühle der Nacht länger erfrischen kann ... Dieselbe Kraft! Bruder, Ehrfurcht müßte dich befallen und Dankbarkeit, daß du ein bißchen, nur ein ganz klein wenig von der Herrlichkeit erkennen kannst, die unsere Welt uns darbietet, dankbar und demütig müßtest du werden. Dienstbar solltest du deinen Geist machen für das Leben, das uns umgibt, solltest mit seiner Hilfe versuchen, dein kleines Leben möglichst in Einklang mit den Gesetzen des Kosmos zu bringen, das ist schwer genug. Außerdem weißt du ja gar nicht, ob die Tiere, die wir stumm nennen, nicht viel mehr wissen von den Geheimnissen der Welt. Sie wissen zum Beispiel lange vorher, wenn jemand stirbt; wie hilft dir dein Menschengeist, den Tod vorher zu erahnen? Als unser Vater schwerkrank darniederlag, hat sich sein treuer Hund drei Tage vor seinem Tod am Fuß seines Lagers niedergelassen und war nicht fortzubewegen, und wir glaubten immer noch, unser Vater würde vielleicht gesund. Und die Tiere spüren auch lange vorher, wann ein Unwetter kommt, wann ein Erdbeben, ob die Jahreszeit für ihre Brut günstiges Wetter bringen wird oder nicht ... Und so vieles andere mehr ... Wo bleibt da dein menschlicher Geist? Der weiß nichts von alledem. Er läuft ungewarnt in jedes Unglück, keine Vorahnung, keine innere Stimme ...«

»Mit der Zeit werden wir mit unserem Geist die Kräfte des Kosmos ganz und gar durchschauen können, glaub es mir, Schwester, so geheimnisvoll sind die nicht, sie folgen festen Regeln. Wir werden die Erdbeben abschaffen und Regen machen können. Wir werden keine Vorahnungen brauchen, weil eines Tages alles, was in dieser Welt geschieht, uns gehorchen wird ...«

»Und schließlich werdet ihr auch noch den Tod abschaffen wollen, damit ihr ewig leben könnt ...«, sagte Anna voll bitterem Hohn.

»Auch dem Geheimnis des Todes werden wir eines Tages auf die Spur kommen, da bin ich ganz sicher ...«, sagte Enoch unerschüttert.

»Bruder, Bruder, mir graut ...«, rief Anna, »ein alter Mann bist du nun, noch viel älter als ich, du hast so viel vom Leben gesehen; hast du denn gar nichts von den Gesetzen des Lebens begriffen? Bald achtzigmal in deinem Leben hat die Sonne ihre Runde durch den Jahreslauf vollendet, jedesmal hast du erlebt, wie erst die Blüten kommen, dann die Früchte, wie die Blätter sterben, wie der Tod in die Natur einzieht und wie nach einer Weile die Göttin aus dem Totenreich zurückkehrt und mit ihr die Sonne und wie alles Leben wieder erwacht ... So oft hast du, Alter, das erlebt, was faselst du von menschlichen Kräften, die das ändern können? Warum willst du es überhaupt ändern?«

»Wenn uns die Kraft des Geistes gegeben ist, wenn unser Geist ein Teil des Weltgeistes, des göttlichen Geistes, des Logos ist, dann müssen wir diese Kraft auch nutzen ...«

»Aber wozu, Bruder, wozu wollt ihr sie nutzen? Ich habe ja schon gesagt, wozu wir unseren Menschengeist dringend brauchen: damit wir wenigstens ein klein bißchen ausgleichen können, was die anderen Geschöpfe – übrigens auch die Pflanzen – uns voraus haben. Und daß das alles im Gleichgewicht bleibt, dafür sorgt Kochma, die heilige Weisheit, die – so steht es beim großen Salomo geschrieben – bereits da war, ehe der Höchste diese Welt erschuf, also schon lange vor eurem ›Geist‹! Aber ich weiß, was dich und andere, die sich ›Weise Männer‹ nennen, quält: der Gedanke, daß das Huhn da draußen, das seine Körner aufpickt, von manchen Dingen mehr wissen könnte als ihr. Ihr könnt nicht ertragen, daß wir Menschen nur ein Teil der Schöpfung sind, nicht mehr wert als der Olivenbaum dort drüben oder die Taube auf dem Dach. Daß wir demütig diesem Leben zu Diensten sein sollten, und dazu braucht es viel Menschenverstand, laß dir das gesagt sein. Aber nein: Groß und stolz wollt ihr euch fühlen, die stummen Pflanzen und die Tiere, die ihr dumm nennt, beherrschen, ihr wollt bestimmen, welchen Wert die Dinge um euch herum haben, und da gebt ihr euch als Menschen natürlich den ersten Platz! Ihr wollt die paar Gesetze, die euer lächerlicher Verstand erkennt, zu Gesetzen des Lebens machen ...«

»Aber Schwester, heißt es nicht nach dem Glauben unserer Väter auch: ›Macht euch die Erde untertan‹?«

»Jetzt kommst du also mit dem Glauben unserer Väter! Und was heißt denn: ›Macht euch die Erde untertan‹? Mein Mann, der fromme Joachim, er wußte, was das heißt, er hat es mir oft genug gesagt: Der Höchste hat uns nur die Aufgabe gegeben, daß wir für das, was er auf dieser Erde geschaffen hat, so gut sorgen, wie wir es vermögen. Daß wir, wie alle anderen Geschöpfe auch, von der Erde nehmen, was wir brauchen, um uns ernähren und kleiden zu können, aber wir sind keineswegs dazu berufen, über die Erde zu herrschen, wie viele diese Stelle deuten. So sprach mein frommer Mann Joachim, und er hing wirklich von ganzem Herzen dem Glauben unserer Väter an. Aber die, die von Beherrschen sprechen und sich auch so verhalten – ob das nun Juden sind oder Griechen, Ägypter oder Römer, ob Weise Männer oder wilde Krieger –, die wollen eigentlich nur das Leben töten. Sie halten es nicht aus, daß auch sie – genau wie der kleinste Wurm, der letzte Grashalm – dem Gesetz von Werden und Vergehen unterliegen, dem Gesetz der Göttin, dem Gesetz, nach dem sich Leben abwechselt mit Tod. Es ist doch so einfach. Ihr aber könnt es nicht ertragen, daß ihr als Menschen, trotz all eures Geistes, sterben müßt wie alles in der Welt, daß euch der Geist dagegen nicht schützen kann. Unvergänglich und ewig wollt ihr sein. Ihr haltet es nicht aus, daß dieser Geist euch eben nicht zu einem Gott macht, zu einem unsterblichen Gott, wie ihr das gern hättet. Und deshalb wollt ihr mit eurem Geist das Leben, die Welt packen, wollt das alles nach euren Wünschen formen, denkt, daß ihr damit dem Tod entgeht, und merkt gar nicht, daß ihr damit nur Tod schaffen würdet ...« Anna hatte immer lauter und entrückter gesprochen, sie sah auch ihren Bruder nicht mehr, sah weit über alles, was sie umgab, hinaus. Wie eine Prophetin, wie eine griechische Sibylle, dachte Enoch und erschauerte unwillkürlich. »Ja, ihr schafft den Tod, ihr tötet die Erde, ihr tötet die Göttin.« Anna holte tief Atem. Ihr Blick kehrte aus der Ferne zurück, sie sah ihren Bruder eindringlich und zugleich immer noch abwesend an: »Und ihr tötet uns, die Frauen ...«

»Aber Schwester, das ist doch Unsinn«, rief Enoch, erleichtert, daß er sich dem für ihn beklemmenden Eindruck von Prophetie entziehen konnte, weil ihm Annas Worte nun wirklich gänzlich widersinnig schienen, »sag mir, wo töten wir Frauen? ... Unsere Feinde dürfen wir töten nach dem Gesetz, nur sie – aber doch nicht Frauen ...«

Anna erwachte wie aus einer Trance. »Habe ich das gesagt: Ihr tötet die Frauen? Das kann ich nicht gesagt haben, ich habe so einen Gedanken noch nie gehabt ... Vielleicht hat die Göttin aus mir gesprochen ...« Anna verstummte, eine längere Pause entstand, auch Enoch schwieg. Dann sagte Anna: »Ihr tötet nur eure Feinde? Vielleicht seht ihr in uns eure Feinde? Vielleicht wollte die Göttin mir das sagen? Ich muß darüber nachdenken. Das ist ganz neu für mich.«

Arme Schwester, dachte Enoch, ihr Geist hat sich verwirrt. So beeindruckt er einen Moment lang von ihrer prophetischen Ausstrahlung gewesen war, so erleichtert griff er jetzt nach dieser Erklärung, bereitwillig ließ er sich von Mitleid überfluten. Arme alte Schwester, dachte er, gut, daß ich zurückgekommen bin. Ich muß mich wirklich um sie kümmern.

»Anna«, sagte er, seine Stimme klang versöhnlich und überredend, »Anna, laß uns jetzt nicht weiter streiten. Wir werden noch öfter über all das reden können. Aber du sagtest doch neulich, du würdest gern deine Rezepte aufschreiben und deine Erfahrung mit bestimmten Heilmitteln. Wie wäre es, wenn ich dich schreiben lehren würde?«

»Würdest du das wirklich tun, Enoch?« sagte Anna, immer noch abwesend und in tiefen Gedanken und daher längst nicht so begeistert, wie er erwartet hatte.

»Ich würde das gern tun, Anna. Und da du ja lesen kannst, wird es gar nicht so schwierig sein.«

»Ja, Bruder«, sagte Anna, immer noch geistesabwesend, »ja, tu das, da ist so viel, was ich aufschreiben muß ... Von der Liebe hat er noch gesprochen, mein Enkel«, setzte sie dann, scheinbar zusammenhanglos, hinzu, »von der Liebe – das hat mir gut gefallen –, und unsere Feinde sollen wir nicht töten, nicht töten, wie du gesagt hast, Enoch, sondern lieben. Darüber hätte ich gern noch länger mit ihm gesprochen ...«

Die beiden Alten hatten sich schlafen gelegt. Enoch hatte nach all der Aufregung noch zwei Becher Wein hinuntergeschüttet; jetzt schnarchte er laut auf seiner Schlafmatte.

Anna störte das heute nicht. Sie hätte sowieso nicht schlafen können. Lange hatte sie sich mit niemandem mehr so gestritten. Wie war es nur so weit gekommen? Und was hatte jener Satz, der sich da ohne ihr Wissen aus ihr heraus geäußert hatte, zu bedeuten? Natürlich hatte Enoch aus seiner Sicht recht, wenn er das für Unsinn erklärte, doch Anna spürte, daß sich in ihren Worten eine tiefe Wahrheit verbarg. Sie griff neben sich, dorthin, wo der Platz der Katze auf ihrem Lager war, wo diese ein Großteil der jetzt ziemlich kalten Nächte verbrachte. Anna wollte das weiche, warme Fell des Tieres spüren, wollte sein Schnurren hören. Aber die Katze war nicht da. Zu viel Lärm, zu viel Disharmonie, zu viele Spannungen heute abend – Anna ahnte, warum das Tier trotz der Kälte hinaus in die Nacht gelaufen war. Merkwürdig, dachte sie, immer in Zusammenhang mit Jesus gerate ich ins Streiten. Der letzte große Krach in meiner Familie hatte auch mit ihm zu tun. Sie dachte an ihren Enkel, wie er hier bei ihr gesessen hatte, und dann sah sie ihn wieder als kleinen Jungen in Nazareth vor sich. Nazareth – ihre bitterste Zeit –, die Freude an ihrem Enkel überschattet durch die ständigen Reibereien mit Mirjam. Wäre alles anders gekommen, wenn ich mich anders verhalten hätte, überlegte sie zum tausendsten Mal. Hätte ich mich nicht einmischen sollen? »Dann wäre ich mit Sicherheit verrückt geworden«, murmelte Anna vor sich hin. Meistens versuchte sie, wenn die Erinnerungen an jene schmerzliche Zeit in ihr hochkamen, konzentriert und mit aller Kraft an etwas anderes zu denken, heute jedoch, noch aufgeregt und zugleich erschöpft von dem Streit mit Enoch, ließ sie die Bilder zu.

Als Joachim, dreizehn Monate nach Mirjams Weggang, gestorben war, war Anna nach Nazareth gegangen. Eine Frau, eine Witwe, gehörte zu ihrer Familie, und Mirjam war ihre einzige Familie. Joachim war, nachdem Mirjam damals fortgezogen war, völlig verändert zurückgeblieben; er war niedergeschlagen, melancholisch und grüblerisch. Er ging weiterhin in den Tempel, brachte seine Opfer, führte ein frommes Leben, doch es machte ihm offensichtlich keine Freude mehr. Vorher war seine Religion die Quelle seines Seelenfriedens gewesen, jetzt erfüllte er seine religiösen Aufgaben nur noch als jahrelang gewohnte Pflicht, und sein Herz schien unbeteiligt. Schließlich wurde er schwerkrank. Nie zuvor hatte eine der unter den Armen vor dem Stadttor grassierenden Seuchen den Schafshof erreicht, und außer Joachim wurde auch jetzt niemand davon betroffen. Anna wußte von dem Moment an, als er sich niederlegte, daß er nicht wieder aufstehen würde, daß der Kummer ihm den Tod gebracht hatte.

Aginon, der Oberhirte, hatte nach und nach immer mehr von den Arbeiten Joachims übernommen, als dieser immer teilnahmsloser, immer müder wurde. Ihm übertrug Anna nach dem Tode ihres Mannes alle Geschäfte des Schafshofs. Sie wußte, Aginon hatte nicht Joachims Weitblick, er würde sicher keine spektakulären Geschäfte machen, aber er war ihr treu ergeben, er kannte sich in allem aus und würde den Hof gewissenhaft betreuen. Vor allem aber hatte sie Vertrauen zu ihm, denn er hatte sich seit vielen Jahren bewährt. Einen neuen Verwalter einzustellen, der vielleicht wendiger war und einen größeren Überblick hatte, hätte bedeutet, daß Anna noch sehr viele Monate, vielleicht Jahre, in Jerusalem hätte bleiben müssen, um zu sehen, wie dieser sich einarbeitete. Sosehr sie ihre Stadt liebte, jetzt wollte sie nur fort, so bald wie möglich. Das Gefühl von Einsamkeit und Verlassenheit, an dem sie seit Joachims Tod litt und das sie manchmal mit solcher Heftigkeit überfiel, daß sie sich wünschte, so bald wie möglich neben ihm begraben zu sein, würde sich – so hoffte sie – mildern, wenn sie wieder in einer Familie lebte.

Sie brauchte mehrere Monate, bis sie alles in Jerusalem geregelt hatte; ein guter Freund Joachims hatte sich bereitgefunden, ihre Finanzen zu verwalten und Aginons Geschäfte zu kontrollieren. Beruhigt schloß sich Anna einer Karawane an, deren Weg nach Nazareth führte.

Mirjam begrüßte ihre Mutter höflich und sehr zurückhaltend. Josef dagegen war herzlich, freute sich offenbar wirklich; das Kind, nun etwas über ein Jahr alt, sah die fremde Frau mit großen, verständnislosen Augen an. In ihrer ersten Nacht in Nazareth fand Anna keinen Schlaf. Alle Fragen, die sie während ihrer eigenen, dann während Joachims Krankheit und im Kummer nach seinem Tod zurückgedrängt hatte, überfielen sie jetzt mit doppelter Stärke, und dabei stand ihr ständig das blasse, ein wenig hochmütige und ganz und gar verschlossene Gesicht, mit dem ihre Tochter sie begrüßte hatte, vor Augen. Anna empfand es als einen einzigen Vorwurf. Sie dachte zurück: Was hätte sie damals anders machen können? Mirjam hatte sich ihr nie anvertraut, weder über ihren Zustand – die alte Mariamne hatte das herausgefunden – noch, wie es dazu gekommen war. Alle Vermutungen, die Anna bedrängt hatten, hatte sie nicht mit ihrer Tochter besprechen können – starr, stumm und steif, wie Mirjam damals gewesen war. Das einzige, was aus ihr herauszubringen gewesen war, in monotoner Wiederholung: Sie sei dem Tempel geweiht, und dies sei ein heiliges Kind. Alle von Schuldgefühlen erfüllten Versuche Annas, weiter in ihre Tochter zu dringen, waren damals gescheitert. Trotz ihrer hochmütigen Worte schien Mirjam zutiefst verstört gewesen zu sein. Was war geschehen? Vor allem: freiwillig oder mit Gewalt – diese Frage hatte Anna am meisten gequält und sie, zusammen mit Mirjams Verstocktheit, krank gemacht. Hatte sie wirklich geglaubt, Mirjam könne ihr jetzt entgegenkommen, als sei nichts geschehen? Ja, in ihrer Einsamkeit, in ihrer Sehnsucht nach ihrer Tochter, hatte sie wohl so etwas gehofft. Zumindest war sie davon ausgegangen, daß es ihnen nun, da das Kind da war und Mirjam einen eigenen Hausstand und damit eine feste Lebensgrundlage hatte, möglich sein müßte, einmal im Vertrauen über alles Vergangene zu reden, die alte Beziehung zwischen Mutter und Tochter wiederherzustellen. Mirjams Begrüßungsgesicht hatte diese Hoffnung zunichte gemacht.

All dies erinnernd, wälzte sich die alte Anna stöhnend auf ihrem Lager. Was war ich doch für eine Närrin, dachte sie, so viel hatte ich schon erlebt, und noch immer glaubte ich naiv, Mutterschaft und Hausstand seien Allheilmittel für eine Frau. Und welche Beziehung wollte ich eigentlich wiederherstellen? Außer unserer gemeinsamen Verschwörung, um des Vorhangwebens willen ihren Frauenstatus zu verschweigen, – ach, hätte ich mich doch nie darauf eingelassen –, war unsere Beziehung ja wirklich nicht sehr eng; ich wußte damals in Jerusalem sowenig wie dann in Nazareth, was wirklich in Mirjam vorging. Ich weiß es bis heute nicht. Normalerweise hätte Anna jetzt, wo ihre Gedanken wieder einmal am Nullpunkt angelangt waren, das Öllämpchen genommen und aus ihrem Regal die wundersamen Schlaftropfen hervorgeholt. Doch sie wollte Enoch nicht stören, der dort seinen Schlafplatz hatte. Verschwitzt und verkrampft lag sie da, und gegen ihren Willen wanderten ihre Gedanken in jene Zeit zurück.

Josefs Hauswesen in Nazareth war bescheiden gewesen. Ein solides Handwerkerhaus, nicht allzu groß, dazu die Werkstatt, ein Innenhof, ein kleiner Garten, Feigenbüsche, zwei Ölbäume. Josefs Base, die ihm jahrelang das Hauswesen geführt hatte, hatte empört ihre Sachen zusammengepackt, als er mit der jungen Frau ins Haus zurückkam. Er hatte versucht, sie zum Bleiben zu überreden, hatte ihr gesagt, was Mirjam für ein frommes Mädchen sei, doch sie hatte nur verächtlich durch die Nase geschnaubt und war gegangen. Josefs Töchter und Söhne lebten nicht mehr im Haus, sie hatten eigene Familien gegründet, hatten ihre eigene Arbeit. Keiner seiner Söhne hatte die Werkstatt übernommen. Jetzt kamen sie nicht einmal mehr zu Besuch. Daß der Vater mit einer so jungen Frau heimkam, hätten sie noch hingenommen, aber als Mirjam dann behauptete, sie würde ein Gotteskind gebären, und als Josef dies zuließ, da wurde es ihnen unheimlich. Nur ein Dibbuk, so meinten sie, könne hier am Werk sein, er hätte wohl den Geist ihres Vaters verwirrt. Damit wollten sie nichts zu schaffen haben.

Josef mußte, nach seiner langen Abwesenheit, sein Geschäft wieder in Gang bringen. Sein Ansehen bei den Menschen in Nazareth litt kaum. Sie hatten den redlichen Schreiner stets geschätzt und maßen dem Gerede um sein Kind nicht so viel Bedeutung bei wie seine Familie. Bald hatte er wieder Arbeit, doch bis alles ausgeführt war, bis die erste Bezahlung – in Geld oder Naturalien – einging, waren es keine leichten Zeiten für die kleine Familie. Als Anna ankam, waren diese Schwierigkeiten überwunden, doch das Hauswesen war in einem erbärmlichen

Zustand. In diesem Punkt war Mirjam insgeheim froh, daß ihre Mutter da war. Die griff überall im Haus zu und nahm die Dinge in die Hand. Zwar hatte sie immer viel Gesinde gehabt, doch war sie mit allen häuslichen Arbeiten vertraut; sie hatte das meiste praktisch erlernt, dafür hatte ihre Mutter gesorgt. Mirjam hingegen war bei ihrem frommen Leben keine Zeit geblieben, etwas im Haus zu tun. Und als sie schließlich in dem Alter gewesen war, in dem sie – nach der Vorstellung ihrer Mutter – die entscheidenden Dinge noch hätte lernen sollen, ehe sie sich dann verheiratet hätte, da war sie mit Josef nach Nazareth gezogen. Sie verstand kaum etwas von Hauswirtschaft und hatte auch überhaupt keine Lust dazu. Nun sorgte Anna für alles; nach einiger Zeit konnten sie sich dann auch eine junge Magd leisten, später noch eine zweite. Aber die waren zunächst dumm und ungeschickt, und hätte Anna sie nicht angelernt – wozu Mirjam nicht fähig gewesen wäre –, das Hauswesen wäre im Chaos versunken.

Darüber kam es immer häufiger zu Auseinandersetzungen zwischen Mutter und Tochter. So begriff Anna nicht, warum Mirjam nicht einsah, daß die Werkstatt von Josef, der Raum, in dem er mit seinen Kunden die Arbeit besprach, sauber und freundlich sein mußte. »Soll er doch selbst dafür sorgen«, sagte Mirjam lustlos, »ehe ich da war, ist es ja auch gegangen ...« Auch das leibliche Wohl ihrer Familie war Mirjam im Grunde völlig gleichgültig. Was sie ihnen zu essen vorsetzte, hing vom Zufall ab. Sie hatte keinerlei Interesse und Begabung, zu planen. Es war zu entscheiden, welche Nahrungsmittel wann eingelagert werden mußten, wann gebacken und wann geschlachtet werden sollte. Bestimmte Arbeiten im Jahreslauf hatten immer zur gleichen Zeit zu geschehen – eben weil bestimmte Früchte reif waren, weil die Wolle nach der Schafschur gleich fürs Spinnen hergerichtet werden mußte, weil zu Beginn der kälteren, dunkleren Monate der Ölvorrat für die Lampen ergänzt und das Holz eingelagert werden mußte. Mirjam fehlte jedes Zeitgefühl, sie hatte, wie von Kindheit an, nur die frommen Dinge im

Kopf. War das der Mutter früher, zu Hause, recht gewesen, vor allem, weil Joachim es so wollte, fand sie nun, daß Mirjam jetzt ganz andere Aufgaben habe. Doch die saß immer in irgendeiner Ecke – meist in dem kleinen Gartenstück, wo sie hinter Büschen verborgen nicht so leicht zu finden war – und las in den Schriften, und sobald ihr Sohn Jesus ein wenig sprechen konnte, erzählte sie ihm all die Geschichten, die man ihr in ihrer Kindheit erzählt hatte. Der kleine Junge hörte seiner Mutter stundenlang mit großen Augen zu, und wenn sie einmal anhielt, bat er: »Weiter – weiter ...« Und wenn sie einmal etwas anders formulierte, als sie es vorher getan hatte, dann unterbrach er sie und wollte die ursprüngliche Fassung hören. Mirjam war sehr stolz auf ihren klugen kleinen Sohn.

Manchmal saß Anna, mit einer Näharbeit beschäftigt, dabei und hörte Mirjams Erzählungen zu. Und obgleich es dieselben waren, die sie, Anna, ihrer Tochter erzählt hatte, fand Anna doch, daß sie aus Mirjams Munde anders klangen. Sie selbst, so meinte sie sich zu erinnern, hatte die Geschichten mit viel Freude erzählt oder vorgelesen. Für sie waren es schöne, bunte Märchen gewesen, und sie hatte die Stellen ausgeschmückt, von denen sie angenommen hatte, sie würden ihrem kleinen Mädchen Freude machen: die Schilderung farbenprächtiger Feste, schöner Gewänder, die Geschichten, in denen die Menschen sich liebten, in denen böse Anfänge schließlich zu einem guten Ende führten. Die grausigen Geschichten von Kriegen und Kämpfen hatte sie nicht so ausführlich erzählt, die hatte sie wortgetreu aus den Schriften vorgelesen, manche ganz weggelassen. Doch Mirjam hielt sich im Inhalt ganz genau an die Schriften, und bei ihr, fand Anna, klang das alles ganz anders. Der Ton, in dem sie erzählte, hatte immer etwas Lehrhaftes, nicht so, als wolle sie ihrem Buben mit den Geschichten eine Freude machen, sondern als wolle sie erreichen, daß er alles möglichst gut in sich aufnahm, am besten auswendig konnte. Nicht um schöne und farbige Erzählungen schien es ihr zu gehen, sondern um das, was ihr Sohn daran lernen sollte.

Das Kind aber, so gerne es der Mutter auch zuhörte, war ebensogern bei Josef. Sobald Mirjam im Haus beschäftigt war, lief Jesus zu Josef in die Werkstatt. Er betatschte Holzstücke, roch an den Sägespänen, konnte unbeweglich dasitzen und zuschauen, wie Josef schnitzte, sägte und hobelte. Er schien sich in der Werkstatt rundherum wohl zu fühlen, hätte wohl stundenlang dort hocken können; doch lange durfte er nie bleiben, stets rief ihn seine Mutter nach einer Weile ins Haus zurück. Josef ließ den Buben immer widerspruchslos gehen. Er wollte Mirjam nicht verärgern. Mirjam behandelte Josef respektvoll, aber kühl, ließ ihn dabei stets spüren, was für eine Ehre es für ihn sei, daß er sie, Mirjam, habe heiraten dürfen, und Anna sah in dieser maßvollen, gefaßten Haltung die frühere Arroganz ihrer Tochter, sah, wie diese sich dem alten Mann ganz und gar überlegen fühlte. Er aber war immer gleichmäßig freundlich zu ihr, so wie er zu allen Menschen freundlich war und gütig, es war seine Natur.

Auch an Anna hatte sich der kleine Junge mit der Zeit angeschlossen. Auch ihr sah er bei ihrer Arbeit zu, sie sollte ihm ebenfalls erzählen – das hielt er wohl für Frauensache. Da Mirjam für die Geschichten aus den heiligen Schriften zuständig war, kramte Anna hervor, was sie an alten Mythen und Sagen noch im Gedächtnis hatte. Aber da gab es wieder Streit mit ihrer Tochter. Anna hatte Jesus die Geschichte von Mithras erzählt, der zur Wintersonnenwende von einer Jungfrau in einer Felsenhöhle geboren und von Schäfern behütet und beschenkt wurde, der als Sonnenkönig und göttlicher Sohn verehrt wurde und nach seinem Tode zum Himmel emporfuhr. Mirjam machte daraufhin ihrer Mutter heftige Vorwürfe, daß sie dem Kind mit solchen alten, heidnischen Hirngespinsten komme, es könne doch noch nicht unterscheiden und würde es mit dem durcheinanderbringen, was sie aus den heiligen Texten vorlese. »Ist das denn so schlimm, Mirjam?« wehrte sich Anna. »Das sind doch für ihn alles nur schöne, bunte Geschichten.« Mirjam hatte für sie nur einen zutiefst verachtungsvollen Blick übrig.

Eines Abends, als Jesus, noch nicht ganz vierjährig, schlaftrunken in den Armen der Mutter lag und nach Annas Meinung schon längst zur Ruhe gebettet gehörte, Mirjam aber erst noch die lange Erzählung von Jakob und Isaak fertigbringen mußte, bis sie ihn dann endlich auf sein Lager brachte, konnte Anna nicht mehr an sich halten. Josef war unterwegs bei einem Vetter auf dem Lande, es war eine gute Gelegenheit.

»Mirjam«, hatte Anna begonnen, »solltest du dem Kind wirklich schon so viel von der Religion erzählen? Solltest du ihm nicht mehr Zeit lassen, sollte er nicht länger bei seinem Vater sein?« Diesen Ausdruck wählte Anna bewußt, und Mirjam zuckte zusammen, »ist er nicht noch zu klein, um all das in seinen Kopf aufzunehmen? Er kann doch vieles noch gar nicht verstehen ...«

Mirjams blasses Gesicht bekam einen abweisenden Ausdruck. Sie war nach all den Jahren immer noch so kühl und distanziert zu ihrer Mutter wie am ersten Tag. Anna hatte, nach der ersten Enttäuschung und trotz aller Erinnerungsqualen, dennoch gehofft, das würde sich allmählich ändern, wenn sie nun in Nazareth Tag für Tag zusammensein, wenn sie miteinander arbeiten, miteinander über Alltägliches reden würden; mit der Zeit würde sich doch wenigstens etwas Vertrautheit herstellen können. Doch es änderte sich nichts. Mirjam ging – so fand Anna – immer halb abwesend durch den Tag. Sie nahm ihren Mann kaum wahr, kaum ihre Mutter. Sie sprach mit ihnen, ja, doch kein Wort über das täglich Notwendigste hinaus. Sie war ganz und gar auf ihren Sohn konzentriert, nur er zählte. So sah sie auch jetzt ihre Mutter hochmütig und leicht irritiert an. »Du weißt doch, Mutter«, sagte sie im selben Tonfall, wie sie die biblischen Geschichten erzählte – mit dieser Mischung aus Predigtsprache und Belehrung trieb sie Anna die Zornesröte ins Gesicht – »du weißt doch, die Religion und der Tempel waren mein Leben, heute sind es die Religion und mein Sohn. Und wie der Prophet sagt: ›Die Knaben werden müde und matt; und die Jünglinge fallen; aber die auf den Herrn harren, bekommen neue Kraft, daß sie auffahren mit Flügeln wie Adler, daß sie laufen und nicht matt werden, daß sie wandeln und nicht müde werden‹, und beim großen Salomo lesen wir: ›Gewöhne einen Knaben an seinen Weg.‹«

Anna gab nicht auf. »Ist ja gut, Mirjam, aber Jesus ist doch wirklich noch ein sehr kleines Kind. Du redest unermüdlich auf ihn ein. Glaubst du, das tut ihm gut?«

»Was habt ihr denn mit mir gemacht, Mutter, als ich klein war?« fragte Mirjam kalt zurück.

Anna hätte sagen können, daß sie Mirjam nie in diesem Ausmaß mit heiligen Texten überschüttet hätten. Daß sie, Anna, immer darauf geachtet habe, was ihrer Tochter wohl Freude machen könne. Daß sie nie vergessen habe, daß Mirjam noch ein sehr kleines Mädchen war. Sicher hatte wohl auch sie, Anna – auf Geheiß des frommen Joachim –, des Guten zuviel getan, dennoch: Ihrer Erinnerung nach war das doch ganz anders gewesen. Mirjam wirkte bei all ihrer Entrückung irgendwie verbissen, wenn sie ihr Kind lehrte, und Mirjams Tonfall ließ sie manchmal an den fanatischen jungen Priester in Jerusalem denken. Doch gerade an die Zeit wollte sie ihre Tochter nicht erinnern. Anna spürte, daß Mirjam starke Beweggründe für ihr Verhalten hatte, doch welche? Wollte sie Schuld abtragen, sühnen? Wollte sie ihrem gegenwärtigen Alltag, den sie wohl haßte, entfliehen, suchte sie Trost, den sie bei den Menschen, mit denen sie zusammenlebte, nicht fand? Hätte Anna diese Fragen ausgesprochen, sie hätte ihre Tochter bestimmt verärgert, hätte die von Mirjam so deutlich aufgerichtete unsichtbare Schranke gegen jede Vertraulichkeit, jede Mitteilsamkeit über persönliche Dinge, durchbrochen. Und hätte bestimmt nur eine nichtssagende, abweisende Antwort erhalten. Also schwieg sie lieber.

Dafür sprach sie bei nächster Gelegenheit mit Josef. Mirjam hatte begonnen, ihren jetzt gerade erst vierjährigen Sohn lesen zu lehren. Das war für Anna der Anlaß. »Josef«, sagte sie, »ich meine, du solltest einmal mit Mirjam reden. Das Kind ist doch noch viel zu klein zum Lesenlernen. Viel besser für ihn wäre es, er wäre öfter bei dir hier in der Werkstatt! Er ist ja schon bald ein richtiger kleiner Rabbiner.« Während sie das sagte, regte sich in ihr der Schimmer einer Erkenntnis und wollte in ihr Bewußtsein vordringen, doch ihre Aufmerksamkeit war zu stark auf Josef gerichtet, die Ahnung erlosch wieder. Josef antwortete langsam und bedächtig: Mirjam sei eine so fromme Frau und Jesus schließlich ein göttliches Kind, der Höchste würde ihr also auch eingeben, was für ihren Sohn das Richtige sei. Anna blieb auch hier nichts anderes übrig als zu schweigen.

Wie ein göttliches Kind war Jesus in der Tat: sanft, lieb und immer freundlich. Auch wenn seine Augen schon vor Müdigkeit tränten, hörte er nicht mit den Leseübungen auf, die seine Mutter ihm vorgeschrieben hatte. Anna fand ihn zu zart, zu dünn, zu klein für einen Jungen seines Alters, aber nie war er übellaunig, gnatschig und quengelig. Richtig fröhlich und gelöst war er, wenn er bei seinem Vater war. Anna ging immer öfter in die Werkstatt hinüber, um die beiden dort zusammen zu erleben; sie litt immer mehr unter den unausgesprochenen Spannungen zwischen sich und ihrer Tochter, und die Harmonie und Ruhe, die hier herrschten, taten ihr gut. Es war klar: Jesus liebte den alten Mann über die Maßen. Es war ein wortloses Einverständnis zwischen ihnen. Wenn das Kind schweigend dasaß und Josef bei der Arbeit beobachtete, spürte man, daß es sich unendlich geborgen und aufgehoben fühlte, daß es ganz und gar von Liebe und Vertrauen erfüllt war. Ab und an erklärte Josef dem Buben, woran er gerade arbeitete, was die einzelnen Handgriffe bedeuteten, die er vornahm, und Jesus hörte ihm hingerissen zu, strahlte vor Glück, wenn er fertige Holzteile in die Hand nehmen, wenn er probieren durfte, wie sie zusammenpaßten. Anna beobachtete die beiden gerührt und still. Wie sehr sie sich wünschte, daß ihr Enkel viele, viele solche harmonische Stunden erleben durfte! Aber immer ertönte bald wieder die Stimme seiner Mutter, und Jesus erhob sich gehorsam, ohne eine Miene zu verziehen, ohne zu murren, verbeugte sich vor Josef und sagte: »Danke, Vater!« Jedesmal die gleiche rührende, kleine Zeremonie. Dann ging er hinaus zu seiner Mutter und den heiligen Schriften. Das Lesenlernen fiel ihm nicht besonders schwer. Die meisten Geschichten wußte er schon auswendig, und die Worte setzten sich wie von selbst vor seinen Augen zusammen. Mirjam erfüllte das mit großem Stolz, dennoch drängte sie ihn ständig. Noch schneller sollte es gehen, noch perfekter sollte er werden. Jesus selbst prahlte nie mit seinem Wissen. Für ihn schien das selbstverständlich zu sein. Fragte man ihn nach einer Schriftstelle, so konnte er sie häufig ohne zu zögern auswendig hersagen, doch auch daran schien er nichts Besonderes zu finden.

Als sie ihn einmal wieder so dozieren sah – das kleine blasse Gesicht voller Ernst, die Augen in der Anstrengung des Erinnerns weit in die Ferne gerichtet –, da fiel es Anna wie Schuppen von den Augen; die Erkenntnis, die ihr nur einmal ganz kurz aufgedämmert war und ihr Bewußtsein nicht erreicht hatte, traf sie nun wie ein Blitz: Nein, nicht sühnen wollte Mirjam oder der Gegenwart entfliehen, sie erwartete von ihrem Sohn, daß er erfüllte, was sie selbst nicht hatte tun können. All ihre großen Träume vom frommen Leben, von Ruhm und Anerkennung, sollte nun Jesus wahr machen. Das paßte auch besser zu ihrer Tochter als alle anderen Möglichkeiten, die sie erwogen hatte, dachte Anna. Zwiespältige Gefühle erfüllten sie: Einerseits fand sie es gut, daß Mirjam nicht alle Bezugsfäden zu ihrem »früheren Leben« durchtrennt hatte, sondern nach wie vor ein Ziel verfolgte, wenn auch auf andere Weise: Wenn der Sohn berühmt wurde, so würde es die Mutter wohl mit ihm werden, mochte sie denken, Jesus, Sohn der Mirjam – so sollten es später die Chroniken verzeichnen ... Andererseits wurde der Schmerz, der ihrer Tochter wegen ständig Annas Herz erfüllte, nun wieder fast unerträglich. Schuld abbüßen, Sühne leisten, der Welt entfliehen, der Gedanke hätte Anna zwar auch geschmerzt, er hätte sie auch ständig an ihre eigene Mitschuld erinnert, aber nun: Träume auf Kosten eines Kindes, das

Schicksal ihres kleinen Sohnes im voraus bestimmt und gelenkt. Warum nur konnte Mirjam, trotz allem, was geschehen war, nicht allmählich die Vergangenheit vergessen, konnte sich am Leben freuen? Immerhin lebte sie unter angenehmen Umständen, hatte einen guten Mann und ein liebes Kind. Warum konnte sie nicht einfach nur leben und lieben, sich an den alltäglichen Dingen erfreuen? Das wenigstens kann ich mir nicht vorwerfen, dachte Anna, daß ich als junge Frau nicht jeden Tag meines Lebens bewußt genossen hätte . . .

»Ein richtiger kleiner Rabbiner«, sagte sie aus diesem Gedanken heraus, als Jesus mit dem Text geendet hatte.

»Ja, nicht wahr?« antwortete Mirjam, eine der wenigen Gelegenheiten, bei denen Anna sie glücklich lächeln sah, »und das soll er auch werden: Mein Sohn soll ein großer Rabbiner werden, von dem alle Welt spricht!«

Ich muß es noch einmal versuchen, um meines Enkels willen, sagte Anna zu sich selbst und fragte sehr vorsichtig: »Aber Mirjam, Tochter, laß ihn doch erst mal älter werden, vielleicht will er dann etwas ganz anderes? Wenn ich sehe, wie gern er in Josefs Werkstatt die Holzstücke anpackt . . .«

»Du vergißt, Mutter«, antwortete Mirjam streng, schroff und hoheitsvoll, »du vergißt, daß er ausersehen ist. Er wird es selbst wissen, wenn er älter ist, und ich werde alles dazu tun, daß er bis dahin so viel von den heiligen Dingen lernt wie nur irgend möglich . . .«

Anna ließ sich nicht beirren, ließ nicht locker: »Aber wenn er ausersehen ist, wie du sagst, dann wird der Geist des Höchsten ihn doch auch ohne dein Zutun erfassen?«

Mirjam antwortete mit noch mehr Abstand als vorher: »Ich bin ein Werkzeug des Herrn, von Kindheit an weiß ich das, und du, Mutter, wirst mir nicht sagen, was ich zu tun oder zu lassen habe. Er hat mir den Auftrag gegeben, diesen meinen Sohn vorzubereiten für ihn, und das tue ich, niemand und nichts wird mich davon abhalten.«

Anna schwieg. Was sollte sie dazu sagen? Daß Mirjam so geworden war, das hatten sie, Anna und Joachim, zu verantworten, und das nahm allen möglichen Argumenten den Wind aus den Segeln. Und der einzige Punkt, an dem sie Mirjam wirklich hätte treffen können, ihre Panzerung durchstoßen, ihre heilige Arroganz zunichte machen, das einzige, was sie hätte verletzen können, war ihrer beider Beziehung anging, wahrscheinlich tödlich, das wollte sie nicht ansprechen, nie, das hatte sie sich geschworen. Nie in ihrem Leben wollte sie auf diese Frage anspielen, und auch wenn ihre Tochter sie mit ihrer kalten, abtuenden Art bis aufs Blut reizte, sie wollte sich nie hinreißen lassen. Anna spürte genau, wieviel Kummer und Herzeleid hinter Mirjams abweisender, verschlossener Haltung steckte. Etwas mußte damals in ihrer Tochter zerbrochen sein.

Und einige Zeit später passierte es dann doch. Jesus war inzwischen fünf Jahre alt geworden. Mirjam kam stolz vom Bethaus zurück: Der Rabbiner hatte gesagt, er könne Jesus nicht mit den anderen gleichaltrigen Buben zusammen unterrichten, Jesus wisse schon viel zu viel. Er wollte ihm getrennt Unterricht geben, nur ihm allein. Der alte Mann schien fasziniert von dem Kind gewesen zu sein, und Mirjam strahlte. Anna hatte sie in der ganzen Zeit in Nazareth nicht so froh gesehen, doch fielen ihre Augen zugleich auf Jesus, der blaß, müde und unbeteiligt mit ihnen am Tisch saß, wo sie das abendliche Mahl einnahmen. Josef sagte nur ruhig: »Wie schön, Mirjam, so ist doch deine jahrelange Mühe belohnt worden.« Mirjam warf ihm einen geringschätzigen Blick zu; sie erwiderte nichts.

Anna fühlte Zorn in sich aufsteigen, Zorn auf ihre anmaßende Tochter, Zorn auf den duldsamen Josef und Mitleid mit dem kleinen Jungen. Sie konnte es nicht lassen: »Wenn er schon so viel mehr kann als die anderen Buben, Mirjam, dann könntet ihr doch jetzt mal für eine Weile mit dem Lernen aufhören, und er könnte dann später mit ihnen zusammen zum Unterricht gehen – meinst du nicht auch Josef?«

Josef wiegte nur nachdenklich den Kopf und sagte nichts.

»Jesus ist nicht wie die anderen Kinder, das weißt du doch,

Mutter«, sagte statt dessen Mirjam; das Strahlen war von ihrem Gesicht gewischt, ihre Stimme klang gereizt.

»Sicher, sicher, Mirjam«, sagte Anna begütigend und zähmte mühsam ihren inneren Zorn. Sie wollte ihre Tochter nicht noch mehr reizen, vor allem nicht im Beisein des Kindes. »Aber trotzdem, er ist doch wirklich noch ein Kind, er ist noch so klein ...«

Mirjam legte den Arm um ihren Sohn, zog ihn zu sich heran und sah ihre Mutter herausfordernd an: »Du solltest das mir überlassen, Mutter, du hattest ja nie einen Sohn ...«

Ein heißer Schwall unkontrollierbarer Wut schoß in Anna hoch. In dieser Wut fühlte sie sich wieder wie als junge Frau: stark und kämpferisch. Gleichzeitig spürte sie ihre Ohnmacht. Es war wie damals, als die Rabbiner Joachims Opfer nicht annahmen. »Aber ich war wenigstens schon Jahre verheiratet, als du geboren wurdest ...«, schlug sie zurück.

Josef zuckte zusammen. Er wurde bleich, rückte zu Mirjam, legte nun seinerseits schützend den Arm um ihre Schultern. Eng umschlungen saß die kleine Familie Anna gegenüber. Mirjams Gesicht war dunkelrot angelaufen, hochaufgerichtet saß sie da, die Hand, die ihren Sohn umklammerte, war schneeweiß. Das Kind, obgleich ihr fester Griff ihm Schmerzen bereiten mußte, sagte nichts, starrte nur verstört seine Großmutter an.

Mirjam rang nach Worten, sie brauchte eine Weile, ehe sie sprechen konnte, dann sagte sie, heiser, mit völlig entstellter Stimme: »Verlaß mein Haus, Mutter, verlaß auf der Stelle mein Haus!«

An diesem Punkt ihrer Erinnerungen stöhnte die alte Anna so laut auf, daß selbst der schlafende Enoch halb wach wurde und schlaftrunken murmelte: »Ja, ist was?« Nach kurzer Pause schnarchte er jedoch weiter. Anna holte sich nun doch ihre Tropfen aus dem Regal, anders konnte sie diese Erinnerung nicht aushalten.

Zu Ehren der Ascherat

Im März des Jahres 30

Es war eine sehr milde Märznacht, nach einigen für die Jahreszeit ungewöhnlich warmen Tagen. Der Vollmond stand hoch am Himmel. Still und silberbeglänzt ruhte das Land um Jerusalem. Nicht ganz still: Von einem der Hügel zogen leise, gedehnte Töne in die Nacht, es war Gesang von Frauenstimmen, der gedämpft aus dem Bergesinneren kam. An der der Stadt abgewandten Seite lag, dicht unter der Hügelkuppe, eine Höhle. Ihre knapp menschenhohe Öffnung war nach außen erweitert worden, an beiden Seiten waren große Steinbrocken zu breiten Mauern aufgeschichtet und kunstvoll ineinander verzahnt. Eine flache Steinplatte lag, beide Mauern verbindend, als schützendes Dach vor dem Höhleneingang. Ein hinfällig wirkendes Bau-Werk, mehr Steinhaufen als Menschenwerk, das dennoch wohl schon Hunderte von Jahren überdauert hatte. Wie ein vorgestülpter Mund schob es sich aus der Höhle heraus, bei Tage von der felsigen Umgebung kaum zu unterscheiden. Jetzt flackerte ein Feuer im Eingang. Durch eine Lücke zwischen Berg und Steinplatte zog der Rauch ab, legte sich wie ein Schleier an die steile Felswand und stieg weiter oben, wo diese zurückwich, in einer leichten Kräuselfahne zum Himmel hinauf. Von draußen konnte niemand vermuten, wie groß die Höhle war: Die gewölbte, von mineralisch glänzenden Adern durchzogene Decke, doppelt so hoch wie ein Mensch, ging in unregelmäßige, zackige Felswände über; tief in den Berg hinein öffnete sich der Raum. Wer mochte die natürliche Höhle einst behauen und erweitert haben? Wer hatte Wagenfuhren mit Sand hier heraufgekarrt, um einen ebenen Untergrund zu schaffen? Wer alles hatte hier wohl Unterschlupf gefunden, Schutz vor Unwettern, vor Feinden, wer alles hatte hier geliebt, gebetet, gefeiert?

Auf dem festgestampften Boden stehen jetzt Frauen in zwei einander umschließenden Kreisen und singen zu einer langgezogenen, auf- und abschwellenden Melodie alte, fremde Worte. Im Hintergrund der Höhle hockt eine Frau vor einem über ein Holzgestell gespannten Kalbfell; mit dumpfen, rhythmischen Schlägen begleitet sie den Gesang. Öllämpchen in den natürlichen Nischen im Fels geben zusammen mit dem Eingangsfeuer ein ungewisses, flackerndes Licht.

Ein paar Schritte vor dem Ausgang steht in Augenhöhe auf einem Steinvorsprung eine Statue, knapp so hoch wie ein menschlicher Unterarm, eine uralte Schnitzerei, verrußt, beschädigt, wurmstichig: Aus einem Knäuel unkenntlicher Formen – der obere Teil einer Baumkrone mit verschlungenem Geäst? Das Rudiment von ineinander verwundenen Schlangenleibern? – steigt schlank der nackte Körper empor, kräftige Schenkel, ausgeprägte Hüften, das Dreieck des Geschlechtes durch tiefe Querkerbungen klar markiert, schmale Taille, die dünnen Arme stützen die runden, sehr großen Brüste, das Gesicht hat durch die vogelschnabelähnliche Nase, durch die großen, tiefeingekerbten Augenumrandungen etwas Abweisendes, sehr Fernes. Über Raum und Zeit scheint die Frau hinwegzuschauen, voll Würde und prophetischer Kraft. Der Kopfputz, den sie wohl einst trug, ist lange weggebrochen, über den Augen sind nur ein paar Holz-Spleiße stehengeblieben, verschieden lang und breit, wie Stacheln. Auch die Ohrenpartie an beiden Gesichtsseiten ist nicht mehr da, das Gesicht ist dadurch nicht breiter als der Hals, das macht es noch strenger. Das flakkernde Licht in der Höhle überspielt die Beschädigungen, läßt die Schnitzkerben als tiefe Schatten hervortreten. Für die, die sich in dieser Höhle treffen, steht die Figur für die alte Göttin, die Ascherat genannt wurde oder Anat oder Ashtarot oder Astarte. Vor ihr wiegen sich die Frauen, für sie schlägt die Trommelfrau rhythmisch das Fell.

Unter den Frauen ist Anna, singt und wiegt sich mit ihnen. Die meisten kennt sie, wurde irgendwann wegen Krankheit zu ihren Familien gerufen. Ein weiter Weg von der reichen Anna, Herrin auf dem Schafshof, Ehefrau eines Strenggläubigen, zu der armen Anna, Heilerin und Schwester der armen Frauen, mit ihnen die Ascherat feiernd. Eine lange, allmähliche Entwicklung: Vor dreißig Jahren starb Joachim, hatte Mirjam ihren Sohn geboren. Vor fünfundzwanzig Jahren hatte Anna die Familie ihrer Tochter in Nazareth verlassen.

Sie war damals mit der nächsten Karawane nach Jerusalem zurückgekehrt, verstört, gekränkt, einsam. Daß sie den Schafshof heruntergewirtschaftet vorfand, berührte sie kaum, sie hatte keinerlei Vorstellung, wie ihr Leben weitergehen sollte. Sie war nicht mehr jung, aber sie war auch noch nicht alt. Eine alleinlebende Witwe, das kam selten genug vor, viele fanden es unmöglich und ganz unbegreiflich, daß sie nicht bei ihrer Tochter geblieben war.

Sie war Simron, der den Schafshof übernahm, dankbar, daß er ihr ein paar Teppiche, den schönen Vorhang, ein paar Töpfe und Schüsseln und das Wächterhaus überließ. In den ersten Wochen saß sie viele Stunden am Tag auf dem verwilderten Stückchen Grund hinter dem Haus und starrte vor sich hin. Dann, allmählich, begann sie das kleine Haus zu fühlen. Sie war die weitläufigen Räume des Schafshof gewohnt gewesen und zuletzt das kleinere Haus in Nazareth, hier hatte sie nur noch einen Raum, zum Arbeiten, Kochen und Schlafen. Das hatte Anna von Anfang an nicht mißfallen. Das kleine, fensterlose Haus entsprach ihrem Bedürfnis, sich wie ein krankes Tier in einer Höhle zu verkriechen. Je kleiner desto besser, dachte sie. Allmählich wurde es mehr als eine Höhle für sie. Sie liebte es, wenn der Wind durch die Luftschlitze unter dem Dach fuhr, wenn nachts mal ein Stein herunterpolterte. Das Haus umgab sie wie eine schützende Hülle. Es wollte ihr wohl, das spürte sie. Bald kamen auch die Tiere. Den ersten Hund hatte sie mit gebrochenem Bein vor ihrem Haus gefunden, der zweite war ein Welpe, sie hörte das jämmerliche Winseln aus einem Sack, den ein Mann über der Schulter an ihrem Haus vorbeitrug; er sollte das Tier ertränken. Die Katze war eines Tages einfach da und blieb.

Allmählich lernte sie auch ihre Nachbarinnen kennen. Jeden Morgen und jeden Abend ging sie zum Brunnen. Als reiche Schafshofbesitzerin hatte sie die Frauen der Gasse kaum gesehen, jetzt traf sie sie regelmäßig, erfuhr von ihrem Leben, ihren Sorgen und Nöten. Den Frauen machte es nichts aus, daß Anna einst reich gewesen war. Jetzt war sie arm, und so gehörte sie zu ihnen. Dann fragte eine sie um Rat: Ihr Mann hatte sich in den Fuß gehackt, die Wunde wollte nicht heilen. In ihrem Hausstand auf dem Schafshof hatte Anna alle versorgen müssen, die krank waren, einen Unfall hatten, Mägde, Knechte, Hirten, Reiter, Karawanenführer. Daß sie das können mußte, war selbstverständlich. Einiges hatte sie bei ihrer Mutter gelernt, viel hatte ihr Mariamne beigebracht, und sie hatte eine gute Hand dafür, das hatte sie bald gemerkt. Die Frau, deren Mann sich verletzt hatte, wußte noch davon. Anna ging mit ihr und war entsetzt über das, was sie probiert hatte. Schafskot in Feigenblätter gewickelt und aufgelegt, irgend jemand hatte ihr das geraten. Anna wandte einfache Mittel an, und die Wunde heilte schnell. Das sprach sich herum. Immer öfter rief man sie, später auch bei Geburten. Zwar bestand sie stets darauf, daß die Hebamme geholt wurde, doch die Frauen wollten auch sie beim Kindbett dabeihaben. »Sie hat gesegnete Hände«, hieß es, und »Sie hält die Krankheiten fern.«

Annas Vorrat an Heilmitteln wuchs ständig; der Mann, dem sie den Fuß geheilt hatte, baute ihr das Holzregal, und zusammen mit Elisabetha, der ehemaligen Magd und dann Gehilfin ihrer Mutter über viele Jahre, begann sie, deren Rezepte auszuwerten. Eines Tages kam ein römischer Offizier zu ihr. Er hatte mit dem neuen Besitzer des Schafshofs zu tun gehabt, ein schmerzhafter Hexenschuß plagte ihn, und Simron hatte ihm empfohlen, auf dem Heimweg Anna aufzusuchen, hatte ihm erklärt, diese Frau sei kein »einfaches, armes Kräuterweib«. Anna massierte ihn, rieb seinen Rücken mit Salbe ein und gab ihm davon mit nach Hause. Es half. Seitdem kamen ab und an auch Römer zu ihr, solche, die nicht zu überheblich waren, bei einer »unwissenden Hebräerin« Hilfe zu suchen. Mit den Jahren bekam sie den Beinamen »die Heilerin«.

Anna kam so in viele Häuser, nicht in die Häuser der Reichen, sondern in die der weniger Reichen und vor allem in die Hütten der ganz armen Leute. Meist waren es die Frauen, die sie riefen, für ihre Kinder, für ihre Männer, nie für sich selbst. Da mußte eine schon dicht vor dem Sterben sein, dann wurde ein verstörtes Kind geschickt, um Anna zu holen. Die Frauen waren, so stellte Anna immer wieder mit Staunen fast, unglaublich zäh. Gesund konnte sie das nicht nennen, sie waren oft ausgemergelt oder auch nach vielen Geburten aufgedunsen, sie waren von Verletzungen verkrüppelt: Eine beispielsweise hinkte, weil sie sich einmal ein Bein mit kochendem Wasser verbrüht und dies nie richtig ausgeheilt hatte. Eine andere hatte einen krummen Arm, ihr betrunkener Mann hatte sie in die Ecke geschleudert. Die meisten hatten vom vielen Lastentragen ein krummes Kreuz; die Zähne fielen ihnen aus, weil sie fast nur breiartige Nahrung aßen. Die guten, festen Dinge, das Fleisch, die Früchte, wenn es sie überhaupt gab, reichten nur für die Männer und für die heranwachsenden Jungen. Kurz, die Frauen hatten Gebrechen aller Art, und doch brachen sie nicht zusammen. Oft wollte Anna, wenn sie Kind oder Mann versorgt hatte, auch der Frau ein Heilmittel geben, aber die winkte meist nur ab: »Laß nur, Anna, ich lebe jetzt so lange damit, ich spür's gar nicht mehr, ich brauche nichts!« Am Anfang bewunderte Anna diese Frauen, doch mit der Zeit packte sie immer häufiger der Zorn. Manchmal schrie sie eine, die besonders schlecht beisammen war, an: »Und was ist, wenn du eines Tages nicht mehr für deine Familie arbeiten kannst? Wenn du auf deinem Lager liegst, wenn du vielleicht stirbst? Was ist dann? Wer sorgt dann für deine Kinder?« Doch zugleich wußte Anna genau: Die Frau würde sich nie krank auf ihr Lager legen. Sie würde bis zum letzten Atemzug arbeiten: Wasser schleppen, Kinder herumtragen, Holz von weit her herbeiholen, sich von der Ziege stoßen, gar umwerfen lassen, wenn sie diese in den Stall zu zerren versuchte, und eines Tages würde sie mitten in der Arbeit umfallen und sterben. Und ihr Mann würde sich bald eine andere, jüngere nehmen, und der würde es dann genauso gehen. Anna, die nun eigentlich nur noch mit Frauen zu tun hatte (welcher Mann sprach schon mit einer alleinlebenden Witwe, es sei denn, er war krank), begann sich immer mehr Gedanken über deren Schicksal zu machen. Und allmählich sah sie auch ihre eigene Geschichte in einem ganz anderen Licht. Sicher, sie war aus einem wohlhabenden Haus und hatte in ein noch reicheres geheiratet, doch war ihr Geschick im Grunde von denselben Dingen bestimmt: langersehntes Kindbett, Sorgen um die Tochter, Krankheit und Tod des Mannes. Was sie, Anna, nicht erlebt hatte, war die unablässige körperliche Schufterei, eine Plackerei ohne Ende. Woher nahmen diese Frauen nur ihre Kraft, ihre Zähigkeit, ihre Ausdauer? Waren sie von Natur aus stärker als die Männer? Das bestimmt, zu der Erkenntnis kam Anna ziemlich bald, kein Mann würde auch nur ein Kindbett unter diesen Umständen überstehen, dessen war sie sicher. Doch was hielt diese Frauen bei Kräften, innerlich, hatten sie sich in ihr Schicksal gefügt wie die Tiere? Wie die Kamele, die geduldig in der Karawane trotteten, wie die Esel, die unter keiner noch so schweren Last zusammenbrachen? Wenn sie so offensichtlich die Stärkeren waren, warum konnten sie nicht bestimmen, was geschehen sollte, warum bestimmten die Männer über sie?

Anna überdachte, was die Religion sie gelehrt hatte, erinnerte sich an die Geschichten, die sie Mirjam erzählt hatte, und fand dort keine Antwort. Das kommt alles nicht vor, dachte sie. Sarah, ja, und Ruth oder Esther, aber woher die vielen armen Frauen ihre Kraft nehmen, das weiß niemand. Sie dürfen ja noch nicht einmal in den Tempel, so wie, auch ohne Opfer zu bringen, die armen Männer. Im Frauenvorhof müssen sie bleiben; und kaum eine der armen Frauen, die sie kannte, ging jemals dorthin. Auch am Sabbath versorgten sie die Kinder und das Vieh; sie schufteten tagaus, tagein.

Elisabetha, die immer arm gewesen war, konnte manche von Annas Fragen beantworten. »Einige gehen schon weg, Anna, manchmal nachts, wenn alles schläft. Sie gehen zum Kult der Göttin, da sind sie willkommen, da treffen sie sich und laden ihre Sorgen ab. Ich gehe da auch hin. Komm einmal mit mir, Anna, da wirst du vielleicht verstehen, was den Frauen hilft ...«

Die Frauen in der Höhle haben jetzt zwei Halbkreise gebildet, offen zu einem aus einem Felsvorsprung herausgehauenen Wasserbecken. Sechs Frauen, unter ihnen Anna, stehen vor dem Becken, jede hat einen Stein in der Hand, taucht ihn ins Wasser, wäscht ihn zwischen den Händen, hebt ihn heraus, läßt das Wasser herunterlaufen und taucht ihn wieder unter, mehrmals hintereinander. Dazu sprechen sie leise ihre größten Sorgen vor sich hin, vertrauen sie dem Stein an und spülen sie mit dem Wasser fort. Anna hat kein drängendes persönliches Problem, sie legt auf ihren Stein die Gedanken, die sie sich um ihre Kranken macht, und natürlich den sie seit Jahren begleitenden Kummer um ihre Tochter, ihre schmerzliche Sehnsucht. Die Frauen, die im Halbkreis stehen, singen jetzt nicht mehr. Sie haben einen gleichmäßigen Summton angestimmt, in den jede, wie sie will, in tieferer oder höherer Tonlage, einstimmen kann. Die Frau, die getrommelt hat, steht jetzt neben der Göttin-Statue, den Blick wie diese starr in die Ferne gerichtet, aus ihrer Kehle dringt ein gleichmäßiger tiefer Ton. Die Höhle vibriert, die Töne fangen sich in den Felsenwänden, kommen verändert, dumpfer, von Schwingungen angereichert zurück, bilden ein pulsendes Netz über den Köpfen der Frauen. Hat eine der Frauen am Wasserbecken ihre drückenden Sorgen fortgewaschen, läßt sie ihren Stein im Wasser versinken, tritt in den Halbkreis zurück, und eine andere nimmt ihren Platz ein.

»Eigentlich müßten die Steine unter fließendem Wasser gewaschen werden, an einer Quelle, dem lebendigen Wasser der Göttin, das die Sorgen auch wirklich fortschwemmen kann, aber hier gibt es keine versteckte Quelle, wo uns niemand sehen würde«, hatte die Trommelfrau zu Anna gesagt. »Doch ich finde auch, für uns stimmt, daß die Steine im stillen Wasser untersinken. Sie nehmen zwar im Augenblick die Sorgen mit, doch die bleiben am Grunde lebendig. Das paßt zum Leben der Frauen; wie selten ändert sich etwas für sie . . .«

»Aber warum dann das alles? Damit sie sich geduldig abfinden wie die Schafe?« hatte Anna ärgerlich gefragt. »Das ist schon mehr, Anna«, hatte die Frau, sie hieß Abigail, ernst geantwortet. »Wenn es den Menschen, so wie unserem Volk jetzt schon seit so vielen Jahren, schlechtgeht, dann geht es den Frauen am schlechtesten. Wenn sie hier zur Höhle kommen, können sie alles hinter sich lassen, ihre tägliche Plackerei vergessen. Sie bekommen Kraft von der Göttin, damit können sie in ihrem Alltag überleben.«

Dieses Gespräch hatte stattgefunden, ehe Anna an den Ritualen teilnahm. Sie wäre nicht Anna gewesen, wenn sie einfach so zu einem Kultabend gegangen wäre, sie wollte wissen, was sie erwartete. Zwar war sie – sie konnte gar nicht anders – seit ihrer Rückkehr aus Nazareth nie mehr im Tempel gewesen. Auch hatte sie stets erfahren, wie bösartig man dort über sie redete. Erst mokierte sich die Gruppe der besonders aktiven Gläubigen – einst Freunde und Vertraute ihres Mannes – darüber, daß die Witwe des frommen Joachim allein lebte und nie mehr zum Tempel kam. Dann ging sie als Heilerin zu den Armen, das wurde mit großem Mißtrauen registriert. Und in jüngster Zeit, seit die Gerüchte über die angeblichen Wundertaten Jesu umgingen – und im Tempel wußte man sehr genau, daß er ihr Enkel war –, wurden die Bemerkungen noch bissiger. »Anna, die Wundergroßmutter« wurde gespottet. Sie konnte froh sein, daß man sie nicht der Zauberei verdächtigte. Daß die sich so für eine alte Frau interessieren, wunderte sie sich oft. Doch für den Tempel war sie eben nicht irgendeine alte Frau. Auch in den Gassen der Stadt lebte immer noch – als traurig-romantische Legende – die Geschichte von der schönen Mirjam, die fromm im Umkreis des Tempels gelebt hatte und dann von ihrer reichen Familie verstoßen worden war. Doch dort wußte kaum noch jemand, daß Anna, die Heilerin, die Mutter dieser Mirjam war und daß diese bedauernswerte Mirjam die Mutter jenes neuen Wunderrabbi war, von dem die Leute im Lande draußen erzählten, war auch nur wenigen bekannt.

Daß Anna mit dem Tempel nichts mehr zu tun haben wollte, bedeutete aber noch lange nicht, daß ihr der Gedanke an eine andere Religion leichtfiel. Zu sehr war sie durch ihre Erziehung und mehr noch durch die Zeit ihrer Ehe geprägt worden, als daß sie sich so ohne weiteres einem Bereich zuwenden konnte, der in ihrer früheren Umgebung unter striktem Denkverbot gestanden hatte. Zwar trug sie, seitdem sie sich von der Religion ihrer Väter abgewandt hatte – es war nicht nur der Tempel, auch Mirjams unablässiges Einpredigen auf ihren Sohn hatte einiges damit zu tun –, eine unbestimmte Sehnsucht in ihrem Herzen nach etwas, von dem sie nur wußte, daß es ganz anders aussehen müßte als jene Glaubensformen, die sie kannte. Formen, zu denen sie zwar, anders als ihr Mann, keine sehr intensive innere Beziehung gehabt hatte, die aber doch zu ihrem Leben als Selbstverständlichkeiten gehörten wie Sommer und Winter, Sonnenauf- und -untergang – ein fester Rahmen, altgewohnte Zeremonien, Feiertage, Fixpunkte in der dahinfließenden Zeit. Anna hätte vorher nie geglaubt, daß ihr das fehlen würde. Mit dem Älterwerden wurde auch jene unbestimmte Sehnsucht stärker. Würde sie, was sie suchte, vielleicht auf einem Berghügel vor der Stadt finden?

Also hatte sie sich eines Tages aufgemacht – Elisabetha hatte ihr den Weg genau beschrieben –, um Abigail, die Ritualleiterin, zu besuchen. Die lebte in einer kleinen Hütte unweit der Höhle mit zwei Ziegen und einem gewaltigen Hund. Sie war eine große, kräftige Frau mittleren Alters, mit langer schwarzgrauer Haarmähne, einem klaren Gesicht, intensiven dunkelbraunen Augen und großer, fleischiger Nase über einem breiten, schmallippigen Mund. Die beiden Frauen verstanden sich vom ersten Augenblick an. Abigail schien sich über Annas Besuch und ihre Fragen zu freuen. »Weißt du, Anna«, sagte sie, »was wir hier tun, ist ja nichts Mysteriöses, keine Ausgeburt schlimmer Phantasien, wie die behaupten, die sich ›Gläubige‹ nennen; wir versuchen nur, eine altehrwürdige Tradition am Leben zu erhalten. Sicher weißt du, daß in den langen Zeiten, als man von dem, den sie in ihrem Tempel jetzt verehren, noch gar nichts wußte, landauf, landab die Göttin verehrt wurde. Und noch in Salomos Tempel, so sagen sie, soll eine Statue der Ascherat gestanden haben. Und daß König Manasse ein Ascheratbild im Tempel aufstellte, steht sogar in der Schrift. Die verdammt das natürlich, aber die Tatsache bleibt: Noch Hunderte von Jahren nach Salomo hing ein König dem Göttinnenkult an. Und er war keineswegs der einzige. Viel finden wir in den Schriften, wenn wir sie zu lesen verstehen. Allerdings haben sie es nicht immer so aufgeschrieben, wie's vielleicht wirklich gewesen ist. Dazu müssen wir hören, was das Volk sich erzählt. Nimm zum Beispiel die Geschichte der Rahab aus Jericho. Sie wird als Hure bezeichnet und als Verräterin dargestellt, denn sie soll die vom heranrückenden Heer des Joshua ausgesandten Kundschafter versteckt und nicht dem König von Jericho ausgeliefert und damit ihr Haus und ihre Familie gerettet haben. So steht es aufgeschrieben. Es gibt aber eine ganz andere Geschichte von Rahab, die sich die Menschen heimlich bis auf den heutigen Tag erzählen, und die geht so: Als das Volk der Väter die Wüste durchquert hatte, als sie oben von den Hügeln am Jordan endlich in das liebliche, grüne Land Kanaan hineinblickten und auf die friedliche Stadt Jericho, da wußten sie, daß sie nun vor dem Bereich einer anderen Gottheit standen. Nicht ihr Gott, der sie durch die Wüste geführt hatte, herrschte hier; das fruchtbare Land gehörte der Göttin, und Jericho ist nach der Mondin benannt. Nomadenstämme pflegten stets, wenn sie das Gebiet einer fremden Gottheit betraten, deren Kult zu achten und ihre Gesetze zu befolgen. Dieses wandernde Volk aber wollte seinen Gott, der es aus dem ägyptischen Joch befreit hatte, aus der Wüste in das grüne Land mitnehmen. Doch waren sie sich ihres Glaubens wohl nicht ganz sicher, hätten sie sonst den goldenen Stier, das heilige Tier der Göttin, gegossen und angebetet, kaum daß Moses den Rücken kehrte? Die Kundschafter, so geht diese Erzählung, waren also gar nicht gesandt, um die militärische Stärke Jerichos auszuspähen, denn das war, weithin sichtbar, eine friedliche, unverteidigte Stadt. Sie sollten vielmehr das Orakel der Göttin befragen, sollten herausfinden, ob ihr Volk mit seinem anderen Glauben willkommen sei, und so gingen sie zu Rahab, der Priesterin. Sie sahen aus wie wandernde Nomaden, wie sie täglich in die Stadt kamen. Niemand hätte sie als Fremde erkannt, und selbst wenn der König erfahren hätte, daß sie von jenem gefährlichen Wüstenvolk kamen, von deren Taten gegen die Amoriter man gehört hatte, so hätte er doch nie von Rahab die Auslieferung der beiden verlangt, denn die war in allen priesterlichen Handlungen völlig frei und auch politisch seine Ratgeberin. Die Priesterinnen der Rahab haben nach altem Kultbrauch mit den Kundschaftern das Ritual in körperlicher Vereinigung gefeiert. Und die Göttin, die durch Rahab sprach, scheint die Stärke des neuen Gottes anerkannt zu haben. Warum sollten beide Religionen nicht friedlich nebeneinander leben? Rahab nahm den Kundschaftern den Eid ab, die Stadt zu verschonen, alle, nicht etwa nur ihre Familie. Sie sind dann mit ihrer Botschaft zu Joshuas Heer zurückgekehrt. Und dann haben die Anhänger des neuen Gottes die alte Gottheit herausgefordert. Die, deren Göttin sich im Mond verkörperte, pflegten in den drei Neumondnächten singend und rufend um die Stadt zu ziehen, um die verschwundene Mondin wieder heraufzubeschwören. Die Wüstenwanderer machten das nach; sie verhöhnten die alten Rituale, um zu erkunden, wie die Göttin reagieren würde: Sie zogen nicht nachts, sondern im hellen Tageslicht einmal um die Stadt herum, ein langer Zug, erst die Krieger, dann die Priester mit den sieben Posaunen aus Widderhörnern, die sie laut erschallen ließen, dahinter trug man die Lade ihres Gottes, dann kam das Volk. Danach kehrten sie in ihr Lager zurück. Das taten sie sechs Tage hintereinander. Die Göttin griff nicht ein. Am siebten Tag standen sie mit der Morgenröte auf, zogen siebenmal um die Stadt, und als von der Göttin immer noch kein Zeichen kam, stießen die Priester in die Posaunen, und das Volk stimmte ein großes Kampfgeschrei an, und die Krieger stürmten die Stadt. Sie machten alles nieder. Nur Rahab und ihre Priesterinnen ließen sie am Leben, die schleppte man in das Lager des Joshua; trotz ihres ›Sieges‹ über die Göttin und ihre Stadt trauten sie sich doch nicht, ihre Priesterinnen zu töten. Später, als ihre Religon Wurzel gefaßt hatte, war das anders. Denk an die Königin Jesebel, die Hunderte von Jahren danach immer noch mit ihrem Volk dem Ascherat-Kult anhing und die deshalb vor die Hunde geworfen wurde. Und erinnere dich, wie die Frauen zu Jeremia sagten, sie würden mit Einverständnis ihrer Männer wieder Kuchen für die Himmelskönigin backen und Räucher- und Trankopfer darbringen. Denn unter der Göttin, so meinten alle, sei es ihnen gutgegangen, alles habe geblüht, sei gediehen, und nun, mit dem neuen Gott, gehe es ihnen schlecht ... Das alles steht in den Schriften ...«

Anna hatte gespannt zugehört. Sie hatte über solche Schriftstellen immer hinweggelesen, hatte es für selbstverständlich genommen, daß da von lang Vergangenem, Überwundenem die Rede war. Jetzt begann sie zu ahnen, daß hier wohl etwas durch die Jahrhunderte hindurch lebendig geblieben war, doch wie lebendig? »Wieviel du weißt, Abigail«, sagte sie, »du bist eine wahre Priesterin. Aber heute kannst du doch den alten

Glauben gar nicht mehr so lehren wie früher, und schon gar nicht mehr so feiern. Wenn ich denke, wir würden bei Neumond um Jerusalem ziehen ...«

»Nein, das stimmt, Anna, das können wir nicht«, sagte Abigail traurig, »unsere Rituale hier sind nur ein kümmerlicher Rest, wir wissen ja gar nicht mehr genau, was alles früher zum Kult gehörte, genauso ein kümmerlicher Rest wie die Statue, die ich ständig mit Öl und rotem Wein einreibe, damit sie nicht noch mehr zerfällt. Wir können nur dafür sorgen, daß nicht alles ganz vergessen wird, daß nicht alles verlorengeht. Vielleicht kommt einmal der Tag ...«

»Aber«, sagte die praktisch denkende Anna, »macht man dir denn keine Schwierigkeiten? Was du hier tust, ist doch nicht erlaubt ...«

»Ja, natürlich, nach den Schriften ist es verboten. Aber«, sagte Abigail gedehnt und lächelte listig, »das Sanhedrin, der Hohe Rat, hat ja keine Macht. Sicher würden sie uns lieber heute als morgen auseinandertreiben und unsere Höhle zumauern lassen, aber das können sie nicht, die Römer haben die Gerichtsbarkeit und die Soldaten. Jetzt opfern sie sogar zweimal im Jahr im Tempel für Cäsar und die Römer ... Natürlich kommt ab und zu mal ein Fanatiker hier herauf und beschimpft mich, aber dafür habe ich meinen Hund ... Gäbe es so viele verschiedene religiöse Gruppen im Land, wenn die Römer sich um Glaubenssachen kümmern würden? Sie selbst haben viele Götter neben ihrem Kaiser, sie finden nichts dabei, wenn Menschen sich aussuchen, woran sie glauben wollen, und die Religion des Tempels mit dem einen unsichtbaren Gott ist ihnen fremd. Andererseits muß das Sanhedrin ja nicht um die Tempelreligion bangen. Jeder gläubige Mann ist, du weißt das, Anna, zugleich geistliches Oberhaupt seiner Familie und hat dafür zu sorgen, daß seine Frau, seine Kinder und sein Gesinde die Glaubensregeln befolgen und die Feiertage, die Feste und Fastenzeiten einhalten. Diese Ordnung erhält sich selbst, dafür braucht's keine Obrigkeit. Aber bei den Armen, den Am Haarez, die nicht lesen und schreiben können, sind die Männer ja gar nicht zur Schule gegangen, sie kennen die Schriften nicht und kaum die Vorschriften. Im Leben der Am Haarez geht's auf und ab, mal haben die Männer Arbeit, mal nicht, mal sind sie wochenlang fort zur Erntearbeit. Die Armen fasten sowieso viel zu oft, gezwungenermaßen, und wenn ausnahmsweise mal ausreichend zu Essen da ist, fragen sie nach keinen Speiseregeln. Wie könnten sie die Feiertage einhalten? Nur vom Purimfest bekommen einige von ihnen etwas zu spüren, denn da müssen ja die Reichen den Armen Almosen bringen. Zwar gehen auch arme Männer ab und an zum Tempel, besonders an den hohen Festtagen, doch viele hängen umherziehenden Predigern an, und einige sind ganz und gar gleichgültig. Daß ihre Frauen anderswo ihre Religion suchen, stört die meisten nicht, solange die Arbeit getan wird. So stehlen die sich, kurz ehe die Tore geschlossen werden, aus der Stadt und bleiben bis zur Morgendämmerung hier.«

Anna wußte ja, wie die Armen lebten, doch hatte sie bisher nicht darüber nachgedacht, was das für deren Beziehung zum Tempel bedeuten könnte. Jetzt verstand sie nur zu gut, was die Priesterin meinte. Bei den herrschenden schlimmen Zeiten hungerten gerade die Armen nach Trost, sehnten sich nach einem Lichtblick in ihrem trüben Alltag. Der Tempel war feierlich und fern, ein Ort der Reichen, und reich war nach ihren Maßstäben bereits ein einfacher Handwerker. Dagegen fand das handfeste, simple Versprechen einer besseren Welt, das viele der Wanderprediger machten, bei ihnen offene Ohren. Und die Frauen, die in die Höhle kamen, konnten hier ein Ritual feiern, das direkt mit ihrem Leben zu tun hatte, eine Frauengestalt als Gottheit greifbar vor sich und dazu die Hoffnung, daß ihre ganz persönlichen Sorgen – wo kam die bei den männlichen Predigern vor? – gehört würden.

Lange hatten die Frauen an jenem Tag miteinander gesprochen, und Anna besuchte seither häufig die Priesterin, wenn sie mit Elisabetha auf der Suche nach Heilpflanzen in diese Gegend kam. Anna fühlte sich besonders vom Grundprinzip der alten

Religion angesprochen, und mochte auch vieles vom alten Kult vergessen sein, der Kern war erhalten geblieben: Der Rhythmus des Jahreslaufs bestimmte Inhalt, Ablauf und Zeitpunkt der Rituale, war die allesverbindende Ordnung. Sie feierten die Vollmond- und die Neumondnächte und dazu die Feste der wechselnden Jahreszeiten. Sie bedachten, beschworen, begleiteten mit Segenswünschen und schützten vor Unglück das, was ihr Leben ausmachte, das Wachsen, Blühen und Reifen und das Welken und Vergehen. Durch ihre Heiltätigkeit fühlte sich Anna mit der Natur tiefer und wissender verbunden als je zuvor. Sie zu feiern und zu ehren machte ihr Freude. Die Feste der offiziellen Religion knüpften an historische Ereignisse an, wichtige Daten in der Geschichte ihres Volkes. Ihr wurde klar, wie wenig sie diese Anlässe je gekümmert hatten, ihr Gefühl hatte lediglich dem von Kindheit an vertrauten Ritual gegolten. Mit den Ritualen der Göttin jedoch feierte sie nicht die Geschichte der Väter, bei der, so wie sie aufgeschrieben war, Frauen kaum vorkamen. Hier konnte sie sich eingebunden fühlen in den Ablauf von Natur und Leben, wußte, sie feierte die Gegenwart, ihre Gegenwart, die Gegenwart aller hier versammelten Frauen.

Anna ist in den Halbkreis zurückgekehrt, hat sich in die hintere Reihe gestellt. Die Frauen halten sich nun nicht mehr an den Händen, sie sind enger zusammengerückt, haben sich gegenseitig rechts und links um die Hüften gefaßt. Anna fühlt sich benommen: der vibrierende Summton, dazu der starke Duft der Kräuter, die die Priesterin aufs Feuer geworfen hat, – ihr Kopf wird immer leichter und leerer, als würde er gleich zur Höhle hinausschweben. Ihr Körper ist in die wiegende Bewegung ihrer Nachbarinnen eingeschlossen, schwer stützt sie sich auf sie, sie summt nicht mit, hält die Augen geschlossen, hinter den von braunrotem Licht pulsierenden Lidern versucht sie, sich das Bild der Göttin zu vergegenwärtigen, doch die löst sich in den kreisenden Lichtkringeln auf, und statt dessen erscheint vor Annas innerem Auge eine andere Statue, auch eine Frau. Doch deren Arme umfangen nicht ihre Brüste, sondern sie halten ein Kind, sie ist nicht dunkelbraun-schwärzlich wie Ascherat, ist auch nicht nackt, sondern mit langen Gewändern angetan, in hellen Farben, Rosa, Blau, viel Gold an den Rändern. Auf dem Kopf trägt sie eine vielfach durchbrochene goldene Krone mit Perlen und bunten Steinen besetzt, das Gesicht ist weiß wie Marmor. Ihr Blick geht nicht in die Ferne, sondern ist auf das Kind gerichtet, und sie steht – einziges Göttinnensymbol – auf einer Mondsichel. Der Sockel der Statue ist mit dicken Stricken auf einer schwankenden, hölzernen Plattform befestigt, die auf den Schultern von Männern ruht, Männer, die in langen schwarzen und braunen Gewändern gemessen dahinschreiten, die Hüften mit weißen Kordeln umgürtet, manche haben die Köpfe mit Kapuzen verhüllt. Und ehe Anna dieses fremdartige Bild überhaupt hat richtig in sich aufnehmen können, verschwindet es schon wieder. Statt dessen sieht sie ein Bild derselben Göttin mit denselben Farben auf eine Fahne gestickt, die im Winde flattert und von einem Reiter anderen Reitern vorangetragen wird. Auch diese sind fremdartig, sie tragen Rüstungen, aber nicht kurze, wie die Römer, sondern solche, die fast den ganzen Körper umschließen, und auf ihren Schilden haben sie große Kreuze eingestanzt, und auch Fahnen tragen sie mit Kreuzen und immer wieder die Fahne mit dem Bild der Göttin. Die Beine der Pferde aber sind weit hinauf rot bespritzt, die gepanzerten Reiter ziehen durch einen breiten Blutstrom. Und ehe Anna auch dieses richtig in sich aufnehmen kann, ist es schon wieder verschwunden, und jetzt sieht sie Flammen von einem Holzstoß hoch hinaufschlagen, und in den Flammen sind Frauen, an Pfählen angebunden, sie krümmen sich im Todeskampf, aus ihren verzerrten Mündern dringt kein Schrei, sie scheinen mit letzter Kraft nach Luft zu ringen. Anna ist es so, als sei sie mitten unter ihnen. Eine heiße Flamme schießt ihr den Rücken hoch, sie reißt die Augen auf, sackt fast zusammen, doch die Nachbarinnen halten sie fest, summend wie in Trance.

Anna steht der Schweiß auf der Stirn, ein leichter Schüttelfrost überkommt sie, sollte ich Fieber haben? denkt sie, gleich ist es zu Ende, dann gibt es den Wein, der wird mir guttun. Das Summen verklingt, alle Frauen sind am Wasserbecken gewesen, die Priesterin spricht die Schlußworte: »Halte die Gebete und löse sie / halte die Gebote und löse sie / halte die Worte und löse sie / um der Göttin willen / die Göttin segnet uns ...«

Die Frauen stehen noch eine Weile reglos, lösen sich dann voneinander, kehren in die Wirklichkeit zurück. Die Priesterin hat den Weinkrug ans Feuer gerückt; jetzt würden die Frauen trinken, singen, tanzen wie sie wollen, sich auch ermattet schlafen legen auf Fellen im Höhleninnern, bis zum Morgengrauen. Anna würde mit anderen alten Frauen am Rande auf der dem Felsen angemauerten Lehmbank sitzen, der Wein würde ihr erst den Magen, dann die Glieder wärmen ... Wieder überläuft sie ein Zittern. Vor ihrem inneren Auge tauchen noch einmal Fetzen der fremden Bilder auf: die helle Göttin, die dunklen Männer, die gewappneten Männer, die Frauen in den Flammen ... Sie schüttelt sich, fröstelt, zieht das Umschlagtuch fest um ihre Schultern. Was hatte sie da gesehen? In welche Zeiten hatte sie geschaut? In Zeiten zurück oder in Zeiten voraus? Welche Schrecknisse hielten die Zeiten verborgen, vergangene, zukünftige? Würden die Menschen sich immer weiter verstümmeln, morden, brennen? Würde es eher noch schlimmer werden? Anna läßt sich mit den anderen Frauen nach vorn schieben, dem Weinkrug zu, sie hält mit der Rechten ihren schmerzenden Rücken und sieht der Göttin in das in die Ferne gerichtete Gesicht: Du, sagt sie, nur für sich und die Göttin hörbar – doch ob diese sie hört? –, du, warum tust du nichts, warum steigst du nicht herunter und verjagst die, die gegen das Leben sind? Du sahst das Gestern, du kennst das Morgen. In deinem heiligen Garten fließt kein Blut, dort fließen nur klare Quellen, und wenn du, wenn die Sonne tief steht, die Natur und all ihre Schätze mitnimmst in die Unterwelt, so wissen wir doch, daß du mit steigender Sonne wiederkommst, immer, immer wieder ... Du bist da, bist einfach da, auch ohne uns, ohne unsere lächerlichen Gesänge; ich möchte dich lieber draußen auf den Bergen feiern, unter dem Schein des Vollmondes, in aller Offenheit, in aller Öffentlichkeit, mit Blumen und dem Tau, der abends herniederfällt, und mit Wein natürlich ... Anna ist bei der Priesterin angelangt, die aus dem großen Krug den dunkelroten Wein fließen läßt. Anna holt aus den tiefen Falten ihres Gewandes ihren Trinkbecher hervor, läßt ihn vollfüllen, leert ihn auf einen Zug, atmet tief, hält ihn noch einmal hin ... Während sie wartet, daß er wiederum gefüllt wird, wirft sie einen Seitenblick auf das Standbild. Eines der Lämpchen hat seinen Ölvorrat aufgebraucht, im Verlöschen zuckt noch einmal eine kleine Flamme hoch hinauf, und Anna meint, endlich eine Veränderung auf dem Gesicht der Göttin gesehen zu haben, für eine Sekunde: Nicht mehr fern und unnahbar hat sie ausgesehen, sondern hintergründig schlau, wie eine Komplizin. Eine Hand legt sich auf Annas Arm. Es ist Elisabetha. »Wie geht es dir, Anna?« fragt sie. »Laß uns hinausgehen, Elisabetha«, sagt Anna, »ich kann hier drinnen nicht atmen.«

Anna und Elisabetha waren aus der Höhle herausgetreten in das helle Licht des Vollmondes. Es war nun wohl ein, zwei Stunden nach Mitternacht. Anna atmete tief die würzige Nachtluft ein. Die Zikaden zirpten nah und fern. Sonst war es still. Eine Fledermaus huschte über ihre Köpfe.

»Kommst du mit, Elisabetha?« fragte Anna. »Auch im Mondschein ist die Göttin.« – »Ja, laß uns gehen, Anna«, antwortete Elisabetha. Die beiden Frauen stiegen vorsichtig den Abhang hinunter, wandelten dann langsam am Fuße des Hügels entlang, zwei dunkle Gestalten, in weite Umschlagtücher gehüllt. Sie fürchteten sich nicht. Niemand konnte sicherer sein als zwei alte Frauen. Räuber würden sie nicht anfallen, denn jedermann wußte: Alte Frauen waren arm. Für Männer, die Liebe suchten, friedlich oder gewaltsam, waren sie auch kein Ziel. Wilde Tiere gab es so nahe der Stadt nicht, und in einer so hellen Mondnacht schon gar nicht. Leise sprachen sie miteinander. Elisabetha wollte morgen hinausgehen und von den seltenen Mondblumen holen, sie wußte eine Stelle nahe den Wüstenfelsen, die niemand sonst kannte, und jetzt, nach dieser Vollmondnacht, mußten sie aufgeblüht sein. Sie hatte ihren Neffen Eliezer bestellt, er würde sie mit seinem Esel begleiten. Übermorgen sollte Anna dann zu ihr kommen. Sie würden die weißen Blüten zupfen und zum Trocknen ausbreiten, das gab einen vorzüglichen Tee gegen Herzschmerzen und Schlaflosigkeit. Die Blütenstempel würden sie im Mörser zerstampfen, einen Teil in feuchtem Zustand mit anderen Zutaten verrühren, einen Teil trocknen. Er würde später als Salbenzusatz verarbeitet werden. Elisabetha hatte von einer Hebamme von einer neuen Zusammensetzung für Mondblumensalbe gehört ...

Die beiden Frauen hatten den Hügel umrundet und die Weingärten erreicht, die eine breite, dem Felsenanstieg vorgelagerte Mulde füllten. Oben am Rande der Mulde standen Johannisbrotbäume und Akazien, die Blätter raschelten im sanften Nachtwind.

»Elisabetha«, sagte Anna, »ich habe Schmerzen im Rücken, laß uns hierbleiben, laß uns unter den Bäumen ruhen. Die Nacht ist warm, das Mondlicht tut mir gut, und hier wächst überall Sursakraut auf dem Boden, es wird keine Schlangen und keine giftigen Spinnen geben.« Die beiden Frauen verließen den Weg, stiegen ein kleines Stückchen hügelan und ließen sich dann im Schutz der Bäume nieder, Anna ächzend, denn auch die Gelenke taten ihr weh. Dann spürte sie wohltuend den festen, trockenen, noch vom Tage angewärmten Grund unter sich. »Ach, Elisabetha«, seufzte sie und streckte die schmerzenden Glieder aus, »ich würde die Göttin viel lieber im Freien feiern als in der dunklen Höhle ... am liebsten am Wasser, an einer Quelle oder einem Teich ...« – »Ja, Anna«, erwiderte Elisabetha, »zum Beispiel am Schafsteich, wo jetzt die Römer ihr Bad haben, von meiner Großmutter weiß ich, daß sie früher, lange vor ihrer Zeit, dort der Göttin gehuldigt haben ...«

Anna begann leise, kultische Sprüche vor sich hin zu sprechen, Elisabetha fiel ein. Wohltuende Müdigkeit überkam die Frauen. Sie zogen ihre Umschlagtücher fest um sich, legten einen Zipfel über Kopf und Augen, rollten sich auf die Seite und schliefen ein. »Du sahst das Gestern, du kennst das Morgen«, waren Annas letzte, schlaftrunken gemurmelte Worte.

Anna erwachte, als die Sonne schon ziemlich hoch am Himmel stand. Jetzt schwiegen die Zikaden, über ihr in den Bäumen tschilpten eine Schar Finken. Auf dem Weg unten trieben drei Männer mit lautem Geschrei vier mit Obst und Gemüse vollgepackte Esel vor sich her, zur Stadt hin, für den Markt. Zwei tief verschleierte Frauen folgten ihnen.

Anna fühlte sich, obgleich sie auf hartem Boden geschlafen hatte, erfrischt, wenn ihr die Glieder auch ein wenig schwer waren. Jetzt erwachte auch Elisabetha. Die beiden Frauen stiegen zum Pfad hinunter, ließen die Weingärten hinter sich und gingen auf die Stadt zu. Am ersten Brunnen fragten sie eine Frau, ob sie aus deren Kübel Wasser schöpfen durften. Sie holten ihre Becher hervor, schwenkten sie mit ein wenig Wasser aus und tranken dann in durstigen Zügen. Sie dankten der Frau und gingen weiter.

Kurz vorm Stadttor verabschiedete sich Anna von Elisabetha. »Ich muß Tirsis besuchen«, sagte sie, »sie wohnt dort drüben, sie hat ein offenes Bein. Ich wünsche dir viel Glück mit den Mondblumen. Ich sehe dich dann übermorgen. Die Göttin segne dich.«

Tirsis war auch so eine Frau, zäh, nicht unterzukriegen. Jetzt allerdings lag sie auf ihrem Lager, nicht auf Teppichen oder Fellen, wie die wohlhabenden Leute, sondern auf einer Schütte Palmstroh, die mit alten Kleidungsstücken bedeckt war: einer abgetragenen Männertunika, einem zerschlissenen Umschlagtuch. Am Fußende lagen alte Lederlappen, wie die Männer sie um die Beine trugen, und ein umgestürzter, niedriger Korb mit flachem Boden diente Tirsis als Stütze für ihr krankes Bein, damit die mit Leinenfetzen umwickelte Wunde an ihrer Wade nicht auflag.

Anna, die aus der Morgensonne hereintrat, mußte ihre Augen erst einmal an die Düsternis in der kleinen, verrußten Hütte gewöhnen. Die war jetzt besonders verräuchert, denn Rakita, die dreizehnjährige Tochter, die nun die Familie versorgen mußte, konnte nicht gut mit dem Feuer umgehen, sie war viel zu ungeduldig, stets erstickte sie die ersten zündelnden Flammen mit zu vielen dürren Ästen, die dann nur noch vor sich hin schwelten. Hatten sie sich endlich freigebrannt, dann warf Rakita feuchte Holzstücke drauf, die nur Qualm verbreiteten, denn sie hatte das Holz, das der Vater von einem halbvermoderten, frisch geschlagenen Baum mitgebracht hatte, nicht richtig zum Trocknen ausgebreitet. Anna seufzte. Mit einem Blick erfaßte sie, daß nichts von dem geschehen war, was sie bei ihrem letzten Besuch Rakita eingeschärft hatte. Direkt neben dem Feuer hingen an einem Haken an der Wand ausgefetzte Leinentücher. So etwas Kostbares wie feingesponnenes und -gewebtes weißes Leinen gab es in armen Häusern wie diesem gewöhnlich nicht; diese hatte eine reiche Frau, in deren Haushalt Tirsis häufig für grobe Arbeiten geholt wurde, Rakita mitgegeben, als sie von der Krankheit der Mutter hörte. Und diese zum Trocknen aufgehängten Leinentücher waren nun schwärzlich von Ruß und auch sicher nicht gründlich gewaschen. »Häng den Kessel übers Feuer, mein Kind«, sagte Anna zu Rakita, die mit hängenden Armen neben dem Lager der Mutter stand, »wir müssen das Leinen noch mal waschen.«

Tirsis begrüßte Anna mit einem schwachen Lächeln. Anna wickelte das Bein aus und sah zu ihrer Freude, daß die lange Wunde sich an einem Ende zu schließen begann. Tirsis hatte ein schlimmes Geschwür an der Wade gehabt. Als sie schließlich nicht mehr laufen konnte und ihr Mann, Ebors, nach Anna schickte, war es schon durch die Kniekehle hindurch zum Oberschenkel gezogen. Anna hatte dem Mann klargemacht, daß, wollte er seine Frau nicht verlieren, sie unbedingt ganz ruhig liegenbleiben müsse. Dann hatte sie das Bein behandelt, hatte die Tochter eingewiesen, hatte ihr gesagt, wie sie die Tücher immer wechseln und reinigen müsse und was sie dazu ins Wasser tun solle, aber als sie die Tücher da am Herd hängen sah, wußte sie schon: Rakita war es wahrscheinlich wieder viel zu umständlich gewesen, die Tücher sorgfältig so zu behandeln, wie Anna ihr geboten hatte. Als sie sie dann in die Hand nahm, sah Anna die Ränder, die Blut und Wundwasser hinterlassen hatten. Die gingen nun auch nicht mehr weg, aber wenigstens noch mal in kochendheißes Wasser konnte man die Tücher stecken, und: »Schau, ob du draußen von dem Waschkraut findest, Rakita, vielleicht bekommen wir sie damit sauber«, sagte Anna zu dem Kind. Waschkraut – eine Pflanze mit fetten, grünen Blättern, deren Saft zu der Zeit, wenn die roten Blüten aufgingen, eine starke Reinigungskraft entwickelte. Es war eine Wucherpflanze, aber sie wurde auch so häufig ausgerissen, daß sie nicht immer leicht zu finden war.

»Deine Wunde sieht besser aus, Tirsis«, sagte Anna zu der Frau, die sie apathisch mit verschleierten dunklen Augen ansah. Sie war sehr mager, ihre Haut war bleich, schimmerte feucht von kaltem Schweiß. Schwäche, dachte Anna, große Schwäche, sie sollte gutes Essen bekommen. Aber sicher würde die kleine Rakita mit den kärglichen Nahrungsmitteln, die diesem ärmlichen Haus zur Verfügung standen, noch weniger auf den Tisch bringen, als das ihrer Mutter gelang.

Ebors, Tirsis' Mann, war zur Zeit als Feldarbeiter bei einem großen Landbesitzer verdingt, er kam erst spätabends nach Hause. Also mußte sie versuchen, jetzt etwas für Tirsis' Ernährung zu tun.

»Rakita soll ein Huhn schlachten, Tirsis«, begann Anna. »Aber, Anna«, sagte Tirsis schwach, »wir können doch keines von den paar Hühnern schlachten. Das eine, das geschlachtet werden soll, ist für den Sabbath bestimmt, wenn der Mann da ist. Und ich hab' auch überhaupt keinen Hunger.«

»Die Frau hat gesagt, wenn es dir bessergeht, kann ich auch ein Huhn für dich haben, Mutter«, sagte Rakita plötzlich. Sie war, die Hände voll Waschkraut, hereingekommen und stellte sich erwartungsvoll neben Anna. Der Gedanke an ein gekochtes Huhn munterte sie auf.

»Jetzt hör mir mal gut zu, Rakita«, sagte Anna, »deine Mutter ist noch sehr schwach, ihr Bein ist besser, aber sie muß jetzt gut essen. Geh du zu der Frau und hole das Huhn, gleich nachher, wenn wir das Leinen zusammen gewaschen haben. Das ist ein großes Haus, die werden jetzt vorm Pessachfest viele Hühner schlachten. Koch es deiner Mutter in einem kleinen Kessel, mit Wurzeln und Kräutern, das kannst du ja. Koch es aber länger, als du es sonst für euch tust, es soll ganz zerfallen, und es muß eine gute, fette Brühe geben. Und die gibst du dann deiner Mutter zu trinken, und das Fleisch schneidest du ihr ganz klein und vermischst es mit Haferbrei. Und gib ihr vorher ein Lorbeerblatt zum Kauen, damit sie Lust aufs Essen bekommt. Und mach dieses Huhn wirklich nur für deine Mutter, nicht für die anderen, deine Geschwister oder deinen Vater. Sag deinem Vater, ich hätte das so bestimmt, und die Frau gibt das Huhn ja auch nur, damit deine Mutter bald wieder für sie arbeiten kann. Hast du verstanden, was ich meine, Rakita, wirst du es tun?« sagte Anna und sah das Mädchen eindringlich an. Armes Kind, dachte sie, dir mit deinen dünnen Armen und Beinen würde so ein bißchen Fleisch auch mal guttun. Und sie konnte sich auch genau vorstellen, was Tirsis tun würde: Von der Brühe würde sie ihrem Jüngsten, das jetzt neben ihr im Korb auf der Erde schlief, einflößen, und von Rakita würde sie verlangen, daß sie die Hühnerbeine nicht verkochen ließ, sondern sie vorher ablöste, und die würde sie ihrem ältesten Sohn zustecken. Der Mann bekam bei seinem Herrn zu essen, der war versorgt. Aber natürlich würde auch Rakita beim Kochen ausreichend »kosten« ... Immerhin: Etwas von dem Huhn würde die Mutter sicher erreichen. Heute ein wenig, morgen noch ein Rest – besser als gar nichts, dachte Anna. Sie hatte gelernt, sich keine Illusionen zu machen.

»Du mußt wirklich wieder essen, Tirsis«, sagte Anna abschließend eindringlich. »Du mußt wieder zu Kräften kommen.

Rakita kann doch nicht so lange die ganze Arbeit machen, das siehst du doch.« Anna hoffte, daß diese Aussicht Rakita davon abhalten würde, zuviel von dem Huhn zu naschen.

Anna wusch Tirsis' Wunde. Wenigstens auf die Heilmittel hatte Rakita gut achtgegeben. Sie waren hoch oben in einer Mauerhöhle in der Hauswand verstaut, wo Kinder und Tiere nicht hinkamen: Öl, Kräuteressenz und Puder. Anna ließ die Wunde an der Luft trocknen, rührte inzwischen die Leintücher in dem kochendheißen Wasser um. Dann hängte sie sie zum Trocknen auf dem Flachdach in die Sonne. Eins von den angeschmutzten hatte sie beiseite gelegt, mit dem umwickelte sie jetzt, wenn auch ungern, leicht das kranke Bein. »Sobald die auf dem Dach trocken sind, tauschst du das aus, Rakita, ja?«

»Du tust so viel für mich, Anna«, sagte Tirsis »und ich kann dir gar nichts geben. Wir sind zu arm ...« – »Doch, du kannst, Tirsis«, sagte Anna fröhlich. Sie fühlte sich jetzt kräftig und stark, war aber nun sehr hungrig. »Ich hab' heute noch gar nichts gegessen, nur ein Glas Wasser getrunken – hast du ein Stück Brot für mich?«

»Aber ja, Anna, natürlich – Rakita, richte für Anna eine Scheibe vom Fladen her, den du gestern gebacken hast, brüh ihr von den Kräutern im braunen Krug auf, hol eine Melone vom Dach ...« Anna dankte und aß mit Wohlbehagen. Die Kinder, eins nach dem anderen, kamen herein, die Morgenkühle war vorbei, die Mittagswärme kündigte sich an. Es wurde laut in dem kleinen Haus und voll. Rakita schalt kreischend mit dem ältesten Buben, die Kleineren bedrängten die Mutter auf ihrem Lager, sie hatte zu tun, daß keines ihrem schmerzenden Bein zu nahe kam. Blaß und erschöpft wehrte sie die Kinder ab.

»Ich muß gehen, Tirsis, damit ich zu Hause bin, ehe es zu warm wird. Ich danke dir für das Essen. Habron, du bist der Älteste, du paßt jetzt auf deine Geschwister auf und sorgst dafür, daß sie deiner Mutter nicht zur Last fallen, und vor allem, daß sie nicht aufsteht. Rakita, du kommst mit mir. Ich werde mit dir bei der Herrin deiner Mutter vorbeigehen.«

Anna rechnete damit, daß man dem Kind nicht so ohne weiteres das versprochene Huhn mitgeben würde, konnte sie selbst jedoch der reichen Frau den Zustand von Tirsis schildern, dann hatte das sicher mehr Wirkung.

Tirsis ergriff Annas Hand und krallte sich daran fest: »Ich danke dir Anna – für alles«, sagte sie heiser, und dann zog sie plötzlich mit unerwarteter Kraft die alte Frau ganz zu sich herunter. »Anna«, jetzt flüsterte sie, »Anna, komm ganz nah zu mir«, und mit ihrem Mund an Annas Ohr wisperte sie aufgeregt, Glanz in den vorher so matten Augen, »sie sagen, dein Enkel, er ist doch dein Enkel?, ist in der Nähe. Sie sagen, er wird bald in die Stadt kommen. Wirst du ihn sprechen, Anna? Wirst du ihm sagen, er soll zu mir kommen? Er wird mein Bein nur ansehen, und die Wunde wird sich schließen, und ich werde wieder gehen können . . .«

Anna fuhr ein Schock in die Glieder. Die Knie wurden ihr weich, sie setzte sich auf Tirsis' zerwühltes Lager. Das Gefühl von Stärke, das ihr die Mondnacht gegeben hatte, war wie weggewischt. Statt dessen spürte sie eine unheilvolle Vorahnung. Sie kannte die Stimmung in der Stadt, die voll von Pilgern aus allen Teilen des Landes war, es waren viele Galiläer darunter, die als besonders aufsässig galten. Die Römer würden, wie immer zu den großen Pilgerfesten, ihr Militär verstärkt haben und besonders wachsam, besonders streng sein. Wenn ihr Enkel wirklich kam und dann so auftrat, wie man es neuerdings von ihm berichtete – die Armen zöge er in Scharen an sich, hieß es, und mit den Priestern stritte er –, so würden sich das die Strenggläubigen in der Heiligen Stadt Jerusalem nicht gefallen lassen. Zorn kam hinzu: Jetzt tat sie seit Tagen so viel für diese Frau, und die, Tirsis, glaubte, Jesus könne sie mit einem Blick wunderheilen.

»Wirst du das tun, Anna? Bitte!« flehte Tirsis flüsternd in ihr Ohr. Anna unterdrückte ihren Zorn: Wenn sie dieses schmutzige, zerwühlte Lager in diesem rauchigen, von lauten Kindern erfüllten Raum sah – die entkräftete Frau konnte wirklich nur noch auf Wunder hoffen. Und sicher träumte sie zusammen mit »gesund werden« zugleich auch, alle diese täglichen Plagen los zu sein ...

»Ich habe nichts dergleichen gehört, Tirsis«, antwortete Anna halblaut, »ich weiß von gar nichts. Aber ich verspreche dir: Ich lasse dich nicht im Stich ...« Das konnte die Kranke nun auslegen, wie sie wollte.

»Ich danke dir, Anna«, flüsterte Tirsis noch einmal.

»Komm, Rakita«, rief Anna und trat auf den sonnenheißen Weg hinaus. Sie wandte sich der Stadt zu, Rakita holte sie ein und trottete neben ihr her. »Anna, was ist ein König?« fragte sie plötzlich. »Ein König? Früher hatten wir einen, mein Kind, der tat das, was jetzt der römische Prokurator macht, er sagte, was die Leute tun sollten, und hielt auch Gericht, er hatte auch Soldaten, keine Römer, sondern unsere Leute, und er sah prächtig aus, wenn er durch die Stadt zog ...« – »Habron hat gesagt, heute ist einer auf der Straße zum Tor gezogen, um den waren viele Leute, und sie haben ihn begrüßt und ihm zugerufen, und einige haben ihn König genannt und andere Rabbi und andere Prophet – was ist ein Prophet, Anna? –, aber er sah ganz arm aus, wie wir, sagt Hebron, und gar nicht besonders oder prächtig, er ritt auf einem Esel wie andere Männer auch ...«

Anna blieb stehen, ihr war, als habe ihr Herz einen Moment zu schlagen aufgehört. Sollte stimmen, was Tirsis gesagt hatte? Sollte der Mann, der da von Anhängern umjubelt wurde, wirklich Jesus sein? Seit damals war er nicht wieder in die Heilige Stadt gekommen, war vor allem in Galiläa herumgezogen, so weit sie wußte. Aber was wußte sie schon von ihm ... Doch konnte es auch genausogut ein anderer gewesen sein, einer der vielen selbsternannten Propheten, irgendeiner, der das Volk mit Versprechen und Wundersprüchen begeisterte.

»Er war kein wirklicher König, Rakita, er wird wohl nur von ein paar Leuten verehrt. Die Juden werden wohl lange keinen richtigen König mehr haben. Aber erzähl deiner Mutter davon, wenn du heimkommst, die wird es wissen wollen.« Ob es nun ihr Enkel war oder nicht, jeder Funke Hoffnung würde Tirsis guttun, dachte Anna.

Ihre Beine waren ihr schwer geworden. Mühsam setzte sie einen Fuß vor den anderen. Wider Willen ließ sie der Gedanke nicht los: War es wirklich ihr Enkel? Wenn ja, würde er sie besuchen? Würde sie ihn überhaupt sehen wollen? Und – hier setzte Annas Herzschlag wieder aus – würde seine Mutter bei ihm sein, würde sie ...? Anna wurde schwindelig. Am liebsten hätte sie sich hier auf der Gasse vor eines der Häuser auf den Boden gesetzt und sich nicht mehr vom Fleck gerührt. So viele Jahre hatte sie mit der Sehnsucht nach ihrer Tochter gelebt, jetzt, wo sich ihr die vage Möglichkeit eines Wiedersehens auftat, konnte sie den Gedanken kaum ertragen. Sie hatte sich eingerichtet mit ihrem Leben, es floß gleichmäßig dahin. Ich will keine Aufregung, dachte sie, ich fühle mich so schwach, ich will gar nicht mehr dran denken, sicher ist alles nur Gerede.

Heimkehr und Abschied

Im April des Jahres 30

Es war um die Mittagszeit, der Tag schien windstill und wolkig zu sein, soweit Anna das durch die Vorhangschnüre erkennen konnte. Seit jenem Tag, an dem sie Tirsis besucht hatte, hatte sie ihr Lager nicht verlassen. Mit schmerzenden Gliedern hatte sie sich am frühen Abend niedergelegt, am nächsten Morgen hatte sie ein trockener Husten geschüttelt, ihre Augen hatten gebrannt. Ich bin eben zu alt für warme Frühlingsnächte im Freien, hatte sie bitter gedacht. Heute war sie nicht mehr fiebrig, hatte aber starkes Kopfweh und fühlte sich völlig zerschlagen. Nur liegen, nichts denken ...

Die junge Jechtar, Lieblingsmagd von Haschta, hatte in den letzten Tagen, wenn sie zum Brunnen ging, auch für Anna Wasser geholt; Anabile, Frau des Oberhirten Josus, hatte ihr täglich Früchte und gekochtes Mus aus gequetschtem Korn gebracht. Enoch war für einige Wochen in Bethania, er überlegte, sich dort anzusiedeln. Doch heute war noch keine der Frauen dagewesen. Es war überhaupt merkwürdig still auf der Gasse, fand Anna, nur ab und an hörte sie vereinzelte Schritte, einmal eiliges Getrappel, mehrere Menschen schienen vorbeizulaufen, aufgeregte Rufe ertönten, die Anna nicht verstand, dann war wieder Stille. Fast wie am Sabbat, aber es war doch noch kein Sabbat. Morgen war das Pessachfest, heute wurden alle Vorbereitungen getroffen, daher war diese Stille besonders merkwürdig. Zwar war unablässig das helltönende, gleichmäßige Hämmern des Schmieds zu hören, und Mersis vom anderen Ende der Gasse war mit seinem Karren vorbeigekommen und hatte Melonen ausgerufen, aber irgend etwas war anders als sonst. Vielleicht verteilen sie Korn an die hungrigen Menschen, dachte Anna, oder es ist mit den vielen Pilgern ein Gaukler in die Stadt gekommen, mag sein ein Seiltänzer, der seine halsbrecherischen Künste vorführt, oder sind etwa wieder öffentliche Hinrichtungen? Heute am Rüsttag? Die Römer würde das nicht kümmern ...

Anna döste vor sich hin. Auf dem Tisch drüben lagen Schreibrohr, Tinte und Papyrus, kostbare Dinge, Geschenke eines römischen Hauptmanns, dessen im Kampf zerschundenen Arm sie wieder bewegungsfähig gemacht hatte. Manchmal schaute Anna mit müden Augen dort hinüber. Ja, mühsam hatte sie sich ins Schreiben eingeübt, ihr Wissen wollte sie weitergeben, alles, was sie in ihrem Leben gelernt, erprobt, immer wieder geprüft und für richtig erkannt hatte: die Wirkungsweise von Kräutern und Flüssigkeiten, was gegen welche Krankheit gut war, Rezepte, wieviel von den einzelnen Dingen zu nehmen sei, Warnungen vor Giften, die in kleinster Menge jedoch Gutes bewirkten ... Sie wußte noch nicht, wie sie anfangen sollte, das alles aufzuschreiben, aber tun wollte sie es unbedingt. Und nun lag sie hier und war zu schwach ...

Die Stunden vergingen, draußen wurde es dämmrig. In der Hütte war es schon ganz dunkel. Anna richtete sich mühsam auf, wartete, bis sich der Schwindel, der ihr den Kopf taumelig machte, gelegt hatte, dann stand sie auf, um die Öllampe anzuzünden. Durst quälte sie. Der Wasserkrug war seit Mittag leer. Ob sie es bis zum Brunnen schaffte? Jetzt, nachdem sie ein wenig umhergegangen war, fühlte sie sich etwas besser, und sie mußte für die Nacht unbedingt etwas zu trinken haben. Sie hüllte sich in ihr wärmstes Umschlagtuch, ergriff den kleinsten Krug, mehr konnte sie jetzt nicht tragen, und schlurfte zum Brunnen. Mit ihren noch immer scharfen Augen entdeckte sie trotz der Dämmerung schon von weitem einige Frauen dort, alles schien wie immer. Vielleicht waren Jechtar und Anabile dabei, hatten sich nur verspätet. Als Anna sich näherte, sanken die Stimmen der Frauen zum Gemurmel herab, verstummten schließlich ganz. Seh' ich etwa so erbärmlich aus, wie ein angsterregendes Gespenst, fragte sich Anna. Doch die Frauen grüßten sie freundlich wie immer; eine nahm ihr den Krug ab und füllte ihn für sie.

»Wo sind Jechtar und Anabile?« fragte Anna.

»Sie mußten fort, ganz schnell!« rief die junge Asir mit schriller Stimme, »hat's dir denn niemand gesagt? Wie schrecklich ...« – der Satz endete in einem spitzen Schrei. Die Frau neben ihr hatte Asir kräftig den Ellenbogen in die Seite gerammt.

»Was soll man mir gesagt haben?« fragte Anna, und wieder spürte sie: Irgend etwas stimmt doch nicht.

»Hör nicht auf sie, Anna«, sagte die Frau – sie war um die fünfzig, Frau eines Zöllners von der anderen Seite des Schafshofs. Anna hatte schon immer ihre ruhige, besonnene Art gemocht – »hör nicht auf sie. Sie macht aus einer Mücke einen Elefanten. Jechtar und Anabile wollten doch schon lange nach Galiläa, zu Mutter und Schwester. Heute hörten sie zufällig von einer Karawane, Fremde, die gleich weiterzogen. Sie haben sich rasch entschlossen, das ging alles sehr schnell.« Anna erinnerte sich an die eiligen Schritte, die sie auf der Gasse gehört hatte, und nickte. »Das ist schön für die beiden«, sagte sie. Sie spürte betretenes Schweigen um sich und wurde wieder ganz unsicher: erst das unterbrochene Gespräch, dann Asirs »wie schrecklich« und jetzt diese Stille ...

Da kam Haschta auf den Brunnen zu, Haschta, Frau des Simron, Herrin des Schafshofs, die das Wasserholen immer ihren Mägden überließ. Sie hatte auch jetzt keinen Krug bei sich. Die Frauen machten ihr Platz, Haschta blieb ein paar Schritte vor Anna stehen; sie wahrte die Distanz, die sie einhielt, seit sie den Hof von Anna übernommen hatten. (Auch wußte Anna, daß sie strenggläubig war und daß sie nicht viel von Annas Umgang mit den armen Frauen hielt.) Was wollte sie heute von ihr?

»Anna«, sagte Haschta, »du solltest noch nicht wieder herumlaufen. Jetzt, wo Jechtar fort ist, wird Jiri für dich sorgen. Sie wird Wasser für dich holen und wird auch für dich kochen, dir Brot und Früchte bringen. Du weißt ja, Jiri ist taub und stumm, aber sie macht ihre Arbeit gut, und sie wird deine Zeichen verstehen. Es ist ja nicht schwierig, was du brauchst.«

Annas Verwirrung stieg. Wenn diese Frau etwas für sie tat, konnte das eigentlich nur bedeuten, daß sie wirklich schon aussah wie der wandelnde Tod. Aber so schlimm stand es doch gar nicht um sie, das spürte sie doch, eine große Schwäche, gewiß, aber die würde wieder vergehen ... Doch warum sonst mochte Haschta so freundlich zu ihr sein?

»Ich danke dir, Haschta«, sagte Anna, »ich weiß nicht, wie ich das gutmachen kann.«

»Mach dir darüber keine Gedanken, Anna, du weißt, wie wir dich alle schätzen«, erwiderte Haschta ernst. Die anderen Frauen nickten eifrig, sie schienen erleichtert über Haschtas Entscheidung. Bin ich ihnen eine so unangenehme Last, daß sie mir ein taubstummes Mädchen schicken, fragte sich Anna. Früher sind ja auch nicht nur Jechtar und Anabile zu mir gekommen, sondern auch Rahel und Sarah und Bethsabe, und hin und wieder sogar Milka, die mich als Konkurrenz empfindet; wie haben wir uns immer über die Heilmittel gestritten ... Anna entdeckte Sarah und Bethsabe unter den Frauen, aber sie hatten die Köpfe abgewandt, schauten nicht zu ihr her.

»Ich danke dir, Haschta«, sagte Anna nochmals und wandte sich zum Gehen. Da sprang Jiri, die Taubstumme, die sich hinter Haschta verborgen gehalten hatte, ein zaundürres, zwölfjähriges Mädchen, zottelige Haare, schmutzige Füße, mit eckigen Bewegungen auf Anna zu, nahm ihr den Krug ab, und miteinander gingen sie langsam auf Annas Hütte zu. Anna hörte, wie hinter ihrem Rücken das Gespräch der Frauen wieder laut und lauter wurde, doch sie war zu erschöpft, um sich weiter darüber Gedanken zu machen. Die beiden betraten die Hütte, Jiri setzte den Krug ab, ergriff flink einen anderen, wesentlich größeren Krug, sprang noch einmal davon, war nach wenigen Minuten mit dem vollen Krug zurück, leerte die irdene Waschschüssel aus und füllte sie mit frischem Wasser. Dann blieb sie vor Anna stehen und wartete. Anna legte ihr dankend die Hand auf das verfilzte Haar, scheu haschte das Mädchen danach, berührte sie flüchtig und rannte aus der Tür.

Anna trank erst einmal in durstigen Zügen einen Becher Wasser, dann brockte sie ein wenig Fladen in einen Rest angesäuerte Milch, löffelte die Schüssel aus und legte sich wieder nieder. Sie dachte an das kleine, taubstumme Ding. Ihr springender Gang hatte sie ein wenig an Hagar erinnert, nur waren deren Bewegungen nicht so eckig. Dann dachte sie: Wie schön war doch meine Tochter Mirjam, als sie so alt war wie Jiri ... Sie fiel in einen schweren, unruhigen Schlaf.

Viele Stunden später – das Öllämpchen war am Verlöschen – wurde sie von verstohlenem Klopfen an der Tür wach. »Wer ist da?« rief sie mit zittriger Stimme. Nun kratzte es ganz zart an der Tür, dreimal. Das alte Zeichen ... Anna wollte aufspringen, doch sie war zu schwach. »Komm herein«, rief sie, »komm herein, mein Kind!« Die Tür öffnete sich ein wenig, und eine in ein weites, schwarzes Tuch gehüllte Gestalt drückte sich durch den Spalt. Erstes Morgenlicht fiel in die dämmrige Stube. Die Gestalt stand einen Moment reglos, atmete schwer. Dann warf sie das Tuch ab. »Mirjam, mein Kind«, sagte Anna und wurde ganz still. Im fahlen Licht sah sie eine Frau, die ihr fremd war. Sie trug abgetragene Kleider, das bräunliche Obergewand war an den Knöcheln ausgefranst, von schmutzigem Safran das Hemd. Das Oval des Gesichts war wie einst, doch die Wangen waren eingefallen, die Lippen dünn und blutleer, die Augen rot und geschwollen. »Mirjam, mein Kind«, sagte Anna wieder. Mit ein paar unsicheren Schritten war Mirjam bei ihrem Lager und warf sich davor nieder. Weinen schüttelte ihren ganzen Körper. »Steh doch auf, mein Kind, steh doch auf. Warum weinst du so? Ich bin dir doch nicht böse, daß du so lange nicht bei mir warst ...«

»Aber weißt du denn nichts, Mutter?« fragte Mirjam unter Schluchzen.

»Was soll ich wissen, mein Kind?« fragte Anna zurück.

»Hat dir wirklich niemand was gesagt, Mutter?«

»Ich war krank, mein Kind, schon einige Tage. Frauen vom Schafshof haben mich versorgt, aber sie sind gestern nicht gekommen, niemand hat mit mir gesprochen.«

Mirjam stand mühsam auf. Wie unter einer schweren Last gebeugt ging sie zum Wasserkrug, hob ihn an die Lippen und nahm ein paar große, durstige Schlucke. Dann tauchte sie den Zipfel ihres Gewandes in die Waschschüssel, fuhr sich damit übers Gesicht und rieb die Hände daran ab.

»Bring die frische Lampe, mein Kind, da oben auf dem Bord, zünde sie an, damit ich dich richtig sehen kann, und schließ die Tür«, rief Anna von ihrem Lager. Sie hatte noch einmal versucht, sich zu erheben, doch ihre Beine waren zu schwach, und ihre Knie zitterten heftig. Mit mechanischen Bewegungen, wie eine Schlafwandlerin, tat Mirjam, was die Mutter gesagt hatte. Sie stellte die Öllampe auf den Tisch, blieb daneben stehen, vornübergebeugt, eine Hand auf die Tischplatte gestützt, als könne sie keinen einzigen Schritt mehr tun.

»Ach, Mutter«, sagte sie leise, »etwas Schreckliches ist passiert. Sie haben Jesus gefangen.«

»Gefangen – wer? Warum?«

»Er ist in Jerusalem eingezogen, er hat gepredigt, war im Tempel, hatte Streit mit den Schriftgelehrten, und dann haben sie ihn gefangen, und gestern – gestern haben die Römer ihn gekreuzigt.«

»Komm her, Mirjam«, sagte Anna, »setz dich zu mir.« Sie richtete sich auf, streckte ihre Arme aus. Mirjam stolperte mehr als sie ging auf Anna zu und ließ sich neben der Mutter auf das Lager fallen. Anna legte ihren Arm um ihre Tochter. Sie spürte, wie mager deren Körper war, nur noch Haut und Knochen. Anna hielt sie fest an sich gepreßt, wie in den Zeiten, als Mirjam noch das kleine Mädchen gewesen war, das sich vor dem eingebildeten Geist in der dunklen Hofecke, wo die schwarze Stechpalme über der Abfallgrube wucherte, gefürchtet hatte und zu ihr geflüchtet war. Lange saßen sie so.

»So hast du also deinen Sohn verloren«, sagte Anna schließlich.

»Verloren ... eigentlich nicht, Mutter, aber *er* hat alles verloren«, sagte Mirjam. Sie fing wieder an zu weinen, still, ohne Schluchzen, die Tränen rannen ihr das Gesicht herunter, tropften auf ihr zerschlissenes Gewand. »Ach, Mutter, ich sollte es niemandem erzählen, aber ich muß darüber sprechen, sonst bricht mir das Herz, und wem sonst könnte ich vertrauen als dir, meiner Mutter?« Mirjam schluchzte noch einmal auf, dann wischte sie sich fest mit dem Gewandzipfel übers Gesicht und sprach, gefaßter jetzt, weiter: »Mutter, ich glaube, Jesus ist gar nicht tot – aber ich weiß nicht, ob ich mich darüber freuen soll. Wer weiß, welches Schicksal ihn jetzt erwartet ...«

»Nicht tot? Nach einer Kreuzigung?« rief Anna. Hatte sich der Geist ihrer Tochter verwirrt?

»Ich weiß, das klingt unmöglich, und seine Verfolger werden es hoffentlich auch für unmöglich halten. Aber das war so: Zu seinen Freunden gehört auch der reiche Joseph von Arimathäa, kennst du ihn? Der hat wohl die Henkersknechte bestochen, daß sie Jesus nicht die Knochen gebrochen haben, wie sie es sonst mit Verbrechern tun, wenn sie die vom Kreuz abnehmen und sie noch nicht tot sind. Diesmal konnten sie ihn ja nicht drei Tage hängen lassen wie sonst, sie mußten ihn schon nach kurzer Zeit herunterholen, weil es der Abend vorm Festtag war. So viel Rücksicht auf unseren Glauben nehmen sie denn doch ... Joseph hat ihn dann zusammen mit Nikodemus in Josephs Grabkammer gebracht, dafür hatte er sich schon vorher die Erlaubnis von Pilatus geholt. Nikodemus hat ihn dort mit Heilsalben behandelt und ihn in ein mit Kräutern gefülltes Tuch gewickelt. Natürlich haben sie öffentlich gesagt, er sei tot, und uns Frauen haben sie überhaupt nicht herangelassen. Dann haben sie den Stein vors Grab gerollt, damit niemand zu ihm konnte. Aber Magdalena und Martha sind später doch zum Grab gegangen und haben dort die ganze Nacht gewacht. Seine Anhänger hatten sich alle versteckt, auch ich habe mich bei Freunden von Jesus verborgen. Sie haben gesagt, ich dürfe nicht mit zum Grab gehen, die römischen Soldaten, die dort Wache hielten, würden zwar Frauen nicht weiter beachten, aber mich würden sie vielleicht doch als seine Mutter wiedererkennen ... Noch vor Tagesanbruch heute kamen einige seiner Freunde in mein Versteck, und nach einer Weile kamen Martha und Magdalena gelaufen, sehr aufgeregt. Sie sagten, Jesus sei gar nicht tot, sie hätten ein schwaches Rufen im Grab gehört und hätten sich – die Wachen schliefen – beide mit aller Kraft gegen den Stein gestemmt und hätten ihn auch ein Stückchen bewegen können. Aus dem schmalen Spalt sei Jesus hervorgekommen, er hätte das Salbentuch noch um die Schultern gehabt, hätte fahl ausgesehen, aber sei fähig gewesen, zu gehen. Er habe sie gesegnet und ihnen geboten, ihm nicht zu folgen, und sei im ersten Tagesdämmern davongeschritten; der Morgendunst habe ihn alsbald verschluckt ... Die Männer haben gleich alle laut durcheinandergeredet, sie meinten, die Frauen hätten wohl Visionen gehabt, das könne nicht stimmen, Jesus sei nimmermehr am Leben und ... und ... Aber sie haben sich heimliche Blicke zugeworfen – ich sah es ganz genau – und haben gesagt, sie würden sofort gehen und nachschauen und sind dann ganz schnell verschwunden. Die Gruppe hatte schon vor der Reise einen verborgenen Ort ausgemacht, wo wir uns im Notfall treffen wollten, und nun werden sie ihn ganz schnell aus Judäa heraus- und dort hinbringen, aber auch da wird er nicht bleiben können, er wird ewig auf der Flucht sein und nie wieder in seine Heimat zurückkehren können ...« Mirjam begann wieder zu weinen. »Ich bin dann gleich zu dir gelaufen«, sagte sie schluchzend, »ich konnte es dort nicht mehr aushalten ...«

Anna hatte schweigend zugehört, hatte ihre Tochter wieder fest in den Arm genommen. Nach einer Weile sagte sie langsam: »Aber Mirjam, was ich nicht verstehe – predigen und sich mit den Priestern streiten, das ist doch kein Verbrechen, dafür wird doch keiner gekreuzigt!«

Mirjams Schluchzen wurde heftiger. »Ach, Mutter, er hat es sich selbst zuzuschreiben, und ich bin wohl auch mit schuld daran.«

Anna wiegte den federleichten Körper ihrer Tochter leise hin und her, fast hätte sie dabei eine ihrer alten Kindermelodien vor sich hin gesummt, aber sie hielt noch rechtzeitig inne: Diese ihr so fremde, verzweifelte Frau war zwar ihr Kind, aber sie war wirklich kein Kind mehr. Annas Herz war schwer angesichts des tiefen Schmerzes ihrer Tochter. Und zugleich spürte sie ein überwältigendes Glücksgefühl: Was sie seit Jahren erträumt, herbeigewünscht hatte, jetzt war es Wirklichkeit geworden. Ich halte meine Mirjam wieder im Arm, mein über alles geliebtes Kind, dachte Anna, meine Mirjam, auch wenn sie weint und voller Kummer ist: Sie ist wieder da, nach so vielen Jahren. Was meinem Enkel zugestoßen ist, klingt schrecklich, aber es scheint so unwirklich, wie ein böser Traum, es macht mich nicht traurig, weil ich es mir gar nicht vorstellen kann, ich kann es nicht begreifen. Was Mirjam da sagt, klingt so verworren. Vielleicht ist sie krank? Vielleicht phantasiert sie?

Anna löste langsam ihre Arme von ihrer Tochter. Mit beiden Händen packte sie deren magere Schultern, rückte die leichte Gestalt wie ein Bündel ans Kopfende ihres Lagers, stopfte die Ecke, wo das Lager an die Quer- und Längswand der Hütte stieß, mit Kissen aus. Sie ließ Mirjam dort hineinsinken wie in ein weiches Nest und breitete eine Decke über ihre Beine. »Ich hol dir einen Trank, der dich stärken wird.« Anna erhob sich zittrig, ging hinüber zum Vorratsregal, füllte einen Becher aus dem Krug mit dem kostbaren, schweren roten Wein und kam zu ihrer Tochter zurück, die bleich, mit halbgeschlossenen Augen, in den Kissen lehnte. »Hier, das wird dir guttun.« Mirjam griff nach dem Becher – ihre Hände zitterten, sie verschüttete Wein auf ihr Gewand – und trank dann mit tiefen, durstigen Schlucken den Becher auf einen Zug leer. Anna nahm ihn ihr ab. Mirjam atmete tief, schloß die Augen ganz. Anna spürte, wie ihre verkrampften Glieder sich entspannten. Sie wird schlafen, dachte sie. Aber Mirjam öffnete nach einigen Minuten die Augen, sah ihre Mutter mit klarem Blick an, rückte sich aufrechter in den Kissen zurecht und sagte: »Mutter, ich muß dich sehr erschreckt haben, aber ich war so verzweifelt, bin es noch ...« Anna fürchtete, sie würde wieder zu weinen anfangen, doch Mirjams Augen blieben diesmal ohne Tränen, in ihnen lag jetzt vielmehr eine Wärme, wie Anna sich nicht erinnern konnte, sie bei ihrer Tochter je erlebt zu haben. »Daß du nur da bist, Mutter«, flüsterte Mirjam.

Das Glück durchströmte Anna bis in die Fußspitzen. Sie nahm die schmalen, kalten Hände ihrer Tochter in ihre breiten, warmen, hielt sie fest umschlossen. So saßen sie lange. Dann begann Anna vorsichtig zu sprechen: »Mirjam, ich hab' noch nicht verstehen können, was eigentlich passiert ist. Magst du es mir ausführlich erzählen? Von Anfang an?«

»Ach, Mutter, ich schon, aber mir ist noch so wirr von diesen Tagen in Jerusalem, es ist wie ein böser Traum ...« Staunend erlebte Anna zum ersten Mal, seit ihre Tochter erwachsen war, daß diese sich ratlos und hilflos zeigte. Wie hatte es sie in Nazareth geplagt, daß Mirjam stets alles, was geschah, sogleich kühl und sicher einzuordnen wußte, kein Staunen, kein Zweifel, sehr selbstgerecht, fand Anna damals. Und jetzt ... »Fang ganz von vorn an, mein Kind«, sagte sie, »es wird sich klären.«

»Eines Tages überraschte uns Jesus damit, daß er zu diesem Pessachfest nach Jerusalem pilgern wollte. Seine Freunde waren darüber geteilter Meinung. Die einen hofften, er würde hier, in der Heiligen Stadt, endlich die Anerkennung als Rabbi und Wunderheiler finden, die ihn über alle anderen Wanderprediger hinausheben sollte. Sie haben dabei natürlich auch an ihren eigenen Ruhm gedacht. Die anderen sahen voraus, daß er sich mit seiner Art in der Tempelstadt viele Feinde machen würde, sie schätzten die Lage richtig ein. Jesus setzte sich, wie immer, durch, außerdem war er im Galil auch nicht mehr sicher. Wir alle brachen auf, zogen durch Samaria hierher. Außerhalb der Stadt, in Bethania, suchten wir uns Plätze zum Schlafen. Dann zog Jesus mit seinen Anhängern in die Stadt ein. Er wurde, wie alle Pilgergruppen, mit Gesang empfangen, aber es begrüßten ihn auch viele Leute, die mehr in ihm sahen als einen gewöhnlichen, pilgernden Rabbi. Galiläer waren darunter, die ihn in ihrer Heimat erlebt hatten und Wunderdinge von ihm erzählten, und einige Jerusalemiter glaubten sogar, er habe die Macht, die Römer zu stürzen; du weißt ja, Mutter, in welche Phantastereien sich die Menschen hineinsteigern, wenn sie so unterdrückt werden wie unser Volk ... Als sie in der Stadt waren, ging unsere Gruppe, wie alle Frommen, gleich zum Tempel. Sie zogen einmal durch den ganzen Tempelbezirk. Ich war in Bethania geblieben, war zu erschöpft von der langen Reise, um auch noch den Tempel wiederzusehen. Du kannst dir ja denken, Mutter, was das für mich bedeutete ... so viele Erinnerungen ...«

Nur der Tempel, Mirjam? Und was ist mit mir? Und mit deinem Elternhaus, dem Schafshof? Dem Grab deines Vaters? Hast du überhaupt nicht an uns gedacht? Zorn und Schmerz flammten kurz in Anna auf, doch sie sagte nichts.

»Ich weiß also nicht«, sprach Mirjam weiter, »was sich da unter ihnen zusammengebraut hat. Auf jeden Fall muß Jesus den Entschluß gefaßt haben, ein Zeichen zu setzen. Und am nächsten Tag zogen sie wieder zum Tempel – diesmal verboten sie uns Frauen mitzukommen. Jesus ging voran, und Gläubige – Pilger und Jerusalemiter – schlossen sich ihnen an, und sie vertrieben die Händler vom Tempelberg und stürzten die Tische der Geldwechsler um und jagten die Taubenverkäufer davon. Jesus redete vor den Leuten im Tempel, er verwies auf den großen Propheten Jesaja, der gesagt hat, der Tempel solle ein Bethaus sein und keine Mördergrube, wie der große Prophet Jeremia schon sagte. Er sprach damit allen Pilgern vom Lande, die hier einen heiligen Ort ohne Geschäftemacherei erwarteten, aus dem Herzen. Sie und alle Jerusalemiter, denen Stolz und

Reichtum der Priesterklasse schon lange ein Dorn im Auge waren, jubelten ihm zu. Was er getan hatte, sprach sich wie ein Lauffeuer herum. Seine Freunde konnten den ganzen Abend in Bethania von nichts anderem reden, waren voller Begeisterung.«

Anna hörte gespannt zu. Als Mirjam von den Taten im Tempel und von den Propheten sprach, hatten ihre Worte und ihre Stimme etwas von dem frommstolzen Ton angenommen, der Anna früher den Zorn in die Adern getrieben hatte; heute wurde ihr fast warm ums Herz dabei. Es war wie ein ferner Gruß von jener früheren Mirjam, der Mirjam, die Anna kannte und erinnerte und die sie in dieser fremden, gealterten Frau bisher noch nicht wiederentdeckt hatte. »Haben die Priester denn das geschehen lassen?« fragte sie.

»Die wenigen Tempelpriester, die gerade dort waren, konnten gegen die vielen Menschen nichts unternehmen, und bis sie die übrigen Priester und das Sanhedrin benachrichtigt hatten, war Jesus mit seinen Leuten schon wieder bei uns in Bethania. Natürlich werden sie wütend gewesen sein. Sie wissen ja, wie das Volk über sie denkt, und dann kommt einer aus Galiläa daher und wiegelt es auf, und das noch kurz vorm Pessachfest ... Am nächsten Tag zogen wir dann alle in die Stadt. Mir klopfte das Herz fast unerträglich, als ich zum ersten Mal wieder den Tempelbezirk betrat. Aber ich kam gar nicht dazu, mich umzuschauen oder mich an alte Tage zu erinnern, denn dort drängten sich schon die Menschen, die von Jesu Tat gehört hatten, und er wollte wieder zu ihnen sprechen. Aber auch die Priester, die Oberpriester, die Schriftgelehrten und die Männer vom Hohen Rat erwarteten ihn, und sie fragten ihn, aus welcher Macht heraus er am Vorabend die Menschen angeführt habe. Er war sehr gewitzt, mein Sohn. Er berief sich auf Johannes, und da sie an den nicht glauben, das Volk ihn aber für einen großen Propheten hält, trauten sie sich vor all den Leuten nicht, etwas dagegen zu sagen. Das hat sie sehr geärgert, ein kleiner galiläischer Wunderrabbi entschlüpft ihnen, den Vertretern des Tempels, mit einem klugen Trick! Aber Jesus konnte es mal wieder nicht dabei bewenden lassen, er mußte weiterpredigen und gab ihnen zu verstehen, daß er sich als Vertreter und Retter der wahren Religion empfinde. Für sie war das Anmaßung und Ketzerei, aber sie trauten sich nicht, ihn vor der Menschenmenge, die so begeistert auf seiner Seite war, etwa gefangennehmen zu lassen.

Also versuchten sie, ihm Fallen zu stellen. Erst fragten sie ihn, ob man dem Kaiser Zins geben solle. Das brachte ihn wirklich in eine verzwickte Lage. Sagte er ›nein‹, so hätte er sofort die römische Gerichtsbarkeit am Hals, ihre Späher sind ja in Jerusalem immer dabei, wo viel Volk zusammenkommt, du weißt das besser als ich, Mutter. Sagte er jedoch ›ja‹, so würde er viele seiner Anhänger verlieren. Aber er hat ihnen glänzend geantwortet, mein kluger Sohn. Er war klüger als sie alle.« Jetzt war etwas von jenem Glanz in Mirjams Augen zurückgekehrt, den Anna so gut aus Nazareth kannte, wenn Jesus als Kind Passagen aus der Schrift hergesagt hatte, und in ihren Zügen war, ganz schwach, ihre frühere Überheblichkeit zu erkennen. »Er ließ sich nicht fangen. Er sagte: ›Laßt mich einen Denar sehen!‹ Damit wollte er allen seinen Anhängern zeigen, daß *er* kein Götzengeld mit dem Bild des Kaisers besaß, daß er strenggläubig war. Das haben aber viele von ihnen nicht verstanden, sie waren nicht auf rabbinische Weisheit, sondern auf Rebellion aus, und die hatte ihnen, so meinten sie, Jesus mit seiner Tempelreinigung versprochen. Dann, als man ihm einen Denar gereicht hatte, stellte Jesus die Gegenfrage: ›Wessen Bild und Aufschrift ist das?‹ So waren die anderen gezwungen, als erste den verhaßten Namen auszusprechen: ›Tiberius, des Kaisers‹, sagten sie. Daraufhin er: ›So gebt dem Kaiser zurück, was des Kaisers ist, und gebt dem Höchsten, was des Höchsten ist!‹ Ich weiß, was er damit sagen wollte: Gebt diesem fremden Kaiser, der nicht der unsere ist, sein Geld zurück, das nach seinem Recht ihm gehört. Weigert euch nicht nur, Steuern zu zahlen, sondern nehmt überhaupt keine Münze an, auf der ein Götzenbild ist! Werft dieses schmachvolle Geld von euch, damit ihr dem Höchsten, gelobt sei er, geben könnt, was ihm gebührt: die Anerkennung, daß er der alleinige Herrscher dieser Welt ist. Jesus hat das sehr geschickt ausgedrückt: Für die zuhörenden Römer klang es ganz unverfänglich, ja, sogar römertreu, für die sind ja Kaiser und Gott fast dasselbe, auf der Münze heißt Tiberius ›Gottessohn‹. Doch für die meisten Umstehenden, die ja einfache Leute waren, war das zu verschlüsselt, sie konnten es nicht durchschauen. Die unter ihnen, die bis dahin geglaubt hatten, Jesus wolle sie vom Joch der Römer befreien – das waren vor allem Jerusalemiter –, wandten sich nach diesen Worten von ihm ab, setzten keine Hoffnung mehr in ihn, da er doch, wie sie meinten, den Tribut an den Kaiser guthieß. So waren später dann keine da, die ihn beschützt, die ihn verborgen hätten; nur die Rebellischen hätten ihm helfen können, und die hatte er nun verloren. Doch die Priester haben ihn sehr gut verstanden, wieder hatte er ihnen den Wind aus den Segeln genommen, war nicht in ihre Falle gegangen. Nun wollte ein pharisäischer Gelehrter seine Schrifttreue prüfen und fragte ihn nach dem vornehmsten Gebot der Thora. Jesus antwortete mit zweien: mit dem vom einen Gott und ›du sollst deinen Nächsten lieben wie dich selbst‹. Alle waren beeindruckt, der Gelehrte sagte, ›Meister, du hast recht geredet!‹ Ach, hätte Jesus es doch nur dabei bewenden lassen ... Denn eigentlich müßten die Pharisäer seine Bundesgenossen sein, er legt die Schrift nach ihren Regeln aus, und nicht etwa wie die Sadduzäer – sie hätten ihm helfen können, auch wenn die Sadduzäer im Tempel und im Hohen Rat das Sagen haben. Auf jeden Fall kannte Jesus die Schrift besser und genauer als sie alle miteinander. Er ist ein großer Rabbi. Sie hatten keinen Grund, ihn zu verfolgen, sie sollten ihn zu den großen Lehrern in unserer Geschichte zählen ...«

Mirjams Wangen hatten sich gerötet. Ihre Stimme war ganz in den dozierend-singenden Ton der Thora-Schule geglitten. Anna betrachtete sie versonnen. Ach, Kind, dachte sie liebevoll-schmerzlich, während sie ihr zuhörte, der größte und klügste

Rabbi von euch beiden wärst du geworden. Du hast den politischen Kopf. Du siehst die Wirklichkeit, wie sie ist, du hast Augenmaß und kannst zugleich Visionen haben. Du meinst zwar, die Antworten deines Sohnes seien sehr klug gewesen, aber vielleicht hättest du in dieser Lage noch klüger gesprochen und so, daß die Menschen besser verstanden hätten ... Du hättest es sicher nicht zum Äußersten kommen lassen ... Als hätte sie die Gedanken ihrer Mutter gelesen, fuhr Mirjam, in schärferem Ton jetzt, fort:

»Aber er konnte es ja nicht genug sein lassen, er mußte sich auch noch mit denen anlegen, die er hätte für sich gewinnen können, den Schriftgelehrten. Er hat sie richtig beschimpft: Sie würden sich gern auf dem Markt zeigen, um da von allen ehrerbietig gegrüßt zu werden, in den Synagogen säßen sie obenan, den Witwen nähmen sie ihr letztes Hab und Gut weg, und noch viele schlimme Dinge sagte er ihnen. Wie sollte da auch nur einer von ihnen für ihn eintreten? Er hat sie alle verärgert und beleidigt, auch wenn sie gegen seine Auslegung der Schrift nichts einwenden konnten und wider Willen seinen Scharfsinn bewundern mußten ...«

Mirjam versagte die Stimme, erschöpft rutschte sie noch tiefer in die Kissen. Anna nahm ihr den Becher aus der Hand, ging zum Weinkrug, kam mit zwei gefüllten Bechern zurück, setzte sich wieder zu ihrer Tochter. Die Frauen tranken, schwiegen. »Und dann, Mirjam?« fragte Anna schließlich leise.

Mirjam seufzte tief, sagte, noch leiser: »Ach, Mutter, am liebsten würde ich jetzt schlafen und nie mehr aufwachen. Doch laß es mich zu Ende bringen.« Sie richtete sich auf, nahm noch einen Schluck Wein und sprach entschlossen weiter: »Am Abend traf sich Jesus dann mit seinen Gefährten zum Sedermahl im Haus eines Jerusalemer Freundes, sehr heimlich, denn sie hatten mit Recht Angst, daß nach allem, was er gesagt und getan hatte, der Hohe Rat ihn ergreifen lassen würde. Ich hatte sie beschworen, das Sedermahl in Bethania zu halten, doch er wollte das, da er nun schon hierher gepilgert war, unbedingt in der Heiligen Stadt tun. Das hieß, sie durften auch danach Jerusalem nicht verlassen, weil ein Gläubiger die Nacht nach dem Hohen Mahl am selben Ort verbringen soll. Also zogen sie zur abgelegensten Gegend innerhalb der Stadtgrenzen, zum Ölberg. Und hätte der Hohe Rat nicht von einem seiner Gefährten erfahren, wo Jesus zu finden sei, so wäre ihm vielleicht nichts passiert ... Der Verräter gehörte zu den Enttäuschten, weil Jesus keinen offenen Aufstand anzetteln wollte. Der Hohe Rat schickte im Schutze der Nacht seinen Schergen nach ihm aus, sie brachten Jesus in die Stadt, dort hatten sich die Oberpriester und Schriftgelehrten und die Ältesten versammelt. Zu denen gehört auch Joseph von Arimathäa, der hat uns alles genau berichtet: Erst war ein großes Durcheinander, den einen schienen Jesu Taten im Tempel besonders sträflich, den anderen ging es darum, was er gepredigt hatte, doch sie konnten sich nicht einigen, ob Jesus nun wirklich Gotteslästerliches gesagt habe. Am heftigsten hat sie aufgeregt, daß er die Zerstörung des Tempels prophezeit hatte; einige glaubten, er selbst und seine Anhänger wollten das Heiligtum stürmen. Jesus hat ihnen auf ihre Fragen und Vorwürfe nicht geantwortet. Er sagte nur, er habe ja in aller Öffentlichkeit gepredigt, jeder habe gehört, was er zu sagen hatte. Es war ihm wohl bewußt, daß diese Leute ihn auf keinen Fall freilassen würden. Und als ihn dann der Hohepriester direkt fragte, ob er sich für den Messias halte, da hat Jesus das bejaht. Damit fühlten sie sich berechtigt, ihn auszuliefern. Ihr wahrer Grund aber war, daß sie, würde Jesus weiter frei predigen, einen Aufstand gegen die Priesterschaft des Tempels fürchteten, nach allem, was dort vorgefallen war. Und beim geringsten Anzeichen irgendeiner Rebellion könnte der Prokurator – du weißt ja, daß er extra zum Pessachfest von Caesarea hierherkommt, weil er um die Sicherheit der Römer fürchtet – ein Blutbad unter allen Menschen in Jerusalem anrichten lassen. Und dem Hohen Rat würde er es ankreiden, wenn ein Aufwiegler nicht ausgeliefert würde. Ganz gleich, welche religiösen Anliegen der hätte, die Römer würden es immer nur politisch und als Bedrohung verstehen. Also beschloß der Hohe Rat, Jesus an die Römer weiterzugeben. Sie brachten ihn vor Pilatus und sagten, Jesus maße sich an, der Messias zu sein – darunter konnte sich Pilatus nur König der Juden vorstellen –, und ein wirklicher Messias sei ja auch zugleich unser König, nur eben auf ganz andere Weise. Also hat er Jesus gefragt, ob er der König der Juden sei, und Jesus hat geantwortet: ›Du sagst es!‹ Du weißt, Mutter, was diese Antwort bedeutet, unsere Vorväter haben sie oft in gefährlichen Situationen benutzt, es heißt, *du* sagst es, ich aber nicht. Pilatus hat das natürlich als Zustimmung verstanden. Und damit nahm alles seinen Lauf ...« Mirjams Stimme war immer leiser geworden, sie war jetzt aschfahl. Mit einem tiefen Aufstöhnen schlug sie die Hände vors Gesicht.

Wieder saßen beide Frauen eine Weile schweigend, Anna hatte ihre Tochter wieder fest in die Arme genommen, wieder wiegte sie sie ganz leicht hin und her und summte dazu leise drei stets gleiche auf- und absteigende Töne. Sie konnte fühlen, daß Mirjam trotz ihrer Erschütterung nicht mehr so verkrampft war wie zu Anfang. Sie muß weitersprechen, auch wenn sie erschöpft ist, dachte Anna, zu Schreckliches hat sie erlebt, und viele schwere Jahre schleppt sie vermutlich mit sich herum – genau wie ich. Nie werden wir wieder so zusammenkommen wie heute, und: Schmerz schließt das Herz auf. Anna hörte auf zu summen, löste langsam die Arme von ihrer Tochter und sagte, sehr leise und vorsichtig: »Erzähl mir doch ganz von Anfang an, von damals an, als ich«, sie zögerte und fuhr dann fast ohne Stimme fort, »als ich euch verlassen habe ...«

Von Mirjam kam keine Reaktion. Zusammengesunken, das Gesicht in den Händen versteckt, kauerte sie reglos auf Annas Lager. Anna gab nicht auf: »Erzähl mir von Jesus, meine Tochter. Ich hab' ja immer nur das Gerede der Leute gehört, von Wundern und Totenerweckungen, die Frommen schimpfen ihn Zauberer, alles klang maßlos übertrieben, und ich wollte auch nichts weiter davon hören. Es tat mir so weh, daß ich mit meiner eigenen Familie so zerstritten war. Er hat mich einmal hier besucht, aber nur ganz kurz, ich konnte mir kein rechtes Bild machen ...«

Mirjam nahm die Hände vom Gesicht. Anna schnitt der Anblick ins Herz: keine Spur mehr von früherem Hochmut, nur Verzweiflung, die Augen stumpf, die Unterlippe schlaff und zitternd vorgestülpt, feuchtklebrige Haarsträhnen auf der Stirn. Mit rauher Stimme, stockend, begann Mirjam: »Ich will es versuchen, Mutter. Es dreht sich mir alles im Kopf, ich kann immer noch nicht richtig begreifen, was passiert ist. Wie konnte es nur so weit kommen?« Sie holte tief Luft, fuhr gefaßter fort: »Du weißt ja, daß Jesus schon als kleiner Junge besonders klug war, und schon mit zwölf Jahren hat er alle erwachsenen Weisen in der Synagoge mit seinen Schriftauslegungen verblüfft. Dann starb Josef, und damit war unser ruhiges Leben in Nazareth zu Ende. Josefs ältester Sohn kehrte ins Haus zurück, übernahm die Werkstatt und sorgte für uns. Jesus arbeitete erst bei ihm, aber er blieb nicht mehr lange. Der Tod seines Vaters schmerzte ihn sehr, und sein Stiefbruder ... laß mich drüber schweigen. Jesus verließ uns und war viele Jahre fort, weit über ein Jahrzehnt. Er hat nie gesagt, wohin er gegangen ist und was er getan hat in all dieser Zeit, ich meine aber, er hat vieles von dem, was die Leute dann ›Wunder‹ nannten, dort – wo immer das gewesen sein mag – gelernt. Als er dann vor drei Jahren zurückkam, waren wir uns fremd geworden. Wir sind uns nie wieder so nahegekommen, wie wir es früher einmal waren. Er war sogar sehr schroff und abweisend zu mir. Als er zurückkehrte, ist er auch gar nicht erst zu uns gekommen. Wir hörten, daß er in der Nähe des Sees predigte, und da haben wir uns, Josefs Ältester, sein Bruder, der jetzt auch bei uns lebte, und ihre Frauen und Kinder und ich aufgemacht, um ihn zu sehen. Wir kamen aber gar nicht an ihn heran. Auf einem steinigen, ansteigenden Feld am Ufer des Sees waren viele Menschen versammelt, sie standen und saßen dichtgedrängt. Ich konnte Jesu Stimme hören, wie sie auf den See hinausschallte; die Menschen waren alle ganz still und hörten ihm zu. Wir wollten uns nicht hindurchdrängen und schickten einen unserer Buben zu ihm, er solle ihm sagen, daß wir daseien. Der ist wohl auch zu ihm vorgedrungen, hat sich geschickt durch die Menschen geschlängelt, denn plötzlich hörten wir Jesu Stimme nicht mehr, dann aber um so lauter: Er sagte öffentlich vor all diesen fremden Leuten, und das war für uns bestimmt: »Wer ist meine Mutter? Wer sind meine Brüder?«, und dann rief er – und machte eine große Handbewegung zur Gruppe seiner engsten Anhänger, der Bub hat es uns erzählt –, diese seien für ihn seine Mutter und seine Brüder, weil sie glaubten wie er. Er wollte also offenbar mit uns nichts zu tun haben. Das hat mir sehr weh getan. Schließlich war ich es doch, die ihn gelehrt hat ... Natürlich sind wir dann später doch zusammengetroffen, aber ihm war stets seine Botschaft wichtiger als seine Familie. Immer hat er den Menschen gepredigt, sie sollten alle ihnen Nahestehenden verlassen, ja sogar hassen. Die größte von vielen Kränkungen für mich war, als einmal eine Frau, von seiner Rede begeistert, aufsprang – und er konnte die Leute hinreißen, wirklich, du kannst es mir glauben –, als sie also aufsprang und rief: ›Segen dem Leib, der dich getragen hat, und den Brüsten, die dich getränkt haben‹, und er nur erwiderte: ›Ja, Segen denen, die das Wort des Höchsten hören und im Herzen tragen.‹ Die Frau sprach ja von mir, und wie kalt hat er das abgetan! Seine Lehre und daß die Menschen sie hörten, war ihm wichtiger als alles andere. Die arme Frau, ihr blieb der Mund offenstehen, und ihr eben noch so strahlendes Gesicht fiel zusammen. Ich glaube, sie hat in ihrem Herzen gespürt, was Jesus mir da – und mit mir jeder Mutter – antat ...« Wieder hatten sich Mirjams Augen mit Tränen gefüllt. Anna legte den Arm um sie: »Was hat ihn nur so verändert? Er hat doch so an dir gehangen, als Junge?«

»Ach, Mutter«, sagte Mirjam gedrückt, »ich glaube jetzt, er hat seinen Vater Josef viel mehr geliebt als mich. Vielleicht hattest du recht mit allem, was du mir immer wieder in Nazareth gesagt hast. Ich wollte das damals nicht hören. Aber vielleicht habe ich ihn mit dem Lernen zu sehr geplagt, vielleicht hätte er mit seinem Vater in der Schreinerei arbeiten sollen. Aber er lernte doch so begeistert, es schien ihm doch Freude zu machen, und ich wollte doch nur, daß er zu einem großen Rabbi würde ...« Daß Mirjam ihr im nachhinein recht gab, tat Anna wohl, wenn es nun auch keine Rolle mehr spielte. Sie hütete sich aber, irgendwie auch nur anzudeuten, wie offensichtlich es eigentlich gewesen war, daß Jesus vom Lernen so begeistert gar nicht war. Warum sollte sie die Selbstvorwürfe ihrer Tochter noch verstärken?

»Was ihn verändert hat – ich weiß es nicht«, sprach Mirjam in Annas Gedanken hinein. »Er war so fremd geworden und wurde mir immer fremder. Alles, was er sagte, klang anders als früher. Einerseits sprach er wie ein großer, weiser Rabbi und hielt sich genau an die Schrift, wie ich ihn gelehrt hatte. Dann wieder führte er rätselhafte Reden. Sprach von innerem Licht, von Geist, mir schien manchmal, als meine er nicht den Geist des Höchsten, von dem die Thora spricht, sondern irgendeinen Geist an sich, ich konnte ihn nicht verstehen. Manchmal hatte ich das Gefühl, er sei gar nicht mehr im Glauben unserer Väter, auch wenn er dieselben *Worte* benutzte, dann wieder war er so rabbinisch wie nur einer. Doch woher hatte er das Fremde in seiner Lehre? Mir fehlte das Abwägen, das Klären, beide Seiten gegeneinanderzuhalten ... Alles, was er sagte, war immer zu ... zu ... ich weiß nicht. Er kann ganz wunderbar Geschichten erzählen, schüttelt sie aus dem Handgelenk, begeistert haben ihm die Leute zugehört. Aber hätte man sie gefragt, ob sie das leben wollten und konnten, was er forderte, nämlich friedfertig sein, vollkommen sein, gute Werke tun, was hätte man da wohl gehört ...? Gut, das alles fordert die Lehre der Väter auch, aber er war darin so absolut, alles oder nichts, ganz oder gar nicht. Er ging immer aufs Ganze, und ich meine, er hat dabei übersehen, daß das armselige, mühsame Leben der Menschen aus sehr vielen einzelnen Schwierigkeiten besteht: Haben wir genug zu essen? Reicht das Feuerholz? Ist ein Kind krank? Wie gebrechlich ist die Großmutter? Wie steht die Ernte? Wo finde ich Arbeit? Kann man solchen Menschen sagen, sie sollen sich nicht um ihr irdisches Wohl kümmern? Er hatte ja gut reden, mußte nicht tagaus, tagein für andere Menschen sorgen, war nicht verantwortlich für Schwache, die ohne ihn nicht existieren konnten. Er konnte leicht sagen: ›Wie die Vögel unter dem Himmel . . .‹ Ja, *er* hat wohl so gelebt, und wenn die anderen hungerten oder Durst hatten, benutzte er schon mal seine Magierkunst. Aber das ist doch nicht der Alltag der Menschen . . .«

Anna hielt den Atem an. War das noch ihre Tochter, die schon, als ihr Sohn noch ein Kind gewesen war, jede kleinste Kritik an irgend etwas, was Jesus betraf, ärgerlich zurückgewiesen hatte? Und sich dann offenbar immer noch weiter in die Verehrung hineingesteigert hatte? Noch als sie vorhin sein Verhalten in Jerusalem beschrieb, hatte sie doch immer wieder seine Klugheit hervorgehoben! Und jetzt dieser bittere, fast verachtende Ton. Er mußte aus einem Winkel ihres Herzens kommen, den sie sonst wohl sorgfältig verschlossen gehalten hatte . . . Mirjam sprach in ebenso harschem Ton weiter:

»Er zog mit der Gruppe durchs Land, fand immer Begeisterte, die sie alle aufnahmen und ihnen zu essen gaben, hatte auch reiche Anhängerinnen, die mit ihm zogen und mit ihrem Geld die Gruppe unterstützten, Susanna, Johanna und andere. Wie sollte er die wirklichen täglichen Nöte der Menschen kennen! Ich meine, er hat sie zu gering geachtet. Zwar hat er immer *für* die Armen und Schwachen gesprochen, aber eigentlich hat er ihnen doch nur verheißen, sie seien dem Ewigen, gelobt sei er, mehr wert als die Reichen und Starken, und sie seien die eigentlich Auserwählten des Gottesreiches. Und dieses Reich stehe kurz bevor, und er hat es geschildert, als sei es mit Händen zu greifen. Das hat sie natürlich begeistert in ihrer Not. Doch hat es die Not gelindert? Hat er ihnen etwas für ihren Alltag gegeben oder nur Träume und Visionen von einer besseren Welt, wie sie vielleicht einmal sein könnte? Sicher hat er ihnen geholfen, ihr schweres Leben besser zu ertragen, aber hat er die, die dieses Elend verursachen, dazu gebracht, etwas zu verändern? Wie hat mir das zu schaffen gemacht! Oft konnte ich – wenn er tags zu vielen Leuten gesprochen und sie begeistert hatte – nachts nicht schlafen ...«

Anna war bewegt: Daß ihre Tochter, ihre einst so hochmütige Mirjam, die das Kleine, Menschliche nie gekümmert hatte, sich jetzt so in das Leben und Denken der einfachen Leute hineinversetzen konnte ... Aber was hieß hier eigentlich ›hineinversetzen‹? Mirjam hatte wohl Kargheit am eigenen Leibe erlebt, sicher hatte ihr Stiefsohn, der ja nie etwas von ihr wissen wollte, sie nicht besonders ehrerbietig behandelt. Und bei dem Wanderleben mit der Gruppe wird es ihnen auch nicht immer gutgegangen sein, dachte Anna. Sicher hatte Mirjam, genau wie sie, Anna, bitter erfahren, wie die meisten Menschen leben mußten, wobei es ihnen beiden immer noch besser als den ganz Armen gegangen war ...

Mirjam schien die Anwesenheit ihrer Mutter vergessen zu haben, auch schien sie weit fort von Zeit und Raum zu sein. Ihre Stimme war wieder kräftig, aber nicht mehr dozierend. Langsam sprach sie vor sich hin, Gedanken, die sie wohl lange in ihrem Herzen bewegt hatte: »Immer wieder fragte ich mich, was mich da eigentlich beunruhigte. Mit der Zeit wurde es mir klarer. Für mich sah es so aus, als glaubte er, im Besitz der Wahrheit zu sein. Nie hat er zwei Meinungen gegeneinander abgewogen und ist dann Schritt für Schritt zu einem Schluß gekommen, wie es die Art von klugen Rabbinern ist. Nein, er schien alles von vornherein zu wissen, sich nie irren zu können. Für ihn führten nicht viele Wege zum Ziel, sondern nur einer. Er wußte immer alles so genau, nie hegte er einen leisesten Zweifel. Nur er kannte den Willen des ›Vaters‹, wie er ihn nannte. Er tat so, als könne sich der Heilige, gelobt sei er, – wenn er ihn denn meinte – gar nicht anders offenbaren als durch ihn. Und nur über ihn sollten die Menschen an diesen, den er seinen Vater nannte, kommen. War das noch nach dem Glauben der Väter? Die Propheten haben so nicht geredet. Ist das nicht Hochmut, fragte ich mich oft, überhebt er sich nicht? Hat sich größer genannt als der Tempel und Herr über den Sabbat ... Und dazu stets die schreckliche Frage: Bin ich vielleicht schuld, daß er so vermessen ist? Hab' ich ihn falsch gelehrt?«

Mirjam verstummte; langsam schien sie die Welt um sich wieder wahrzunehmen, sie sah jetzt ihre Mutter voll an und sagte leise: »Ach, wie gut ist es, Mutter, darüber zu sprechen. Nie konnte ich meine Zweifel jemandem anvertrauen. Als ich dann später doch von den Leuten seiner Gruppe aufgenommen wurde und mit ihnen zog, da war ich ja nur von begeisterten Anhängern umgeben, die seiner Lehre bedingungslos folgten. Und hätte ich mit einem Schriftgelehrten einen Disput über die Lehre meines eigenen Sohnes anfangen können? Er hätte ja auch gar nicht mit mir geredet, mit einer Frau, die sich noch dazu in Fragen der Schrift auskennt, unmöglich! Ich kann es dir nicht besser erklären, als ich es versucht habe, Mutter, ich spüre nur ganz genau, daß das, was mir das Unbehagen bereitete, letzten Endes der Grund für seine Verfolgung war, erst in Galiläa und nun hier, ganz gleich, mit welchen Worten sie's benannt haben ... Und immer die schreckliche Frage: War ich ihm eine schlechte Lehrerin? Ich hab' ein paarmal versucht, mit ihm über all das zu reden, aber immer hat er mich schroff zurückgewiesen. Wie geistig nahe waren wir uns doch, als er noch ein Knabe war ... Aber nichts mehr von all dem, fast schien es gar, als mißtraue er mir. Aber warum nur? Geistige Gespräche führte er nur mit seinen Gefährten. War es ihm lästig, daß er seine Schulung mir verdankte? Meinte er, ich lege alle seine Worte auf die Goldwaage? Hielt er mich für dogmatisch? Fürchtete er meine Kritik? Bestimmt hat er gespürt, wie wenig zufrieden ich mit seinem, mit unserem Leben war. Ich hätte mir so gewünscht, er wäre nicht predigend im Lande umhergezogen, er hätte nicht so aufsehenerregende Dinge getan. Ich wünschte mir, er hätte mehr mit Weisen disputiert – es hätten auch ruhig reiche Weise sein können –, hätte eine Schule aufgemacht, sein Wissen an Schüler weitergegeben, hätte sich einen Namen gemacht, einen großen Namen, wie Schammai oder Hillel . . .«

Mirjam starrte selbstvergessen auf ihre Hände, mit denen sie einen Zipfel ihres Gewandes knetete, so fest, daß die Fingerknöchel weiß hervortraten. Die Träume vom Ruhm, dachte Anna, ach, mein Kind, die Träume vom Ruhm . . . »Aber etwas hat mich an seinen Verkündigungen immer wieder gefreut«, fuhr Mirjam fort, »daß er nämlich so oft die Liebesgebote der Schrift aufgenommen hat. Also, dachte ich, ist doch auch etwas von mir in seiner Lehre, hat er sich innerlich nicht völlig von mir abgewandt. Denn diese Gedanken waren in der Thora-Schule das Wichtigste für mich, das weißt du ja, Mutter . . .« Mirjam stockte, zögerte, dann sagte sie leise: »Nein, du weißt es nicht, Mutter, denn dich hat damals nicht interessiert, was in mir vorging, du hattest keine Ahnung, was mir wichtig war . . .«

Anna zuckte zusammen, die wenigen leisen Worte trafen sie mitten ins Herz. Bis zu diesem Augenblick hatte sie – angesichts von Mirjams tiefem Schmerz um Jesus – die alten Erinnerungen an die Zeit auf dem Schafshof zurückhalten können. Jetzt war mit einem Schlag alles wieder lebendig, alles, was sie, ach wie oft, in ihrem Herzen hin und her erwogen hatte. Aber eben für sich allein erwogen – wie sollte sie es nun ihrer Tochter erklären?

»Ach, Mirjam, was soll ich dazu sagen«, sie sprach langsam, suchte nach Worten, »ich hatte damals . . . ich hab' inzwischen viel darüber nachgedacht . . . Ich hatte von dem Tag an, als du zum ersten Mal in der Schule warst und so strahlend nach Hause kamst, ein sehr ungutes Gefühl. Erst fürchtete ich, sie würden dich nicht dabehalten – wie hättest du dich da zurückgesetzt fühlen müssen! Dann, als du dableiben durftest, mochte ich deine Sonderstellung überhaupt nicht: dabeisein und doch nicht mitreden dürfen. Irgendwie empfand ich es, glaube ich, als unter deiner Würde . . . Wenn sie dich schon nicht richtig mittun lassen, dann geh auch gar nicht erst hin, laß dich nicht mit Almosen abspeisen, so ähnlich hab' ich damals empfunden, wenn ich mich recht erinnere. Andererseits habe ich mich nie in die religiösen Angelegenheiten deines Vaters eingemischt, und wie war er glücklich, daß du, seine kluge Tochter, nun in die Schule gingst und er mit dir über Fragen des Glaubens sprechen konnte! Ich sehe euch noch sitzen, als du so acht, neun Jahre alt warst, und ernste rabbinische Gespräche führen. Vielleicht, dachte ich, empfinde ich es nur deshalb als so ungut, weil mir die enge Beziehung zum Tempel, in der Joachim lebt, all die Jahre hindurch im Innersten fremd geblieben ist. Oder fühlte ich mich ausgeschlossen? Jedenfalls ist mir gewiß nicht klargewesen, wie ungemein wichtig der Glaube unserer Väter für dich wurde. Daß du in die Schule gingst, hielt ich wohl eher für einen Zeitvertreib. Ach, mein Kind, ich fürchte, ich hab' wirklich nichts von dem geahnt, was in dir vorging. Wärest du ein Junge gewesen, hätte ich deinen religiösen Eifer bestimmt ganz anders beurteilt, aber so war es für mich so selbstverständlich, daß du eines Tages heiraten würdest, einen Mann aus dem Freundeskreis deines Vaters, so, wie es bei mir war. Dann würdest du das alles vergessen, glaubte ich, deine ungewöhnliche Kindheit würde dann keine Rolle mehr spielen. Oh, wie war ich nur kurzsichtig ... Ich hab' überhaupt nicht richtig wahrgenommen, was das alles in deinem Leben bedeutete, habe nur bedauert, daß das dein Denken und deine Zeit so völlig ausfüllte ... Ach, Mirjam, könnten wir zwei diese Zeit doch noch einmal leben, ich würde alles anders machen ...«

»Wir würden alle vieles anders machen, wenn wir unser Leben noch einmal leben könnten, Mutter«, unterbrach Mirjam sie kühl. Anna meinte, wieder die Mirjam aus Nazareth zu hören, und verstummte. Schweigend saßen beide eine ganze Weile. Anna war wie vor den Kopf geschlagen: Hatten ihre wenigen Worte über die Vergangenheit die Tochter in deren Verschlossenheit zurückgestoßen? Sollte darüber ein für allemal nicht mehr gesprochen werden? Bereute Mirjam, daß sie davon angefangen hatte? Das halte ich nicht aus, dachte Anna. Nicht nur Mirjams Erfahrung mit Jesus ist wichtig, auch unser beider

Lebensgeschichte, mir ist sie sogar wesentlich wichtiger. Und wir zwei sitzen jetzt hier zusammen, wir müssen klären, was zwischen uns steht, nach so vielen Jahren. Nein, ich werde nicht schweigen. Ich setze jetzt alles auf eine Karte, auch wenn ich Mirjam damit noch einmal verlieren sollte. Nein, ich kann, ich werde sie auch nicht verlieren. Anna holte tief Luft: »Warum bist du damals, als Josef tot und Jesus fort war, nicht zu mir gekommen, mein Kind?« fragte sie in die Stille hinein. Innerlich zitterte sie.

Mirjam ließ den zerknüllten Gewandzipfel los, breitete ihn über ihre Knie, hielt ihn mit der Linken, versuchte ihn mit der Rechten glattzustreichen. Dies schien sie voll in Anspruch zu nehmen, langsam, mechanisch glitt ihre Hand über den verkrumpelten Stoff. Sie sah ihre Mutter nicht an. Anna wartete, bezwang ihre Ungeduld. Mirjam schluckte und räusperte sich; sie schien einen inneren Kampf auszufechten. Anna wagte kaum zu atmen. »Ach, Mutter, wollen wir wirklich über all das reden? Es ist so lange her. Es bereitet uns nur Schmerz«, sagte Mirjam schließlich mit rauher Stimme.

»Laß uns reden, Mirjam, ich bitte dich darum, mein Kind. Wieviel habe ich gegrübelt in all den Jahren, wie viele Fragen mir gestellt, und nie eine Antwort ...« Anna standen die Tränen in den Augen.

Mirjam blickte ihre Mutter kurz an, sah gleich wieder fort, schwieg wieder. Anna konnte die Stille fast nicht ertragen.

Nach einer Weile – Anna erschien sie endlos – seufzte Mirjam tief, hatte sich entschlossen. »Gut, Mutter, wenn du es so willst ... ich weiß nicht, ob es uns helfen wird ... Warum ich nicht zu dir gekommen bin? Nie wäre ich auf die Idee gekommen! Wie hättest du mich denn aufgenommen? Der Groll saß doch noch in unserem Herzen, in meinem Herzen ganz bestimmt, und hättest du dich auch über mein Kommen gefreut, es wäre doch alles wieder aufgerührt worden, und wieder hätten wir gestritten. Es mußte wohl erst Schreckliches passieren, damit wir wieder zueinander kommen konnten ...«

Anna mußte Mirjam wider Willen zustimmen. Hatte sie sich in ihren Träumen von ihrer Tochter alles zu einfach vorgestellt? Hatte die Zeit für sie verwischt, wie tief ihr Zerwürfnis wirklich gewesen war? Aber jetzt mußten sie da durch; Anna nahm all ihre Kraft zusammen: »Da magst du recht haben, mein Kind, aber nun will ich dich auch alles fragen, was mir nie Ruhe gelassen hat. Das Kind – das Kind damals –, war es Liebe oder war es etwa – Gewalt? Das hat mich all die Jahre umgetrieben.« Anna zitterte, endlich konnte sie diese bitterste aller Fragen stellen, aber würde dieses noch so zerbrechliche Einverständnis mit ihrer Tochter das aushalten? Doch sie konnte nicht anders. Sie mußte es wissen.

Mirjam sah ihre Mutter lange schweigend an, die dunklen Augen in dem eingefallenen Gesicht voller Schmerz und zugleich abwesend, als blicke sie weit zurück. »Mutter«, sagte sie dann, »ich werde es dir nicht sagen. Ich habe mir einmal in meinem Leben geschworen, niemals darüber zu sprechen, meine Lippen sind versiegelt. Würde ich dieses Schweigen brechen, dann würde ich einen Damm einreißen, den ich damals in meiner Seele aufgebaut habe, damit ich nur überleben konnte.«

»Dann sag mir wenigstens, mein Kind, warum du diese Geschichte erfunden hast«, sagte Anna schnell, eigentlich wider besseres Wissen. Ich bin wie mein Enkel, dachte sie dabei, ich kann es nicht lassen.

Mirjam veränderte sich von einer Sekunde auf die andere. Ihr Gesicht wurde hochrot, ihre Augen blitzten, sie sprang auf, direkt drohend stand sie vor ihrer Mutter, schrie sie an: »Das fragst du mich? Keine Ahnung hast du, was in mir vor sich gegangen ist, damals, als ihr mich verstoßen habt! Mein geliebter Vater und meine Mutter haben mich verstoßen . . .«

»Aber Mirjam, dein Vater hat doch nur . . .«

»Hör auf, ich weiß, wovon ich rede. Ja, ja, den guten Namen der Familie wahren, verhindern, daß die stolze, fromme Mirjam als Hure ausgeschrien wird, gesteinigt vielleicht sogar?« Die schreiende Stimme kippte in Hohn über. »Der gute Name der Familie, der ach so frommen Familie, die Geschäftsbeziehungen des Schafshofs – ach, Mutter, glaubst du, ich war so naiv, daß ich nicht wußte, was vor sich ging? Was blieb mir denn anderes übrig? Wenn ich mir nur ein bißchen von meinem Stolz bewahren wollte, wenn ich mich nicht schmachvoll als die ganz junge Frau eines uralten Zimmermanns aufs Land abgeschoben fühlen sollte, was konnte ich denn anderes tun?« Mirjam kreischte fast, als sie diese Worte herausschrie. Die Katze raste aus ihrer Ecke durch die Hintertür ins Freie, warf polternd einen Krug um. Die Hunde richteten sich auf, ihre Pfoten scharrten auf dem Boden. Mirjam schlug sich die Hand vor den Mund. Ihre Wut schien so plötzlich, wie sie gekommen war, schon wieder erloschen. »Verzeih, Mutter«, sagte sie mit toter Stimme, »aber versteh doch, es mußte ein besonderes Kind sein, ich mußte mit dem Kind einen besonderen Auftrag haben, einen heiligen Auftrag. Das war das einzige, woran ich mich klammern konnte. Ich habe ganz fest daran geglaubt. Mein Leben wäre sonst sinnlos gewesen. Und diesen Auftrag habe ich dann gehorsam ausgeführt, hab' getan, was ich konnte, hab' Jesus alles von der Schrift gelehrt, was ich wußte, hab' ihn in allen heiligen Dingen unterwiesen, hab' mir so viel Mühe gegeben ...«

Mirjams Ausbruch hatte Anna nicht erschreckt. Endlich kommt es mal raus, dachte sie, wie hat mich Mirjams Verschlossenheit in Nazareth gequält, und auch schon vorher ... Vielleicht hätten wir uns früher öfter einmal anschreien sollen ... Es beängstigte sie viel mehr, daß Mirjam nun, von einer Sekunde zur anderen, wieder so ruhig werden konnte und daß sie von ihrem »Auftrag« sprach, als sei er tatsächlich vom Höchsten erteilt, während sie doch nur einen Atemzug vorher ... Sie hat sich selbst die Wirklichkeit geschaffen, in der sie dann leben konnte, dachte Anna, das ist nun ihre Lebenswirklichkeit geworden, bis heute. Eine Lebenslüge? Nein, die einzige Chance zum Überleben ... Wie gern hätte sie die Frau, die jetzt so steif und verkrampft vor ihr stand, wieder in die Arme genommen;

alle Erklärungen, so spürte sie, waren in dieser Situation nutzlos. Doch hatte sich Mirjam bereits wieder verändert. Wieder war ihr das Blut ins Gesicht geschossen, ihre Hände ballten sich jetzt zu Fäusten, sie schien ungeheure Schwierigkeiten zu haben, das, was sich in ihrem Innern zusammenbraute, auch auszudrücken. Sie schluckte, hustete, dann schrie sie Anna direkt ins Gesicht, noch lauter als vorher:

»Und wo warst du denn damals, Mutter? Wo bist du gewesen, als ich dich am dringendsten brauchte? In dein Bett hast du dich verkrochen, niemanden sehen wolltest du, hast alles meinem Vater überlassen, meinem armen Vater . . .« Schluchzend warf sich Mirjam auf Annas Lager.

Anna saß starr. Sie hätte viel erwidern können: Wie sie vergeblich versucht hatte, irgend etwas aus Mirjam herauszubekommen, wie sie auf sie eingeredet, sie angefleht hatte, wie total verschlossen, unzugänglich Mirjam gewesen war, wie kein Zureden irgendeine Reaktion erzeugt hatte, wie sie nur monoton wiederholt hatte, sie sei dem Tempel geweiht, und dies sei ein heiliges Kind. Von ihrer Angst hätte Anna sprechen können, Angst, der Tochter sei Gewalt angetan worden, Angst, daß sie Schaden an ihrer Seele genommen, daß sich ihr Verstand verwirrt hätte, Angst und völlige Verzweiflung angesichts Mirjams Zukunft. Daß sie aus Kummer krank geworden sei, aus Kummer um Mirjam und nicht, um sich zu entziehen, hätte sie sagen können. Doch wo war letztlich der Unterschied? Und warum hatte Mirjam eigentlich Mitleid mit ihrem Vater, nannte ihn ihren »armen« Vater, wo der doch damals die treibende Kraft gewesen war? Zorn kam in ihr hoch, verebbte aber sofort wieder. Was nützte das alles, wenn Mirjam es so sah, wie sie es schilderte, wenn sie es so erlebt hatte? Von der Mutter im Stich gelassen im entscheidendsten Augenblick ihres Lebens, total verlassen in dem Moment, als sie kein Mädchen mehr war, sondern, wie jung auch, eine Frau, die ein Kind erwartete. Allein gelassen in ihrer Angst, Angst vor dem Unbekannten, das sich in ihrem

Körper abspielte, Angst vor der Zukunft an einem fremden Ort, mit einem fremden Mann.

Jetzt begann auch Anna zu weinen. Die Gewißheit, wie tief Mirjam verletzt war, war fast nicht auszuhalten. Dieser Schmerz mischte sich mit dem jahrelang aufgestauten Kummer. Anna schluchzte leise vor sich hin, sie hatte das Gefühl, nie mehr mit Weinen aufhören zu können. Mirjam hatte sich wieder gefaßt, hatte sich aufgerichtet. Ermattet saß sie neben ihrer weinenden Mutter. Nach einer Weile legte sie ihre kühle Hand auf Annas Hände, mit denen die ihren Gewandzipfel vors Gesicht drückte. »Siehst du, Mutter«, sagte sie, jetzt ganz ruhig, »ich wußte, es würde uns nicht guttun, über all das zu sprechen ...«

Anna nahm die Hände vom Gesicht, von Schluchzen unterbrochen sagte sie mühsam: »Doch, Mirjam, es muß sein. Wir müssen Ruhe finden, beide, wir müssen die alten Dinge wegräumen, zwischen uns soll Friede sein.« Sie schluchzte noch einmal auf, schneuzte sich dann energisch und fuhr ruhiger fort: »Laß mich nur noch ein paar Dinge klären, mein Kind, und dann will ich uns auch nicht mehr quälen ... Was ich nie verstanden habe – ich habe es ja in Nazareth erlebt –, wie Josef daran glaubte und alle anderen auch ...«

»Josef hatte nie irgendeinen Zweifel. Die Priester im Tempel haben ihm wohl so eindringlich klargemacht, was für ein ganz besonderes, frommes Mädchen ich sei. Oh, diese Heuchler, ›ihr Rachen ist ein offenes Grab‹, wie der Psalm sagt ... Josef konnte gar nicht anders als mir glauben. Und die Menschen, mit denen wir es in Nazareth zu tun hatten, die glaubten es auch oder taten wenigstens so. Du weißt ja: Josef war sehr beliebt, alle Menschen mochten ihn, er war ein sehr gütiger Mensch. Niemand hätte gewagt, ihn so tief zu kränken, wie es Zweifel an dieser Botschaft getan hätten. Er lebte damit, war ausgeglichen und von innen her froh, wie ich es nie sein konnte. Nichts konnte ihn erschüttern. Daß er so bald sterben mußte, der arme Alte, er war mir ein solcher Halt,

Schutz und Schirm, wie ein Fels im Meer. Er war mir das, was mein Vater vorher für mich war ...« Mirjams Stimme schwankte.

»Und wie sehr hast du ihn erst verachtet«, sagte Anna ruhig.

»Ja, Mutter, ich weiß, und ich habe es tausendmal bereut. Wenigstens hat Josef noch Jesu Erfolg in der Synagoge erlebt, wie stolz war er auf ihn!« Mirjam hielt inne, wieder standen ihr Tränen in den Augen. Nach einer Weile fuhr sie nachdenklich fort: »Ach, Mutter, was wußte ich denn schon, damals? Von klein auf habt ihr mir heilige Geschichten erzählt, ich kannte doch nichts anderes, und dann, in der Schule ...«

Anna unterbrach sie heftig: »Ach, Kind, ich hätte dir ganz andere Geschichten erzählen mögen. Wäre ich heute noch mal jung und du wärest noch mal klein, dann würde ich das auch tun, ganz andere Geschichten! Nicht von einem mächtigen Gott, den keiner sieht, sondern Geschichten von den Pflanzen, von den Kräften der Pflanzen und der Erde, Geschichten von dem, was die Göttin uns mitteilen will, und Geschichten von Dingen, die man sieht und anfassen kann, Geschichten von heute ... Und nicht all das aus den alten Schriften. Auch da gibt's schöne Geschichten, aber wenn du sonst nichts anderes zu hören bekamst ... Ich erinnere mich noch genau, wie du als Mädchen so sein wolltest, wie die Königin Esther ... Und um das, was um dich herum täglich vorging, hast du dich nie gekümmert. Du hast über alles hinweggeschaut mit träumenden Augen, du hast nie mit der Katze gespielt oder Eier aus dem Hühnerstall gebracht, hast dich nie um die Blumen oder Kräuter im Garten gekümmert, dich nicht gefreut, wenn die Lämmer geboren wurden ... Immer warst du woanders mit deinen Gedanken, bei den alten Geschichten, hast für dich von Glanz und Ruhm geträumt ...«

Mirjams rotgeweinte Augen füllten sich wieder mit Tränen. »Aber Mutter!«, wieder wurde ihre Stimme schrill, war am Umkippen, eine Stimme, die es nicht gewohnt war, laut und wütend zu werden, »Mutter, ich war doch noch ein Kind!

Warum hast du mir nicht die anderen Geschichten erzählt, warum bist du nicht mit mir in den Hühnerstall gegangen, hast mir die Kätzchen in den Arm gelegt ... Wie hab' ich mich als kleines Mädchen manchmal danach gesehnt, auch andere Dinge zu erfahren ... Die anderen Kinder – selten genug kam ich ja mit ihnen zusammen –, die kannten sich aus, aber sie verrieten mir nichts, machten aus allem ein großes Geheimnis, lachten über mich, wenn ich nicht verstand, was sie redeten. Es gab eine Zeit, da hätte ich gern so viel gewußt: von den Frauen, vom Leben, von den Männern, vom Tod ... Aber es war niemand da, den ich fragen konnte, du warst so weit weg für mich, warst immer beim Vater, und Mariamne hat mich nur wie ein kleines Kind behandelt, das nichts versteht. Und dann bin ich hochmütig geworden, das weiß ich heute: Dann hab' ich gemerkt, daß ich die heiligen Schriften und Dinge viel besser kenne als andere, und gerade weil ich nicht mitreden durfte in der Schule, habe ich um so gründlicher gelernt und konnte immer zu mir sagen: Ich weiß ja so viel mehr als ihr alle! Und so hab' ich mir eingeredet, ich sei was Besonderes, und hab's auch geglaubt schließlich. Von da an lebte ich eigentlich nur noch in dieser Welt meiner Gedanken und meiner Träume ...«

Anna liefen wieder die Tränen herab. »Ach, Mirjam, heute weiß ich es besser, aber damals ... dein Vater ... Ich war ja nicht sicher, ob du als Kind nicht alles ausplaudern würdest, wenn ich dir andere Sagen und Geschichten als die aus den heiligen Schriften erzählte. Er hätte mich wohl streng bestraft, so milde er auch sonst war.« Anna mußte an Mirjams Zorn denken, als sie Jesus von Mithras erzählt hatte, aber sie wollte ihre Tochter nicht daran erinnern. »Und ich hatte doch«, fuhr sie fort, »im Haus so viel zu tun, ich dachte, du würdest schon allein oder mit den jungen Mägden auf Entdeckungsreisen gehen im Schafshof. Aber vor allem war mir nicht klar, was das für dich bedeuten mußte: jeden Tag zum Tempel! Wie das deine Phantasie beschäftigen würde, denn du warst ja nicht eine, die so was dumpf über sich ergehen läßt. Das hat dein Vater auch überhaupt nicht gesehen. Mir war der Tempel gleich, darum hielt ich das nicht für so wichtig, und ihm war alles, was dort vorgeht, so selbstverständlich, er konnte sich sicher nicht vorstellen, wie das auf ein Kind wirken muß, daß es ihm etwa auch angst machen könnte ... Hat es dir angst gemacht, Mirjam?«

»Ja, Mutter, es hat mir auch angst gemacht.« Vor Mirjams innerem Auge erschien ihr Schreckenstraum mit den schwarzen Männern; Jahrzehnte hatte sie nicht mehr daran gedacht.

»Ach, Kind, ich hab' dich im Stich gelassen, ganz schrecklich im Stich gelassen, ich konnte mich nicht in dich hineinversetzen. Da fing alles an, so früh schon; was später geschah, war alles nur folgerichtig. Als du mir sagtest, du wollest nichts als berühmt werden, hab' ich immer noch nicht begriffen, was in dir vorging, wie es dahin gekommen war. Ich hab' dich nie richtig ernst genommen ... Erst viel, viel später, in langen, bitteren Grübelstunden, wurde mir das klar ...« Anna wischte sich wieder mit dem tränenfeuchten Gewandzipfel übers Gesicht.

»Und was ist nun aus mir geworden?« fragte Mirjam, müde und bitter. »Nicht berühmt, dafür arm, ohne Wohnstatt, flüchtig ...«

»Ach, Mirjam, vielleicht ist ja doch noch nicht alles verloren, vielleicht wird Jesus woanders lehren, vielleicht werden seine Anhänger seine Lehre weiterverbreiten, werden auch von dir erzählen ...« Anna klang jetzt ebenso leise und müde wie Mirjam.

»Mutter, ich bitte dich, sag doch nichts, was du selber nicht glaubst. Ich bin die Mutter von einem, der wie ein Verbrecher gekreuzigt wurde. Und seine Anhänger ... Die meisten sind feige, sie werden sich zerstreuen, und er wird nicht wiederkommen. In der Fremde wird Jesus sein Leben beenden, wenn sie ihn nicht vorher totschlagen. Nein, Mutter, die Mutter eines solchen zu sein bringt keinen Ruhm. Er ist ein guter Mensch, und nie werde ich Böses über ihn sagen. Ich meine, er hätte klüger sein sollen und mehr nach der Meinung der Welt tun, es wäre ein leichtes für ihn gewesen ... Aber nein, er mußte mit den zerlumpten Leuten herumziehen, immer ruhelos von einem Ort zum anderen, und jetzt müssen sich alle verstecken, auch ich muß fort ...«

Anna rutschte plötzlich von ihrem Lager herunter, einen Augenblick dachte Mirjam, die Mutter sei ohnmächtig geworden. Doch die war vor ihrer Tochter auf die Knie gesunken und legte beide Arme beschwörend über Mirjams Schoß: »Mirjam, mein Kind«, sagte sie mit gesenktem Kopf, die Stimme gepreßt, tränenerstickt. »Mirjam, bitte verzeih mir. Ich hätte alles anders machen müssen. Ich hätte nicht zulassen dürfen, daß du so ganz für die Religion erzogen wurdest. Ich hätte mich deinem Vater widersetzen müssen. Ich hätte notfalls weggehen müssen und dich mitnehmen. Aber dein Vater war doch nicht böse ... Er war nur ein sehr frommer Mann, und der Tempel war das Wichtigste in seinem Leben, wichtiger sogar als seine Familie oder seine Geschäfte. Ach, hätte ich damals nur ein bißchen von dem gewußt, was ich heute weiß. Aber ich hatte ja nicht viel vom Leben gesehen, lebte so behütet auf dem Schafshof und bei deinem Vater. Und ich liebte ihn! Ich hab' gedacht: Mit seiner Frömmigkeit, da übertreibt er, aber das ist ja an sich nichts Schlechtes, wie sollte etwas Schlechtes dabei herauskommen? Heute weiß ich: Ich hätte auf jeden Fall dich da heraushalten müssen. Joachim allein hatte das Gelübde getan, ohne mich. Ich hätte ihn davon abbringen müssen, daß das auch für dich gelten sollte, wo du als Frau doch nie Dienst im Tempel hättest tun können ... Oder sonst eben gehen ... Verzeih mir, mein Kind, ich hab' dein Leben zerstört, bitte verzeih mir ...«

»Aber Mutter«, sagte Mirjam, »Mutter, bitte steh auf. Quäl dich doch nicht so, was hättest du denn tun können, wie denn hättest du gehen können, wohin hättest du gehen können ... Es ist eben so gekommen, es hat wohl so kommen sollen. Dich trifft keine Schuld.«

»Nein, Mirjam, das lasse ich nicht zu!« Anna war wütend aufgefahren, groß und hoch aufgerichtet stand sie da, einen Augenblick erinnerte sie Mirjam wieder an ihre einst junge, schöne, kraftvolle Mutter. »Nein, das mache ich nicht mehr mit. Ich habe schuld, das laß ich mir nicht ausreden, auch von dir nicht. Ich bin dir in keiner Weise gerecht geworden, das läßt sich nicht wegwischen. Und daß ich nur getan habe, was mein Ehemann von mir verlangt hat, widerspruchslos, wie ich es gelernt hatte: Auch das ist Schuld, große Schuld, niemand kann sie mir abnehmen. Die Priester, ja«, Anna dachte an Melchisek und lachte bitter, »die würden zu mir sagen: Du hast nur den Willen deines Ehemanns ausgeführt und damit das oberste Gebot für eine Frau, den Gehorsam, erfüllt, dich trifft keine Schuld. Aber hier sitzt du, Mirjam, und ich sehe: Meine Schuld ist unermeßlich groß; ich werde sie mit ins Grab nehmen. Es gab keinen Tag, an dem ich nicht an dich gedacht habe, meine Tochter, immer, immer wieder hab' ich mir alles, was passiert ist, durch den Kopf gehen lassen. Immer an Gedenktagen, am Todestag deines Vaters oder an deinem Geburtstag, habe ich besonders stark daran denken müssen, oder wenn mir die Leute irgendwas von Jesus erzählt haben ... Kannst du nicht wenigstens jetzt bei mir bleiben, Mirjam, mein Kind? Du sollst schlafen und essen, dich ausruhen, ich werde dich pflegen, niemand wird wissen, daß du hier bist, ich lasse niemanden herein. Mirjam, laß mich ein bißchen an dir gutmachen, jetzt, in dieser schrecklichen Zeit, bleib bei mir, bitte ...«

Mirjam sah zu ihrer Mutter auf. Die stand nun nicht mehr großmächtig und zornig da, sondern wieder gekrümmt, zusammengesunken. Trotzdem war sie noch eine imponierende Gestalt. Mirjam nahm Annas Hand, drückte die Mutter sanft auf das Lager zurück und strich ihr mit der anderen, blutleeren, kalten Hand über die Stirn, das Haar. Annas Worte hatten ihr Herz erreicht, Ruhe und Wärme breiteten sich in ihr aus. Die Frauen saßen lange schweigend so nebeneinander, jede spürte die andere, Körperseelegeist, Wärme, Vertrautheit. Nie in ihrem Leben waren sie sich so nahe gewesen. Lange saßen sie so, dann sagte Mirjam leise:

»Mutter, ich bleibe gern noch diesen Tag, aber dann muß ich

fort. Der Ort, an dem wir verabredet sind, ist weit, in Galiläa. Ich werde allein gehen, mich Fremden anschließen, so haben wir es ausgemacht. Mit unserer Gruppe wäre es zu gefährlich. Mit Fremden bin ich am sichersten. Hier in Jerusalem kann ich auf keinen Fall bleiben. Hier werden sie seine Anhänger am gründlichsten verfolgen, sind wir erst mal aus der Stadt, auf dem Land, im Gebirge, ist es nicht mehr so schlimm. Nein, Mutter, ich kann nicht bleiben, ich muß fort, und wahrscheinlich werde ich, wenn er es will, Jesus auf seiner Flucht begleiten. Vielleicht werden wir uns nie mehr wiedersehen, Mutter. Aber ich gehe in Frieden. Du mußt mir glauben, daß ich keinen Groll mehr gegen dich hege und daß ich dich liebe, wie ich dich immer geliebt habe, und daß ich dich nie vergessen werde. Und nun laß uns niederlegen und schlafen ...«

Die Sonne stand schon hoch am Himmel, als die verstrubbelte Jiri den Wasserkrug brachte. Sie schien keine Sekunde lang überrascht zu sein, zwei schlafende Frauen, die alte Anna und eine Fremde in mittlerem Alter, auf der Lagerstatt zu sehen. Sie schüttete das Wasser aus dem Krug in den Kessel, hängte ihn über die Herdstatt, blies in die Glut, legte Holz auf, schürte, warf den Frauen, die langsam erwachten, eine freundliche Handbewegung zu, schickte die Hunde in den Hof, ließ die Hühner aus dem Verschlag, griff den Krug und lief nochmals, eckig und springend, eilends zum Brunnen. Gleich danach war sie wieder da, mit dem gefüllten Wasserkrug und einem Korb voller Lebensmittel: Matzen, Honig, ein kleiner Krug mit Milch, Früchte ... Anna war sprachlos, aber sie hätte ja sowieso nicht mit Jiri sprechen können. Es war zwar Feiertag, aber so üppig hatten die Nachbarn sie noch nie versorgt. Oder war dies alles von Haschta? Sie fragte Jiri mit einfachen Zeichen, deutete auf den Korb und durch die Hintertür auf den Schafshof. Jiri nickte stürmisch mit dem Kopf. Haschta also, die ihr Jiri geschickt hatte. Die Gedanken überstürzten sich in Annas Kopf: Hatte jemand Mirjam gesehen in aller Morgenfrühe? Am

Feiertag unwahrscheinlich, aber dennoch – war das ein Zufall? War sie vielleicht, ohne daß sie es ahnte, von Jesu Anhängern umgeben? Nie hatte jemand von den Frauen mit ihr darüber gesprochen, aber sie hatte es ja auch seit langem grob genug deutlich gemacht, daß sie darüber nicht reden wollte. Und Jechtar? Und Anabile? Die eilig laufenden Schritte auf der Straße gestern, als sonst alles so still war, also wahrscheinlich zur Zeit der Kreuzigung? Hatten die beiden flüchten müssen? Anna stand tief in Gedanken versunken da. Dann fiel ihr Blick auf Mirjam, die schreckensstarr, mit weit aufgerissenen Augen auf dem Lager kauerte. »Mach dir keine Sorgen, Mirjam, Jiri ist taub und stumm, sie weiß nichts, und sie kann nicht reden. Ich danke dir, Jiri«, sagte sie mit langsamen Lippenbewegungen zu dem Mädchen, fuhr ihr durchs unordentliche Haar und küßte sie auf die Stirn. Jiris Gesicht verzog sich zu einem breiten Lächeln. Sie winkte Mirjam zu, drehte sich um und sprang aus der Tür. »Du mußt dich wirklich nicht fürchten, Mirjam, niemand weiß was«, sagte Anna wider besseres Gefühl, »niemand ahnt etwas, komm, reinige dich, und dann laß uns essen.«

Nachdem Mirjam sich gewaschen hatte, wickelte Anna den schmalen Körper ihrer Tochter in ein dickes, wolliges Tuch, dann wusch sie die paar Kleidungsstücke aus, die Mirjam angehabt hatte, und hängte sie auf dem Hof in die nun schon heiß herniederbrennende Sonne. Mirjam, die erst jetzt ganz von Schwäche überkommen war, ließ dankbar alles geschehen. Und Anna, glücklich, daß sie wenigstens dies für ihre Tochter tun konnte, fand plötzlich ihre Kräfte wieder. Sie ertappte sich sogar dabei, daß sie ein Lied vor sich hin summte, das sie seit den glücklichen Tagen des Schafshofs nicht mehr gesungen hatte, und Mirjam, die mit geschlossenen Augen auf dem Lager ruhte, lächelte still, als sie die Melodie erkannte.

Später aßen die beiden Frauen lange und genießerisch. In der Tiefe des Korbs hatte Anna unter den Früchten noch ein halbes gekochtes Huhn gefunden, und das hatte ihren Verdacht, daß Haschta genau wußte, wer bei ihr war, bekräftigt. Die beiden

Frauen hatten sich in der Nacht alles gesagt, was nach der langen Zeit gesagt werden mußte, jetzt sprachen sie über andere Dinge, Ereignisse aus der Zeit, als Mirjam klein gewesen war, Geschichten von Annas Nachbarinnen und den Frauen, die sie heilte; doch von dem, was Mirjam auf ihren Reisen mit Jesus erlebt hatte, sprachen sie nicht. Sie wollten nicht an die Wunde rühren. Mirjam hatte die drei jungen Kätzchen auf den Schoß genommen und neckte sie mit einem Hühnerknochen. Dann legten sich die Frauen nochmals zur Ruhe, und Mirjams Gewänder trockneten inzwischen in der Sonne. Spätabends, als es ganz dunkel und die Gasse verlassen war, brach Mirjam auf. Anna hatte ihr noch eines ihrer Umschlagtücher gegeben und hatte ihr ein Bündel mit zwei Leintüchern, mit Pottasche zum Waschen und einem Tropfenfläschchen für Krankheitsfälle, mit Proviant, einem Messer, einem Löffel und einer Tonschale zum Essen gepackt. Mirjam saß die ganze Zeit, während ihre Mutter geschäftig umherlief, ganz still auf dem Lager und folgte jeder von Annas Bewegungen mit ihren Augen. Augen, die nicht mehr verweint, aber groß und dunkel vor Schmerz waren ... Als alles fertig war, tranken sie noch einen Becher Wein miteinander.

»Nun muß ich gehen, Mutter«, sagte Mirjam und hüllte sich in das neue Umschlagtuch – mit ihrem alten, ausgefransten hatte Anna das Bündel geschnürt –, »leb wohl, Mutter, bleib gesund und stark, vielleicht sehen wir uns ja noch einmal wieder ...« Anna traten die Tränen in die Augen. Sie wußte, daß sie ihre Tochter – ihre schöne Tochter, ihre arme Tochter – niemals wiedersehen würde. Sie tunkte ihre Finger in ein kleines Töpfchen, das hinter dem Vorhang stand; es enthielt eine klare, herb duftende Essenz. Sie strich mit dem angefeuchteten Zeige- und Mittelfinger der rechten Hand über Mirjams Stirn und Schläfen und murmelte: »Die Göttin soll dich beschützen, mein Kind.« Dann küßte sie Mirjam, legte ihr den Arm um die Schultern und geleitete sie zur Tür.

Die Gasse lag in diffusem Licht, der Mond war hinter Wolken und kam nur ab und an kurz hervor. Ein trockener Wind trieb den Sand über den Steinen auf.

»Leb wohl, Mutter«, sagte Mirjam, schlug das Tuch um sich und ging eilends die Gasse hinunter. Anna sah ihr nach. Ihr schien so, als ob sich an der Stelle, wo die Auffahrt des Schafshofs in die Gasse mündete, eine dunkle Gestalt vom Mauerpfosten löste und nun Mirjam begleitete. Anna konnte es in dem Licht, das alle festen Umrisse verwischte, nicht deutlich sehen, doch sie war sich ganz sicher.

Ein neues Leben?

Im September des Jahres 30

Wieder wurden die Tage kürzer, wieder neigte sich das Jahr. Anna hatte ihren Tisch an die offene Hintertür gerückt. Die Sonne stand, zu dieser frühen Nachmittagsstunde, bereits über der südlichen Hauswand, bestrahlte jedoch noch voll den kleinen Hof. Aus den Steinen und dem Sand strömte angenehme Wärme ins Haus. Tauben gurrten verschlafen, Bienen summten, Hühner durchkratzten, eifrig glucksend, den Sand. Vor Anna auf dem Tisch lagen Papyrusbogen, stand ein Töpfchen mit Tusche, das Schreibrohr hielt sie in der Hand. Sie hatte endlich damit begonnen, ihre Rezepturen aufzuschreiben. Damals, nach Mirjams Abschied, war die Schwäche wieder über sie gekommen. Lange hatte sie gelegen, und wahrscheinlich hätte sie schon eher wieder aufstehen können, hätte sie sich nicht so leer im Herzen gefühlt. Müde zum Tode.

Haschta, die jetzige Herrin des Schafshofs, hatte sie ein paar Wochen nach Mirjams Weggang besucht. Sie sei verreist gewesen, sagte sie, und Anna stellte keine Fragen, obgleich ihr die schattenhafte Gestalt, die sie damals des nachts meinte an Mirjams Seite gesehen zu haben, der einzige Trost gewesen war, wenn sie – ach wie oft – ihrer Tochter gedachte. Zum erstenmal seit Annas Einzug hatte Haschta ihre Hütte betreten, hatte sich nach ihrem Befinden erkundigt, auch schickte sie ihr seither regelmäßig Lebensmittel, gute Sachen, gebratenes Lamm, gekochtes Huhn, Früchte, Wein. Jiri sprang weiterhin für sie zum Brunnen, doch Haschta schickte noch eine Magd, die jeden

Morgen Annas Hütte auskehrte, ihre Wäsche wusch, das Holz, das Jiri herbeischleppte, aufschichtete, auch für Anna kochte, als es ihr noch sehr schlechtging. Sogar abends schaute sie noch einmal herein, sah nach dem Rechten, füllte die Öllampe nach, deckte das Feuer ab. Zum erstenmal, seit sie damals, vor so vielen Jahren, den Schafshof verlassen hatte, um zu ihrer Tochter nach Nazareth zu gehen, mußte Anna keine Hausarbeit mehr machen, wurde versorgt. Ein angenehmer Zustand, nie war es ihr seither äußerlich so gut gegangen, nie hatte sie sich so gut ernähren können. Die körperliche Schwäche verging langsam, doch die Müdigkeit in ihrem Innern blieb. Jechtar und Anabile, die sich früher ein wenig um sie gekümmert hatten, waren seit »jenem Tag«, so nannte Anna ihn in ihrer Erinnerung, nie wiedergekommen.

Anna blickte, das Schreibrohr in der Hand, sinnend in ihren kleinen Garten hinaus. Auch ihre Pflanzen hatten gelitten. Zwar hatte Jiri sie, hüpfend und springend und viel kostbares Wasser verplempernd, begossen, dennoch war eine Reihe von ihnen eingegangen. Wie konnte das Kind ihre Eigenarten kennen, und Anna konnte ihr so schwierige Dinge ja nicht erklären. Doch immer noch standen genügend grüne Töpfe auf der Umfassungsmauer, und der Hibiskus öffnete unermüdlich neue riesige, orangefarbene Blüten zur Sonne.

Annas Schreibarbeit war ihr von Anfang an mühsam von der Hand gegangen. Nur wenn Elisabetha sie besuchte und sie gemeinsam über ihre Rezepturen sprechen konnten, machte Anna das Aufschreiben Spaß. Doch Elisabetha hatte wenig Zeit, sie mußte sich jetzt auch noch um einige der von Anna bisher betreuten Frauen kümmern, die weiter entfernt wohnten und die Anna nicht mehr besuchen konnte. Anna ging nur noch selten aus dem Haus, viele Frauen kamen zu ihr, sie hatte regelrecht Besuchszeiten einrichten müssen: vom späteren Morgen bis zur Mittagsstunde. Nachmittags, so wußten alle, wollte sie nicht gestört werden. Manchmal besuchte sie ihr Bruder Enoch. Er hatte ein Haus gefunden, in dem er gegen Entgelt wohnen konnte. Nein, etwas Neues wollte er doch nicht bauen. Er sei zu alt, sagte er, und außerdem seien die Zustände in seiner Vaterstadt Jerusalem so unerfreulich, das Regiment der Besatzungsmacht so ärgerlich, daß er dort kein neues Bauwerk hinterlassen wollte. Die beiden Alten saßen dann meist schweigend in Annas kleinem Gartenhof und wärmten sich in der Sonne. Nie hatte Enoch mit Anna wieder über Mirjam und Jesus gesprochen; er spürte, daß dies ein zu schmerzliches Thema für seine Schwester war. Seine Anwesenheit und ihr gemeinsames geschwisterliches Schweigen war für Anna wohltuender, als jedes Gespräch es hätte sein können.

Mit dem Schreiben ging es überhaupt nicht voran. Stets schweiften ihre Gedanken ab; nicht die Beschreibung ihrer Rezepturen, sondern andere Sätze, andere Bilder, andere Worte formten sich in ihrem Kopf, wollten niedergeschrieben werden. Anna hatte begonnen, sie gewähren zu lassen.

Im Hof erhob sich lautes Gegacker, zwei Hennen stritten sich um einen besonders leckeren Bissen und spielten sich fürchterlich auf. So überhörte Anna das leise Klopfen an der Eingangstür, der sie den Rücken zugewandt hatte, merkte auch nicht, daß diese sich öffnete. Erst als eine Frauenstimme leise »Anna« sagte, fuhr sie herum. Ihr wurde ganz heiß, ihr Herz tat einen kleinen Sprung, einen Moment lang glaubte sie, dort stünde die, von der sie doch wußte, daß sie sie nie wiedersehen würde. Natürlich war sie es nicht. Da stand eine Frau, die sie nicht kannte: kleiner als ihre Tochter, runder, zunächst nur ein Umriß in der geöffneten Tür. Dann, als die Frau die Tür hinter sich geschlossen hatte und nähertrat, nahm Anna ein fremdartig gemustertes Umschlagtuch wahr: Vierecke und Rhomben in leuchtendem Orange und Blau auf dunkelgrünem Grund. Darunter ein dichtes Büschel kurzes, krauses Haar, ein rundes Gesicht, flinke braune Augen. »Anna«, sagte die Frau wieder, »kennst du mich nicht mehr?« Irgend etwas an der Stimme, irgend etwas an dem Gesicht, ja, aber anders ... Anna sah sie fragend an. »Ich bin Hagar«, sagte die Frau, »Hagar, die ...«

»Aber natürlich, Hagar«, sagte Anna, ganz und gar verwundert. »Hagar, du hast dich aber verändert.«

»Ja, mir geht es auch gut, Anna, ich habe alles so gemacht, wie du es gesagt hast, und es hat geholfen, es hat wirklich geholfen. Ich bin wieder gesund.«

Anna stand wortlos auf und nahm die junge Frau in die Arme. Diesmal war es umgekehrt wie bei ihrem Abschied: Anna spürte, wie eine warme Kraft aus diesem molligen, kleinen Körper zu ihr hinüberfloß.

»Komm, setz dich«, sagte Anna und zog Hagar hinaus in den sonnigen Hof. »Setz dich da auf die warmen Steine, bist du hungrig?«

»Ein bißchen schon«, sagte Hagar, und Anna mußte sich erst daran gewöhnen, daß diese neue Hagar nun Grübchen hatte und ein spitzbübisches Lächeln in den Augen. »Ich bin zwar wieder bei Bethsabe, aber da ist so viel Tumult und Lärm mit den Kindern, und der Mann schimpft und ist unfreundlich. Er will keinen zusätzlichen Esser im Haus haben in diesen schlechten Zeiten, sagt er, und so traue ich mich überhaupt nicht, richtig zuzulangen.«

Anna lief zurück ins Haus. Sie wunderte sich, wie schnell und leicht sie plötzlich ihre Füße trugen. Sie brachte Fladenbrot und Honig, Käse und geräucherten Fisch, Früchte und Wein. »Diesmal kann ich dich besser bewirten als damals«, sagte sie, »aber nun erzähl mir, wie es dir ergangen ist in der Zeit.«

»Erstmal trinken wir zusammen«, sagte Hagar und ließ ihr schönes buntes Umschlagtuch auf die Steinmauer gleiten. Darunter trug sie ein Gewand aus glattem braunem Tuch, das zu ihren Haaren paßte. Dann lief sie hinein und holte den großen Weidenkorb, den sie an der Haustür abgestellt hatte. Sie setzte ihn vor Anna in den Sand, nahm den Deckel ab, grub sich mit geschickten, flinken Händen bis auf den Grund durch und brachte ein weißes Leinenbündel hervor, aus dem sie zwei glatte, tiefblau leuchtende Trinkgläser auswickelte: »Die sind für dich, Anna, als Dank, daß du mir so geholfen hast.« Und dann holte sie Annas Glasflasche hervor, die nun mit dunkelrotem Wein gefüllt war, goß in die Gläser ein und hob das ihre zu Anna hin. »Anna, ich danke dir«, sagte sie ruhig.

Anna war überwältigt. War dies dieselbe Frau, die damals mit grauer Haut und strähnigem Maushaar verzweifelt bei ihr gesessen hatte? Zwar hatte sie gesagt, daß sie früher einmal hübsch gewesen sei, doch Anna – jetzt schämte sie sich – hatte damals gedacht: Na ja, sehr ansehnlich wird sie wahrscheinlich nie gewesen sein. Und jetzt saß hier eine runde, lebendige Frau mit dickem Wuschelhaar und einem fröhlichen, pausbäckigen Gesicht. »Erzähl, Hagar, erzähl«, bat Anna ungeduldig.

»Ja, was soll ich erzählen, Anna: Wie neugeboren fühlte ich mich, als nach einer Weile mein Bluten wirklich nachließ und dann ganz aufhörte. Und jetzt ist es schon lange wieder regelmäßig, stets mit den Zeiten des Mondes, und auch dann nur noch ganz gering. Ich habe aber auch alles befolgt, was du mir gesagt hast. Als ich wieder daheim in meinem Haus war, bin ich fast nicht mehr ausgegangen. Auch nicht zum Nähen zu der Römerin. Ich habe mich ernährt, so gut es ging, die Nachbarinnen halfen, sie dachten, ich sei kränker geworden. Ich lag immer auf meinem Lager und habe, glaube ich, zum erstenmal in meinem Leben richtig nachgedacht. Damals, weißt du, als meine Mutter gestorben war, mußte ich ja meine sieben jüngeren Geschwister versorgen und meinen Vater, ich fiel nur jeden Abend todmüde ins Bett, ich war ja erst vierzehn. Und dann, später, ich war schon bald achtzehn und eigentlich schon fast zu alt zum Heiraten, da fand mein Vater eine neue Frau, die Witwe eines seiner religiösen Brüder, und er hat mich natürlich sofort verheiratet, und das andere weißt du ja dann. Während der Zeit meiner Krankheit habe ich stets nur gehofft, den nächsten Tag zu bestehen, so schwach war ich und wurde immer schwächer. Nein, ich hatte nie eine Minute zum Atemholen, und, so dachte ich, als ich da allein auf meinem Lager lag und dabei war, gesund zu werden: Hätte ich meine Krankheit nicht bekommen, so wäre ich bis zu meinem Tode nie zum Nachdenken gekommen. Ich erlebte es ja bei meinen Nachbarinnen, wie die sich von früh bis spät abschufteten, Tag für Tag . . .«

»Ja, und als du dann ganz gesund warst, wie hast du es da gemacht?« fragte Anna gespannt. Die Frauen sahen sich an, und beide dachten an ihr großes Gelächter damals, doch jetzt mußten sie nur lächeln, schlau die alte, verschmitzt die junge.

»Ja, natürlich hab' ich's niemandem gesagt. Ich hab' weiter zum Schein Tücher eingeweicht und sie jeden Morgen auf die Leine hinterm Haus gehängt – wenn die gefehlt hätten, das wäre das erste gewesen, was sie gemerkt hätten. Und dann, als es mir viel besser ging und ich meinte, jetzt könne ich mir schon wieder was zumuten, bin ich, dicht in mein Umschlagtuch gewickelt, damit niemand mein Gesicht sah, das schon rund wurde, zu der römischen Frau gegangen; ich brauchte ja dringend wieder einen Verdienst. Bei ihr mußte ich ja das Tuch zurückschlagen, und sie hat mich nur einmal angesehen und mir sofort auf den Kopf zugesagt, daß ich nicht mehr blute. Ich muß sie wohl so entsetzt angesehen haben, daß sie mich mit in ihr Zimmer nahm, wo wir sonst nur die Anproben machten, und da durfte ich mich zum erstenmal niedersetzen, und sie sagte: ›Sagst es niemandem, wie?‹ und sah mich ganz merkwürdig an dabei. Und da mußte ich ihr ja alles erklären, damit sie mich nicht verrät, so wie ich es dir damals erklärt hatte. Das mit meiner Mutter habe ich ihr nicht erzählt, nur das mit meinem Mann, und sie hat mich immerfort angeschaut, und es sah so aus, als werde sie traurig. Dann sagte sie: ›Willst deine Freiheit behalten, ja?‹ Sie lebt schon so lang hier, sie versteht unsere Sprache ganz gut und spricht sie auch ein wenig. Und dann hat sie gesagt, ich müsse nun lange bei ihr bleiben, es gebe so viel zu nähen, ich sei ja so lange nicht gekommen, und keine könne es so wie ich. Und ich bekam ein richtiges kleines Zimmer in ihrem großen Haus. Die anderen Mägde und Dienstboten schauten merkwürdig, aber sie führt ein strenges Regiment, und keiner traut sich zu mucksen. Natürlich haben sie mich weiter gemieden, weil sie dachten, ich sei noch krank. Darüber war ich richtig froh. Auch da habe ich natürlich das Theater mit den Tüchern machen müssen, die Frau und ich haben manchmal sehr darüber gelacht. ›Deine Heucheltücher‹ hat sie gesagt, und ich habe mich gewundert, wieviel sie plötzlich von unserer Sprache weiß.

Aber auch dahinter bin ich dann gekommen. Es kam nämlich immer einer der jungen Rabbinerschüler aus der Synagoge sie besuchen. Sie hatte es bei ihrem Mann durchgesetzt – der war ja ständig unterwegs, und sie war so viel allein –, daß sie unsere Sprache und auch unsere Schrift lernen durfte, und da kam jeden zweiten Tag dieser schöne, junge Mann zu uns. Sie bat mich schon bald, dabeizusein, denn es ginge ja nicht, daß sie mit ihm allein sei. Ihre römische Amme, die bisher immer dabeigesessen habe, sei schon so alt und schliefe immer ein und schnarche, und das sei nicht sehr ›förderlich‹, ja, das sagte sie, ›förderlich‹. Also war ich beim Unterricht dabei und lernte mit ihr unsere Schriftzeichen. Es machte ihr großen Spaß; sie konnte zwar römisch schreiben, aber nicht unsere Schrift, und so waren wir beide gleich dumm und haben viel gelacht mit dem jungen Rabbi. Ich bin dann aber immer nur die Hälfte der Zeit dabeigewesen, dann habe ich mich entschuldigt, weil ich nähen müsse, denn es war mir nach ganz kurzer Zeit schon klar, daß es das war, was sie wollte. Wir verstanden uns so gut, daß ich sogar einmal, als sie sich mal wieder über meine ›Heucheltücher‹ lustig gemacht hatte, zu ihr sagte, ›und euer Heuchelunterricht?‹ Ich dachte gleich, als es raus war, nun wird sie wütend, aber nein, sie wurde nur ein bißchen rot und lachte, und wir waren wie Verbündete. Es war ein gutes Leben.

Aber ich habe auch immer an dich denken müssen und daran, was du mir damals übers Heilen gesagt hast. Das ließ mir keine Ruhe, und ich hab' rumgefragt bei den alten Frauen und auch bei der römischen Herrin, die mir viel Fremdes dazu sagen konnte. Sie haben ja ganz andere Götter, und die haben bei ihnen was zu tun mit den Krankheiten, und auch die Sterne. Und ich hab' auch angefangen, mir ein bißchen was aufzuschreiben, als ich dann genug Zeichen wußte«, Hagar holte eine dicke Papyrusrolle aus ihrem Korb.

»Das ist ja ein richtiger Wunderkorb, Hagar«, sagte Anna, »was magst du noch alles darin haben?«

Hagar wurde augenblicklich sehr ernst. »Alles, was ich besitze, Anna. Ich kann nie mehr dahin zurück.«

Anna erschrak zutiefst. Ohne daß Hagar irgend etwas angedeutet hätte, war ihr sofort klar, was das bedeutete. Sie dachte, wie erleichtert sie gewesen war, als Enoch endlich bei ihr auszog, obgleich er doch ein ruhiger und unaufdringlicher Schlafgast gewesen war. Aber ihre Hütte war doch so klein. Allerdings, ein zweites Lager ging allemal noch hinein. Und schnarchen wie Enoch würde Hagar sicher auch nicht, auch nicht Pfeife rauchen und Unmengen von Wein trinken, nicht spät ins Haus gestürzt kommen, wenn alle, Anna und die Tiere, ruhig und tief im ersten Schlaf lagen ... Was für ein Unsinn überhaupt, Hagar mit Enoch zu vergleichen, Hagar, die junge Frau, Hagar, die veränderte Frau, Hagar, die ihr so fremd war und dennoch so vertraut. Und ihre, Annas, Kräfte hatten so nachgelassen ... Unter den ersten Schrecken mischte sich ein kleines, warmes Gefühl der Erleichterung, eine Andeutung von Freude. In Sekundenschnelle hatten all diese Gefühle Anna durchströmt, äußerlich war sie dabei ganz ruhig geblieben. »Erzähle, Hagar, was ist geschehen?« fragte sie.

»Ach, ich wurde unvorsichtig. Zuerst habe ich immer genau darauf geachtet, daß niemand etwas merkt: Wenn ich mal in mein Haus ging, um nach dem Rechten zu sehen, dann war ich tief verhüllt, und den Nachbarinnen sagte ich nur, daß es mir ein bißchen besserginge und mich die Römerin vorläufig bei sich aufgenommen habe, weil es so viel Arbeit für mich gebe. Sie beneideten mich wohl ein bißchen um mein ›gutes Leben‹, aber sie ekelten sich immer noch vor mir, also ließen sie mich in Ruhe. Und die Familie meines Mannes lebte am anderen Ende der Stadt, da kam ich sowieso nicht hin. Eines Tages dann erzählte jemand im Haus der Römerin, eine Karawane auf dem

Wege nach Jerusalem sei in der Stadt, sie komme von ganz weit her, von Indien wohl. Das Schönste für meine Herrin waren prächtige Stoffe aus fernen Ländern, und seit ihr Mann keine Kriegsbeutezüge mehr machte, sondern bei uns hier römischer Beamter war, kam sie nur noch selten an fremdartige Dinge. Darum mußte ich auch für sie die viele Stickerei nach unseren alten Mustern machen. Als sie ›Indien‹ hörte, wurde sie sehr aufgeregt, hätte sich am liebsten sofort in die Stadt tragen lassen, aber ihr Mann hatte ihr streng verboten, irgendwelche Handelsgeschäfte ohne ihn zu machen. Nur wenn er dabei war, durfte sie überhaupt mit der einheimischen Bevölkerung in Kontakt kommen, außer in ihrem Haus natürlich. Er meinte, die Leute würden ihn dann nicht mehr so ernst nehmen, er war immer sehr streng und unnahbar und ließ sich mit keinem Einheimischen ein, und er wußte ja, wie schnell seine Frau von etwas Fremdem zu begeistern war, wie schnell sie wahrscheinlich gute Beziehungen zu unseren Händlern geknüpft hätte. Also, um es kurz zu machen: Sie schickte mich, um zu sehen, ob die Karawane Stoffe mitgebracht habe. Diese lagerte vor der Stadt, und ich befürchtete nicht, dort aufzufallen. Sie hatten tatsächlich Ballen von wunderschönstem Stoff mit: leicht, in zarten Farben, Hellgrün, Rosa, Gelb, Orange, teilweise mit Goldfäden durchwirkt; sie stapelten sie für mich auf einem Teppich vor ihrem Zelt. Ich war so begeistert und vertieft ins Anschauen und Aussuchen, daß ich nicht merkte, daß mir mein Tuch ziemlich weit vom Kopf heruntergerutscht war. Plötzlich stand meine Schwägerin, die Schwester meines Mannes, auf der anderen Seite des Teppichs. Über die Stoffballen hinweg starrten wir uns an. ›Hagar‹, rief sie mit ihrer schrillen, durchdringenden Stimme, ›Hagar, was machst du denn hier?‹ Dabei sah sie mich unverwandt an, mit stechendem Blick und einem ganz spöttischen, eigentlich verächtlichen Zug um die Mundwinkel. ›Ich suche Stoffe aus für meine Herrin, die Römerin, ich arbeite doch da, das weißt du ja wohl.‹ Hatte sie etwa geglaubt, ich hätte einen reichen Liebhaber? ›Und du bist gesund, Hagar, das seh' ich‹, sagte sie in einem Ton, als wollte sie sagen: ›Ich wußte ja schon immer, daß du eine Lügnerin bist.‹ Natürlich hab' ich gesagt, nein, nein, es gehe mir zwar besser, aber ich blutete immer noch, doch sie sagte nur: ›Erzähl mir doch nichts, du bist gesund, mach mir nichts vor, und mein armer Bruder, er wandert im Lande umher, arbeitet hier, arbeitet dort, sein Haus steht leer, und du bist bei der Römerin und führst ein gutes Leben. Das hätte ich nicht von dir gedacht, Hagar, ich werde das sofort der Familie erzählen.‹ Sie drehte sich um und ging weg, ich konnte gar nichts mehr sagen. Ich wußte gleich: Jetzt ist alles aus, ich muß fort. Ich kaufte in Eile von jedem der schönen Stoffe eine Gewandlänge – viel zu viele Stoffe, aber mir kam das wie ein Abschiedsgeschenk vor, auch wenn ich es nicht von meinem Geld bezahlte. Dann lief ich so schnell ich konnte zu meiner Herrin, der Römerin. Die war sehr traurig, als ich ihr alles erzählte, aber auch sie meinte: ›Du mußt fort, Hagar, so schnell wie möglich. Was soll ich nur ohne dich anfangen . . .‹ Sie schenkte mir dieses schöne Umschlagtuch, das ihr Mann einmal von einer Expedition in den Norden mitgebracht hatte, und sie schenkte mir die Gläser und noch ein bißchen Schmuck von sich. Wir trennten uns schwer; zuletzt waren wir fast so etwas wie Schwestern gewesen, obgleich sie doch eine reiche Herrin und ich eine arme Einheimische war. Ich zog gleich mit der Karawane weiter nach Jerusalem, man nahm mich dort freundlich auf, weil ich so viel teuren Stoff gekauft hatte. ›Und wer wird mir jetzt die Kleider nähen, Hagar?‹ fragte die Römerin noch ganz traurig zum Abschied. Und da bin ich nun.«

Die beiden Frauen sahen sich an. Hagar spürte etwas von dem, was in der alten Frau vor sich ging: Freude, Furcht, Erleichterung, Bedenken. Sie lehnte sich zurück und wartete; Ruhe ging von ihr aus, kein Drängen, keine Unsicherheit. Und Anna saß da mit ihren gemischten Gefühlen und dachte: Jetzt muß ich etwas sagen, jetzt muß ich mich entscheiden, hätte ich doch ein bißchen Zeit zum Nachdenken, aber wie gut, daß ich keine Zeit zum Nachdenken habe, daß ich mich jetzt, in diesem

Augenblick, entscheiden muß, das ist wie Schicksal. Wenn du alt wirst, dann wälzt du sowieso immer alle Möglichkeiten in deinem Kopf hin und her, und heraus kommt schließlich gar nichts. Wenn du jung bist, greifst du zu, abenteuerlustig vielleicht, und sagst dir, wenn's nichts ist, kann ich es ja wieder ändern. Warum sollte sie also nicht das Abenteuer mit Hagar wagen, dieser neuen Hagar, dieser runden, fröhlichen Frau, die offenbar weise und ruhig geworden war – vielleicht durch das, was sie während ihrer langen Krankheit durchgemacht hatte, vielleicht, weil sie anders als andere Frauen gelebt und mehr vom Leben gesehen hatte – und die zugleich ihre Fröhlichkeit wiedergewonnen hatte, die sie offenbar durch alle schweren Zeiten hindurchretten konnte. Anna mußte wieder an ihr gemeinsames dröhnendes Gelächter bei Hagars erstem Besuch denken . . .

»Ach, Hagar«, sagte Anna schließlich, »ich bin nicht mehr die, die ich noch vor einem Jahr war, als du bei mir warst. Inzwischen ist viel geschehen. Ich habe meine Tochter wiedergesehen, und sie ist endgültig fortgegangen, weit weg von diesem Land, wird wohl nie wiederkommen . . .« Anna stockte. Es fiel ihr schwer, einzugestehen, was sie seit einiger Zeit wußte: Sie brauchte Hilfe. Damals, im vorigen Jahr, war sie auch schon eine alte Frau gewesen, ja, doch das hatte sie nicht beeinträchtigt, im Gegenteil: Als alte Frau war sie freier als je zuvor in ihrem Leben, konnte sich ungehindert bewegen. Niemand stellte ihr nach, sie konnte ihre Meinung sagen ohne Rücksicht auf herrschende Ansichten, ohne Rücksicht auf einen Mann, auf Männer . . . Doch damals war sie noch kräftig und stark gewesen. Sie mußte daran denken, wie sie mit Elisabetha im Freien übernachtet hatte . . . Das würde sie heute nie mehr tun, sie würde auch gar nicht mehr so weit vors Tor hinausgehen, die Feiern in der Höhle fehlten ihr sehr. Vielleicht, mit Hilfe von Hagar . . . Nach jener Nacht im Freien damals hatte ihre Schwäche angefangen, aber sicher hätte sie sich wieder erholt, wäre da nicht »jener Tag« gewesen . . .

Und jetzt den Stolz überwinden: Wie stolz war sie, daß sie, anders als die anderen Frauen, die meiste Zeit ihres Lebens ohne Mann verbracht und dennoch kein eingeengtes Leben als Witwe im Haushalt ihrer Kinder geführt hatte. Sie hatte es allein geschafft. Auch ihr Bruder Enoch hatte ihr einmal gesagt, wie sehr er sie deshalb bewundere. Und nun sollte sie zugeben, daß sie schwach geworden war? Sich bedienen lassen von einer Dienstmagd, das war was anderes, das genoß sie, die konnte sie auch wegschicken, wenn sie ihr lästig wurde – aber eine Frau wie eine Tochter? Oder eigentlich: wie eine Schwester? Das ging nicht mit Befehlen oder Wegschicken, da mußten sie miteinander zurechtkommen, eine gemeinsame Lebensform finden, das hieß, Gewohnheiten aufgeben, Eigenheiten zurückstellen ...

Anna fiel plötzlich ein, wie Hagar vorhin von der Römerin gesagt hatte: fast wie Schwestern ... Immer hatte sie sich eine Schwester gewünscht. Vielleicht würde eine Schwester ja ihre Eigenheiten verstehen, ihre Gewohnheiten respektieren, ihr den Raum lassen, den sie brauchte?

Sie begann in Hagars ruhige, aufmerksame Augen hineinzusprechen: »Hagar, dieses Haus ist sehr klein, dennoch: Mein Bruder Enoch hat mal eine Weile hier gewohnt. Das ging eigentlich ganz gut. Und die kranken Frauen, die ich besucht habe, die haben für sich, den Mann und die vielen Kinder manchmal nicht viel mehr Raum als ich hier für mich allein. Ich weiß nicht, ob du mit dem vorlieb nehmen könntest, was ich dir hier anbieten kann. Es ist nicht viel.« Hagar sah Anna weiterhin ruhig an, sagte nichts. Diese Frau, dachte Anna, sie zwingt mich wirklich, von mir zu sprechen. »Ich bin dabei, meine Rezepte aufzuschreiben, Hagar«, sagte sie, stand langsam auf und wandte sich der Hintertür zu. Hagar erhob sich ebenfalls. »Aber es geht mir nicht von der Hand, mein Gedächtnis verwirrt sich manchmal. Ich bin müde und mag nicht so lange am Tisch sitzen. Manchmal kommen mir ganz andere Worte in den Sinn, und die schreibe ich dann auf, ich weiß nicht, warum ...«

Hagar hatte das Gesicht der alten Frau ganz in sich aufgenommen, während diese sprach: Die Augen waren nicht mehr so tief und klar, sie waren heller und ein bißchen starr, und die Augenränder waren leicht gerötet. Das weiße Haar war schütterer geworden an den Schläfen, die Wangen schmaler, die Haut durchsichtiger. Annas Gesicht hatte sich ihr damals so tief eingeprägt, daß sie nun jede kleine Veränderung wahrnahm. Und als Anna jetzt aufstand, sah Hagar, daß sie in den Schultern leicht gebückt war und ein bißchen schief, als ob sie auf etwas lausche.

»Sieh hier, Hagar«, sagte Anna und trat an den Tisch in der offenen Tür, »hier versuche ich zu schreiben, aber es wird nichts Rechtes ...« Sie deutete mit ihrer Hand zum Tisch hin, die Finger waren leicht gekrümmt, die Hand zitterte, und die Adern traten aus dem mit großen braunen Flecken übersäten Handrükken heraus. Hagar war tief berührt: Anna, die Weise, Starke – und hier diese ganz und gar hilflose Hand, der gebeugte Rükken, der faltige Hals, über dem ein paar graue Strähnen hingen, die sich aus dem aufgesteckten Haar gelöst hatten. Sie trat neben Anna und sah, daß der zwei große Tränen über die Wangen herabliefen.

Hagar legte ihren rechten Arm um Anna, zog sie dicht an sich heran, langte mit ihrer warmen, runden Hand hinauf zu Annas Schulter und drückte sie kräftig und fest. Sie war so viel kleiner, Annas Hüfte lag in ihrer Taille, paßte sich gut ein, fand Hagar und preßte ihre Hüfte fest gegen Annas Oberschenkel. Durch die dicken Röcke hindurch spürte sie, wie mager der war. So standen sie vor dem Tisch, auf dem, verstreut, die Papyrusbögen lagen. Mit ihrer freien Hand ergriff Hagar einen davon, es standen erst ein paar Zeilen darauf. Sie las, was Anna geschrieben hatte: »Ich hatte einst eine sehr schöne Tochter. Sie hieß Mirjam. Wo mag sie heute sein? Ich habe sie verloren. Ihr Leben war so anders ...«

Hagar zog Anna noch fester an sich. »Du wirst mir das alles erzählen, Anna«, sagte sie.

Nachwort

Die Legende

Anna ist in unfruchtbarer Ehe mit Joachim, einem wohlhabenden und sehr frommen Herdenbesitzer, der in Jerusalem ein Haus hat, verheiratet. Eines Tages wird sein Opfer im Tempel wegen seiner Kinderlosigkeit zurückgewiesen, und Joachim zieht aus Gram mit seinen Herden in weit entlegene Weidegründe. Anna ist deshalb sehr unglücklich. Nach den Apokryphen betet sie um Fruchtbarkeit und gelobt: »Wenn ich gebären werde, sei es ein Männliches oder Weibliches, so will ich es als Opfergabe dem Herrn, meinem Gott, darbringen, und es soll ihm heiligen Dienst tun alle Tage seines Lebens.« Daraufhin erscheint ihr und gleichzeitig ihrem Mann in der Ferne ein Engel, der ihnen ein Kind verheißt. Nach der *Legenda aurea* erscheint der Engel zunächst allein dem Joachim bei seiner Herde, verkündet ihm die Geburt einer Tochter, die nicht »draußen unter dem Volk wohnen (wird), sondern im Hause des Herrn sein immerdar«. Anna wird danach eine gleichlautende Offenbarung zuteil. Joachim kehrt nach Jerusalem zurück und trifft Anna am Goldenen Tor. Anna wird schwanger. Als ihr Kind Mirjam drei Jahre alt ist, bringen es die Eltern in Erfüllung des Gelübdes in den Tempel. Mit zwölf Jahren wird Maria dem hochbetagten Josef zur Obhut übergeben. Zu dieser Zeit webt sie mit sieben anderen Jungfrauen an einem Vorhang für den Tempel. Von Anna ist nur noch bekannt, daß sie hochbetagt in Jerusalem gestorben sein soll.

Quellen und Anstöße

Die Gestalt der Anna, der Großmutter Jesu, ist im protestantischen Bereich relativ unbekannt, denn sie kommt im Neuen Testament nicht vor. Katholikinnen hingegen ist sie als Mutter Anna aus der Legende vertraut; noch heute beten viele Frauen zu ihr, es gibt unzählige Annenkirchen und -altäre. Ich selbst stieß auf Anna, als ich 1957 meine ehemalige Heimatstadt Dresden besuchte und mir dort die gerade aus Rußland zurückgekehrten, restaurierten Bilder der berühmten Gemäldegalerie anschaute. Dort entdeckte ich eine Darstellung der heiligen Familie, auf der nicht nur Maria, Josef und das Kind zu sehen waren, sondern noch eine ältere Frau und ein älterer Mann, der brummigen Gesichts der Zimmertür zustrebt (»Heilige Familie im Gemache mit Anna und Joachim«, Holländische Schule vom Ende des 15. Jahrhunderts). Aha, dachte ich, die Protestantin, da gab es also auch Großeltern, einen von der Entwicklung offensichtlich nicht entzückten Großvater und, vor allem, eine Großmutter. Von da an interessierte mich Anna. Der Bericht über sie ist zuerst im apokryphen Jakobus-Evangelium niedergeschrieben. Er kehrt in verschiedenen Legendensammlungen wieder, am ausführlichsten in der *Legenda aurea* des Jakobus de Voragine (übersetzt von Richard Benz, Erstausgabe Jena 1917).

Die neuere Literatur über Anna ist spärlich. Die einzige von einem geistlichen Herrn geschriebene Darstellung, die ich fand (und die auch in Bildbändern über Anna als entscheidende Quelle wiederkehrt), ist ein dreiteiliger Aufsatz von Dr. P. Beda Kleinschmidt O.F.M.: »Die heilige Anna und ihre Verehrung in Geschichte, Kunst und Volkstum«. Bezeichnenderweise erschienen diese Aufsätze in einer volkskundlichen Fachzeitschrift, *Forschungen zur Volkskunde* (hrsg. von Universitätsprofessor Dr. Georg Schreiber, Heft 1–3, 1930). Ich fand keine Quelle in theologischen Fachzeitschriften, überhaupt stellte ich eine gewisse Zurückhaltung bei katholischen Theologen der Gestalt der Anna gegenüber fest. Das mag damit zusammenhängen, daß Anna in der als Kanon anerkannten Überlieferung nicht vorkommt, hat aber sicher noch tiefere Gründe. Kleinschmidt schreibt, Anna sei »die Modeheilige« des Mittelalters gewesen, vor allem Frauen und werdende Mütter hätten sie angebetet. Als »Mutter Anna« war sie wohl die Verkörperung von Mütterlichkeit, während Maria vor allem für Jungfräulichkeit stand. (Natürlich war es für Frauen leichter, sich mit einer Gestalt zu identifizieren, die auf natürlichem Wege und nicht vom Heiligen Geist empfangen hatte ... Das Dogma der Unbefleckten Empfängnis, das besagt, daß auch Anna, sofort nachdem sie Maria empfangen hatte, durch göttlichen Eingriff von dieser »fleischlichen« Sünde gereinigt wurde, wurde erst 1854 erlassen.)

Genau wie mit der Neuzeit die Annendarstellungen verschwinden, scheint sie zumindest im deutschen Sprachraum kein Thema mehr zu sein. Dafür haben sich immer die Dichter für Anna interessiert, von Roswitha von Gandersheim bis Clemens Brentano. Als englische Quelle fand ich Frances P. Keyes: *St. Anne, Grandmother of our Saviour*, New York 1962, und im Marien-Lexikon sind mehrere französische Quellen angegeben. Besonders in der Bretagne ist der Annen-Kult lebendig geblieben, und in Jerusalem gab es seit dem 6. Jahrhundert eine Annenkirche, die am vermutlichen Ort des Schafshofs stand und die die Kreuzfahrer im 12. Jahrhundert durch die noch heute existierende Kirche St. Anne ersetzten.

Wesentlich umfangreicher als die schriftlichen Zeugnisse ist das Bildmaterial, das mich in erster Linie inspiriert hat. Anfangs wird (besonders im byzantinischen Raum) die Anna-Legende vor allem als Zyklus (oft innerhalb von Marienleben) dargestellt: Joachims Opfer im Tempel wird abgewiesen, er geht traurig in die Wüste und betet, ein Engel verheißt ihm die Vaterschaft und so weiter. Die bekanntesten Darstellungen dieses Zyklus im Westen sind die Giotto-Fresken in der Arena-Kapelle in Padua und die erst kürzlich wieder freigelegten Fresken in der Krypta des Baseler Münsters. (Die Annen-Darstellungen im Bereich der orthodoxen Kirche wären eine eigene Betrachtung wert. Auf Ikonen nimmt Anna häufig in einer übereinandergestellten Dreiheit – Großmutter, Mutter, Kind – die Position ein, die auf Dreifaltigkeits-Ikonen die Sophia einnimmt: Sophia als heilige(r) Geist(in) mit Vater und Sohn.)

Als häufigste Darstellung von Anna finden wir in unserem Kulturraum die »Anna Selbdritt«: Anna mit Maria und Jesus, wobei Maria und Jesus häufig gleich groß dargestellt werden, Maria als kleines Mädchen, Jesus als – meist nackter – Zwei- bis Dreijähriger. Bei diesen Darstellungen ist die Anna gegenüber den beiden anderen Figuren meist überwältigend groß, manchmal derart überdimensional, daß sich die Assoziation zu einer Muttergöttin-Figur aufdrängt (zum Beispiel in der Herrgottskirche in Creglingen und in der St.-Anna-Wallfahrtskirche in Haigerloch).

Häufig ist auch die Darstellung der lehrenden Anna anzutreffen, vor allem in Südeuropa: Anna unterweist, ein großes aufgeschlagenes Buch auf dem Schoß, das kleine Mädchen Maria (besonders schön das große Altarbild in der Annenkirche in Santana auf Madeira/Portugal oder das Gemälde von Murillo im Prado von Madrid).

Beliebte Motive sind die Umarmung von Anna und Joachim im Goldenen Tor von Jerusalem anläßlich Joachims Rückkehr (diese Darstellung wurde wegen zu starker Sinnlichkeit vom Tridentinischen Konzil im 16. Jahrhundert verboten!); die »Darbringung« Mariens im Tempel (Anna und Joachim bleiben hinter einer Art Barriere stehen, während die kleine Maria steile Treppenstufen zum Hohepriester hinaufsteigt); Bilder von der ganzen Sippe (auf denen unter anderem auch die Mutter von Anna, Emerentia, zu sehen ist).

Neben der Gestalt der Anna hatte ich mich über das historische Umfeld sachkundig zu machen. Da ich an aus christlicher Sicht interpretierten Quellen nicht interessiert war, habe ich mich in bezug auf die historische, politische, kulturelle und religiöse Situation ausschließlich auf jüdische Autoren gestützt. Meine wichtigste Quelle war hier das umfangreiche Grundlagenwerk von Joseph Klausner, *Jesus von Nazareth. Seine Zeit, sein Leben und seine Lehre*, The Jewish Publishing House Ltd., Jerusalem 1952. Dazu kam neuere Jesus-Literatur jüdischer Autoren: Pinchas E. Lapide, *Der Rabbi von Nazareth. Wandlungen des jüdischen Jesusbildes*, Trier 1974; David Flusser, *Jesus*, Reinbek 1987; David Flusser, *Die letzten Tage in Jerusalem*, Stuttgart 1982; Schalom Ben-Chorin, *Bruder Jesus. Der Nazarener in jüdischer Sicht*, München 1987, und Schalom Ben-Chorin, *Mutter Mirjam. Maria in jüdischer Sicht*, München 1986. Außerdem allgemeine historische Darstellungen wie Joseph Halpern, *A History of Our People in Rabbinic Times*, London 1939, und Gaalyahn Cornfeld (Hrsg.), *Daniel to Paul*, Tel Aviv 1962, und zur jüdischen Religion Ernst Ludwig Ehrlich, *Die Kult-Symbolik im Alten Testament und im nachbiblischen Judentum*, Reihe Symbolik der Religionen, Stuttgart 1959; S. Ph. De Vries Mzn., *Jüdische Riten und Symbole*, Wiesbaden 1981, und generell die *Enzyclopedia Judaica*. An dieser Stelle danke ich meiner lange verstorbenen Freundin Stella Wahnfried-Marcus geb. Goldschmidt, die mein Herz für diese Sicht der Dinge aufgeschlossen hat.

Das Buch enthält Passagen, in denen die gewohnte biblische Lesart gegen den Strich geschrieben wurde. Die Darstellung der Geschichte der blutflüssigen Frau im zweiten Kapitel stützt sich auf Markus 5, 25–34 und dazu auf die gemeinschaftliche (H)Exegese auf dem 1. Workshop Feministische Theologie der Evangelischen Akademie Bad Boll in Wiesensteig 1979. Der ebenfalls in diesem Kapitel enthaltene Hinweis auf Vashti, die Vorgängerin von Esther, geht vom 1. Kapitel des Buches Esther aus.

Legendär wird bis heute die Vorstellung tradiert, Maria sei »im Tempel aufgewachsen« (auch Luise Rinser nimmt das in ihr Buch *Mirjam* auf). In alten Schulbüchern für den Religionsunterricht aus dem Anfang dieses Jahrhunderts soll sie im Tempel an einem Tisch mit dem Hohepriester und anderen Priestern sitzend dargestellt worden sein. Marina Warner schreibt in ihrem Buch *Maria*: »Die Vorstellung, daß ein junges Mädchen oder eine junge Frau dem Dienste Gottes geweiht sein könnte und in der Obhut des Hohepriesters in Kontakt mit dem Allerheiligsten leben könnte, wäre für die Juden äußerst verabscheuungswürdig und frevelhaft gewesen« (München 1982, S. 55). Ich habe versucht, eine Lösung zu finden, die in gewisser Weise der Legende gerecht wird und zugleich, so hoffe ich, jüdisches religiöses Empfinden nicht verletzen kann.

Informationen über das im dritten Kapitel beschriebene Können der Magier entnahm ich dem Buch von Morton Smith, *The Secret Gospel*, New York 1973. Die Auslegung der Rahab-Geschichte im fünften Kapitel geschah in Anlehnung an Jörg Zink, *Licht über den Wassern*, Stuttgart 1979, und in Erinnerung an die gemeinschaftliche (H)Exegese auf dem Workshop Feministische Theologie des Nordelbischen Frauenwerks in Büsum 1982. Die Auslegung von Markus 12,17 »Gebt dem Kaiser was des Kaisers ist ...« im sechsten Kapitel stützt sich auf Pinchas Lapide, die abweichende Auffassung vom Kreuzigungsgeschehen auf Nicholas Notovitsch, *Das unbekannte Leben des St. Isa*, o.J., und auf die Forschungen des indischen Archäologen und Historikers Dr. F. H. Hassnain. Neuerdings auch bei Franz Alt, *Jesus, der erste neue Mann*, München 1989.

An dieser Thematik interessierte Frauen stellen heute fest, daß die »matriarchalen Spuren«, die sie bei der Maria entdekken, bei der Gestalt der Anna offenbar noch viel stärker ausgeprägt zu finden sind. So ist zum Beispiel das dicke Buch, das Anna in vielen Darstellungen auf dem Schoß hält, nicht nur die Grundlage für ihre Lehrtätigkeit gegenüber ihrer Tochter Maria, sondern ikonographisch ein Hinweis auf Sophia, die Weisheit. In einem Mosaik des Fußbodens des Doms zu Siena findet sich sogar eine Darstellung der dreifachen Göttin: eine mächtige Frauengestalt mit drei Köpfen. In einer Hand hält sie die kretische Schlange, mit der anderen stützt sie ein dickes Buch auf ihren Schoß. Wie die Gestalt der Sophia scheint auch die Gestalt der Anna starke Elemente aus vorchristlicher Zeit bewahrt zu haben.

Straßlach, Mai 1990 Erika Wisselinck

Marga Bührig

Spät habe ich gelernt, gerne Frau zu sein

Eine feministische Autobiographie

258 Seiten, mehrere Fotos, gebunden

ISBN 3-7831-0888-8

Die ungewöhnlich selbstkritische Autobiographie einer Frau, die sich von ihren Studienjahren an in der Frauenfrage engagiert hat. Sie erzählt von drei Bekehrungen: die erste zum Christentum, die zweite „zur Welt", die dritte, schon über sechzig, zum Feminismus, das heißt zur feministischen Theologie und zum Engagement für den Frieden. Diese Autobiographie ist zugleich eine Geschichte der Frauenbewegung der letzten Jahrzehnte in der Kirche.

Christa Mulack

Natürlich weiblich

Die Heimatlosigkeit der Frau im Patriarchat

268 Seiten, kartoniert

ISBN 3-7831-1022-X

Das Konzept der Gleichberechtigung hat vielen Frauen zwar eine gewisse individuelle Freiheit gebracht, aber nur im Rahmen patriarchaler Strukturen. Nach wie vor wird dem Mann in allen Bereichen der Kultur Priorität eingeräumt. Christa Mulack regt eine innerfeministische Diskussion über die Begriffe Gleichberechtigung und Gleichwertigkeit an, weil sie die tatsächlichen Verhältnisse eher verschleiern als ändern. Ein Hindernis für die Frauenbewegung ist die latente Frauenfeindlichkeit selbst bei Frauen, eine Folge der Überbewertung des Mannes. Frauensolidarität ist nötig. Die Autorin zeigt auf drei Feldern, wo sie konkret werden muß: im Verhältnis der Mütter und Töchter, zwischen Lehrerinnen und Schülerinnen und in der erotischen Orientierung der Frau.

KREUZ: Bücher zum Leben.

Ingeborg Kruse
Unter dem Schleier – ein Lachen
Neue Frauengeschichten aus dem Alten Testament
238 Seiten, kartoniert
ISBN 3-7831-0816-0

Ingeborg Kruse schildert eine Phantasiereise durch den Orient, bei der sie die Frauen des Alten Testaments aufsucht und mit ihnen spricht. Was die Frauen im Zelt und am Brunnen ihr zuflüstern und anvertrauen, hört sich oft recht anders an, als es in der Schrift geschrieben steht. Viele Geschichten erscheinen dadurch in neuem Licht, werden neu gedeutet aus weiblicher Perspektive. Ein anregendes und nachdenklich stimmendes Lesebuch.

Ingeborg Kruse
Mädchen, wach auf!
Frauengeschichten aus dem Neuen Testament
223 Seiten, kartoniert
ISBN 3-7831-0964-7

Auf ihrer Reise zu den Stätten des Wirkens Jesu imaginiert Ingeborg Kruse Begegnungen mit der Fischersfrau von Kapernaum, bei der Jesus wohnte, mit Maria Magdalena und Martha, mit der gekrümmten Frau, die Jesus geheilt hat, mit der Frau des Pilatus, die seinetwegen schreckliche Träume hatte, weil sie um sein Leben fürchtete. Frauen aus dem einfachen Volk, aber auch Frauen, die damals zur Aristokratie gehörten, wie Salome und Berenike, deren Schicksal von den mörderischen Praktiken der herodianischen Zeit geprägt war, werden von der Autorin mit Anteilnahme und großem Einfühlungsvermögen porträtiert. Die engagierte Suche nach der verdeckten Geschichte der Frauen fördert erschreckendes Leid zutage, aber auch starke und geistbegabte Frauengestalten.

KREUZ: Bücher zum Leben.